미래와 통하는 책

동양북스 외국어 베스트 도서

700만 독자의 선택!

새로운 도서,
다양한 자료
동양북스
홈페이지에서
만나보세요!

www.dongyangbooks.com
m.dongyangbooks.com

※ 학습자료 및 MP3 제공 여부는 도서마다 상이하므로 확인 후 이용 바랍니다.

홈페이지 도서 자료실에서 학습자료 및 MP3 무료 다운로드

PC

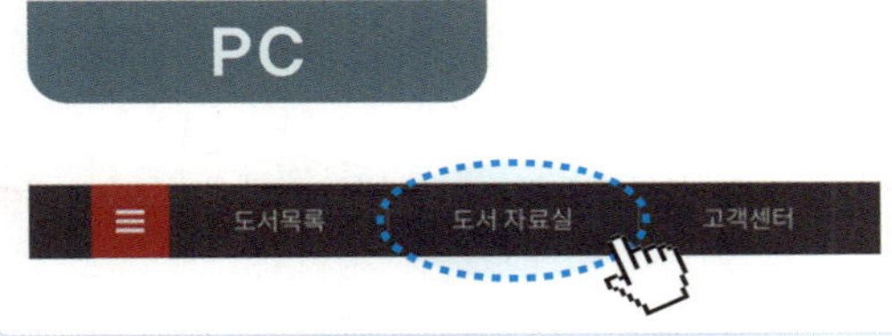

❶ 홈페이지 접속 후 도서 자료실 클릭
❷ 하단 검색 창에 검색어 입력
❸ MP3, 정답과 해설, 부가자료 등 첨부파일 다운로드
* 원하는 자료가 없는 경우 '요청하기' 클릭!

MOBILE

* 반드시 '인터넷, Safari, Chrome' App을 이용하여 홈페이지에 접속해주세요. (네이버, 다음 App 이용 시 첨부파일의 확장자명이 변경되어 저장되는 오류가 발생할 수 있습니다.)

❶ 홈페이지 접속 후 ☰ 터치

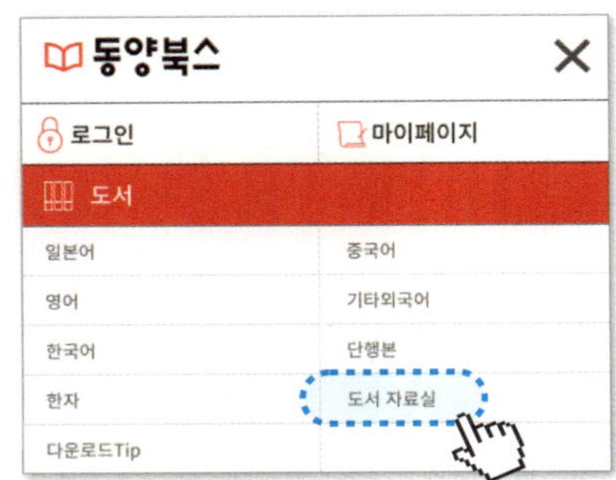

❷ 도서 자료실 터치

❸ 하단 검색창에 검색어 입력
❹ MP3, 정답과 해설, 부가자료 등 첨부파일 다운로드
* 압축 해제 방법은 '다운로드 Tip' 참고

술술 읽고 단번에 끝내주는

버전업! 굿모닝

독학 일본어 기초 문법

황요찬 지음

동양북스

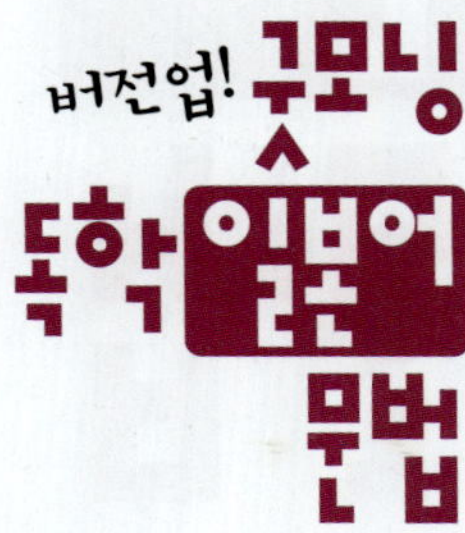

초판 14쇄 | 2026년 1월 15일

지은이 | 황요찬
발행인 | 김태웅
책임 편집 | 길혜진, 이서인
디자인 | 남은혜, 김지혜, 강재은
마케팅 총괄 | 김철영
온라인 마케팅 | 신아연
제작 | 현대순

발행처 | (주)동양북스
등 록 | 제 2014-000055호
주 소 | 서울시 마포구 동교로22길 14 (04030)
구입문의 | 전화 (02)337-1737 팩스 (02)334-6624
내용문의 | 전화 (02)337-1762 이메일 dymg98@naver.com

ISBN 978-89-8300-627-1 13730

내가 대학생이던 시절, 일본어 교재는 그리 많지 않았다. 지금은 TV나 인터넷을 통해 NHK나 일본영화, 드라마 등을 손쉽게 접할 수 있지만, 당시만 해도 이런 일본어 학습자료를 구하기란 쉬운 일이 아니었다. 요즘은 해외 여행도 흔한 일이지만, 쉽게 갈 수 없었던 시절이어서 주위 사람 누군가 일본에 가면 나는 그 사람에게 돈을 주며 책을 사다 달라고 부탁하곤 했다. 일본어 교재도 초급자용 교재는 몇 권 있었지만, 고급자용 교재는 정말 구하기 힘들었던 그런 시절이었다. 그런데 고급자용 교재도 문제였지만 더욱 아쉬웠던 것은, 초급과정을 마치고 중급과정에 올라갈 때 초급과 중급 사이에 다리를 놓아 줄 만한 교재가 전혀 없었다는 사실이었다. 지금은 학원에서 일본어능력시험(JLPT)을 전문으로 강의하고 있지만, 잠시 '1개월 문법 완성' 강의를 맡은 적이 있었다. 그때 만들어 놓은 교재를 그냥 컴퓨터 안에 넣어 두고 있었는데, 그냥 묻히긴 아까워서 다시 꺼내 다듬어 출판하게 되었다.

이 책은

기초문법을 공부한 후 좀더 완벽하게 기초문법 다지기를 원하는 분
초급을 공부한 지 꽤 시간이 지나 갸우뚱한 분
각종 일본어시험(JLPT · JPT)을 대비하는 분

들을 위해 만들어 보았다.

시중에 나와 있는 독학 교재를 보면 막상 혼자 공부할 수 있게 되어 있는 책은 별로 없는 것 같다. 일본어에 대해 어느 정도 아는 사람이라면 모를까, 초보자들에겐 독학하기가 쉽지 않은 그런 내용이었다. 하지만, 버전업! 굿모닝 독학 일본어 문법은 고수들의 도움을 받지 않고도 혼자 공부할 수 있도록 학생의 입장에서 책을 만들려고 최대한 노력했으니 가벼운 맘으로 그냥 신문 보듯, 잡지 보듯, 아침 지하철에서 무가지 신문 보듯 쭉쭉 읽어 나가기 바란다. 남의 눈 의식하지 말자. 그냥 내 페이스와 능력에 맞추면 된다. 그게 최고의 방법이다. 천 리 길도 한 걸음부터라고 하지 않았는가. 기초부터 차근차근 단계를 밟고 올라가 보자. 그러다 보면 그분이 오신다. 반드시 그분이 오신다. 그분이 오시면 우선 문장 보는 눈이 뜨이고, 귀가 열리게 되고 이윽고 입도 열리게 된다. 그분이 오신 그 순간, 여러분은 고수의 대열에 당당히 합류하게 될 것이다.

저자 황요찬

이 책의 구성과 특징

다지기 편

명사, な형용사, い형용사, 동사 이 네 가지 품사를 각각 현재긍정, 현재부정, 과거긍정, 과거부정으로 나누어 일본어 문법의 기본기를 다질 수 있게 하였습니다.

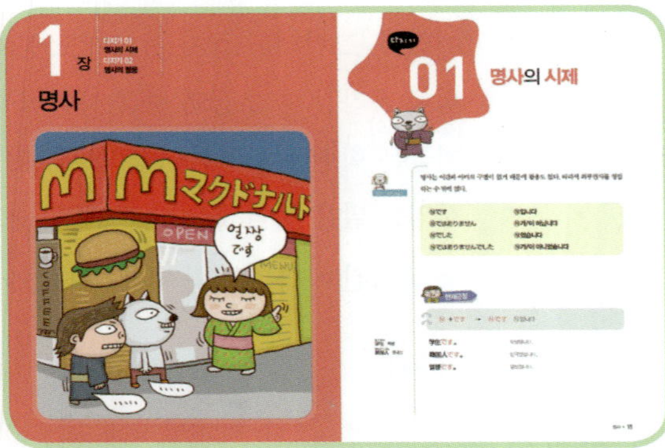

뛰어넘기 편

네 가지 품사의 기본 시제를 다지기 편에서 공부한 후, 다시 확인할 수 있도록 표와 핵심 공식으로 보기 쉽게 정리 하였습니다. 다양한 예문을 함께 넣어 일본어 문법의 벽을 확실하게 뛰어넘을 수 있습니다.

203_02.mp3
① ② ③
부번호 장번호 다지기,뛰어넘기 번호

이 책의 품사 표기 방식은 다음과 같습니다.
명사 Ⓝ   い형용사 い Ⓐ   な형용사 な Ⓐ   동사 Ⓥ

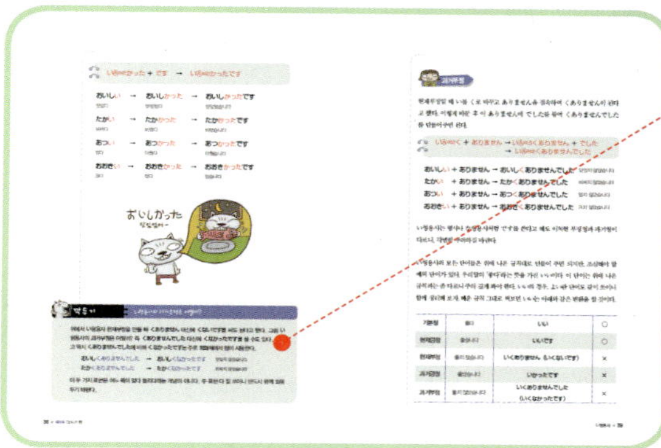

깍두기
반드시 알아야 할 기본 문법의 보충 설명과 틀리기 쉽고 간과할 수 있는 부분을 쉽고 상세하게 설명해 놓았습니다.

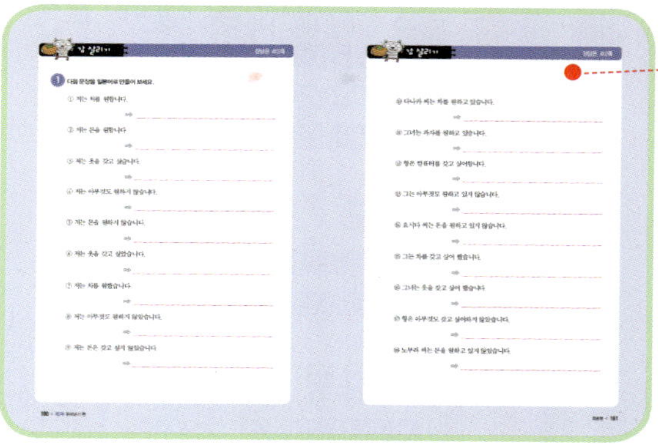

감 살리기
감 살리기 문제를 풀어보며 앞에서 공부한 문법을 제대로 공부했는지 확인할 수 있습니다.

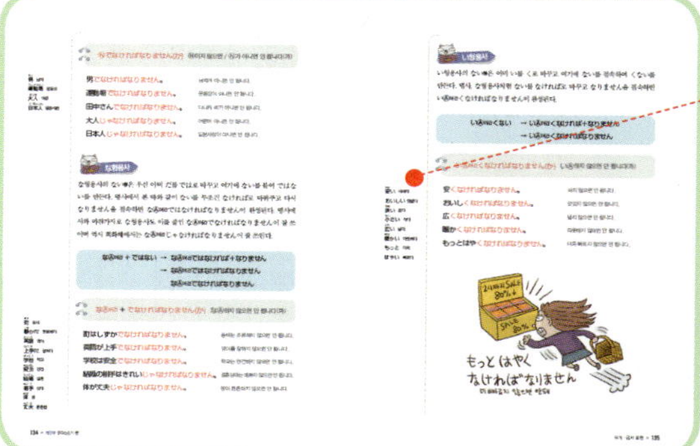

단어와 표현
예문에 나와 있는 한자의 음과 의미를 정리하여 바로 찾아볼 수 있도록 설명해 놓았습니다.

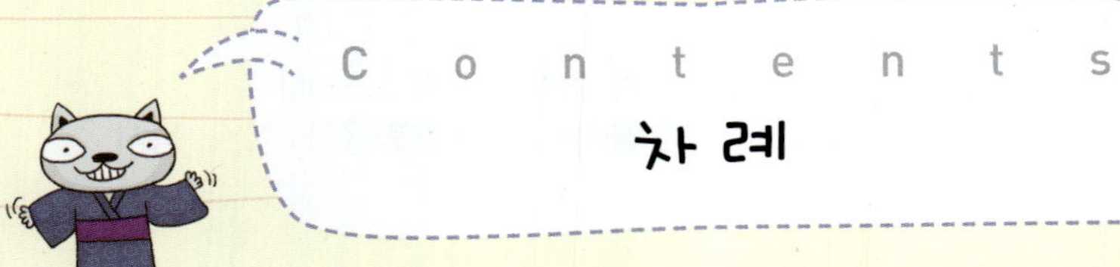

Contents
차 례

1부 다지기 편

2부 뛰어넘기 편

아싸
おさつおツナリ
たカキスチ
ナひへほれミ
やよヤユんワヲ

단 →

행 ↓

あ [a]	い [i]	う [u]	え [e]	お [o]
か [ka]	き [ki]	く [ku]	け [ke]	こ [ko]
さ [sa]	し [shi]	す [su]	せ [se]	そ [so]
た [ta]	ち [chi]	つ [tsu]	て [te]	と [to]
な [na]	に [ni]	ぬ [nu]	ね [ne]	の [no]
は [ha]	ひ [hi]	ふ [fu]	へ [he]	ほ [ho]
ま [ma]	み [mi]	む [mu]	め [me]	も [mo]
や [ya]		ゆ [yu]		よ [yo]
ら [ra]	り [ri]	る [ru]	れ [re]	ろ [ro]
わ [wa]				を [o]
				ん [N]

※ 행(行) 위 표에서 가로로 다섯 개씩의 글자들을 '행(行)'이라고 한다. 이것의 이름은 첫 글자를 따서 'あ행', 'か행', 'さ행……' 등으로 부른다.

※ 단(段) 위 표에서 세로로 늘어선 글자들을 '단(段)'이라고 한다. 이것의 이름은 첫 글자를 따서 'あ단', 'い단', 'う단', 'え단', 'お단' 등으로 부른다.

ア [a]	イ [i]	ウ [u]	エ [e]	オ [o]
カ [ka]	キ [ki]	ク [ku]	ケ [ke]	コ [ko]
サ [sa]	シ [shi]	ス [su]	セ [se]	ソ [so]
タ [ta]	チ [chi]	ツ [tsu]	テ [te]	ト [to]
ナ [na]	ニ [ni]	ヌ [nu]	ネ [ne]	ノ [no]
ハ [ha]	ヒ [hi]	フ [fu]	ヘ [he]	ホ [ho]
マ [ma]	ミ [mi]	ム [mu]	メ [me]	モ [mo]
ヤ [ya]		ユ [yu]		ヨ [yo]
ラ [ra]	リ [ri]	ル [ru]	レ [re]	ロ [ro]
ワ [wa]				ヲ [o]
				ン [N]

が行 가행	が 가[ga] ガ	ぎ 기[gi] ギ	ぐ 구[gu] グ	げ 게[ge] ゲ	ご 고[go] ゴ
ざ行 자행	ざ 자[za] ザ	じ 지[ji] ジ	ず 즈[zu] ズ	ぜ 제[ze] ゼ	ぞ 조[zo] ゾ
だ行 다행	だ 다[da] ダ	ぢ 지[ji] ヂ	づ 즈[zu] ヅ	で 데[de] デ	ど 도[do] ド
ば行 바행	ば 바[ba] バ	び 비[bi] ビ	ぶ 부[bu] ブ	べ 베[be] ベ	ぼ 보[bo] ボ
ぱ行 파행	ぱ 파[pa] パ	ぴ 피[pi] ピ	ぷ 푸[pu] プ	ぺ 페[pe] ペ	ぽ 포[po] ポ

요음

きゃ 캬[kya]	きゅ 큐[kyu]	きょ 쿄[kyo]
ぎゃ 갸[gya]	ぎゅ 규[gyu]	ぎょ 교[gyo]
しゃ 샤[sha]	しゅ 슈[shu]	しょ 쇼[sho]
じゃ 쟈[ja]	じゅ 쥬[ju]	じょ 죠[jo]
ちゃ 챠[cha]	ちゅ 츄[chu]	ちょ 쵸[cho]
ぢゃ 쟈[ja]	ぢゅ 쥬[ju]	ぢょ 죠[jo]
にゃ 냐[nya]	にゅ 뉴[nyu]	にょ 뇨[nyo]
ひゃ 햐[hya]	ひゅ 휴[hyu]	ひょ 효[hyo]
びゃ 뱌[bya]	びゅ 뷰[byu]	びょ 뵤[byo]
ぴゃ 퍄[pya]	ぴゅ 퓨[pyu]	ぴょ 표[pyo]
みゃ 먀[mya]	みゅ 뮤[myu]	みょ 묘[myo]
りゃ 랴[rya]	りゅ 류[ryu]	りょ 료[ryo]

1부
다지기 편

다지기에서는 가장 기본이 되는 네 가지 품사를 총정리 해 보았다. 명사, い형용사, な형용사, 동사를 중심으로 각 품사의 활용과 그 응용까지 다루어 보았다. 이 부분을 별로 중요하게 생각하지 않는 분도 있겠지만, 확실한 기본기를 위해 반드시 필요한 네 가지 품사와 활용을 제대로 다져두기 바란다.

行くぞ！

1 장

명사

01 명사의 시제

명사는 어간과 어미의 구별이 없기 때문에 활용도 없다. 따라서 외부인사를 영입하는 수 밖에 없다.

Ⓝです	Ⓝ입니다
Ⓝではありません	Ⓝ가/이 아닙니다
Ⓝでした	Ⓝ였습니다
Ⓝではありませんでした	Ⓝ가/이 아니었습니다

Ⓝ ＋ です → Ⓝです　Ⓝ입니다

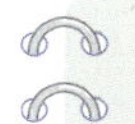

がくせい
学生　학생
かんこくじん
韓国人　한국인(사람)

学生です。　　　　　학생입니다.

韓国人です。　　　　한국인입니다.

얼짱です。　　　　　얼짱입니다.

Ⓝ + ではありません → Ⓝではありません Ⓝ가/이 아닙니다

^{がくせい}
学生 학생
^{かんこくじん}
韓国人 한국인(사람)

学生ではありません。　　学생이 아닙니다.

韓国人ではありません。　　한국인이 아닙니다.

얼짱ではありません。　　얼짱이 아닙니다.

Ⓝ + でした → Ⓝでした Ⓝ였습니다

学生でした。　　학생이었습니다.

韓国人でした。　　한국인이었습니다.

얼짱でした。　　얼짱이었습니다.

호호체에서는 현재부정을 이렇게 사용한다!

学生ではありません	韓国人ではありません	얼짱ではありません
学生じゃありません	韓国人じゃありません	얼짱じゃありません
学生ではないです	韓国人ではないです	얼짱ではないです
学生じゃないです	韓国人じゃないです	얼짱じゃないです
학생이 아닙니다	한국인이 아닙니다	얼짱이 아닙니다

Ⓝ + ではありませんでした → Ⓝではありませんでした
Ⓝ가/이 아니었습니다

学生ではありませんでした。　　학생이 아니었습니다.

韓国人ではありませんでした。　　한국인이 아니었습니다.

얼짱ではありませんでした。　　얼짱이 아니었습니다.

	우리말	일본어
현재긍정	Ⓝ입니다	Ⓝです
현재부정	Ⓝ가/이 아닙니다	Ⓝではありません ＊ Ⓝじゃありません / Ⓝではないです / Ⓝじゃないです ＊표현은 주로 회화체에서 쓰임
과거긍정	Ⓝ였습니다	Ⓝでした
과거부정	Ⓝ가/이 아니었습니다	Ⓝではありませんでした ＊ Ⓝじゃありませんでした / Ⓝではなかったです / Ⓝじゃなかったです ＊표현은 주로 회화체에서 쓰임

● 제1부 다지기 편

1 다음 문장을 일본어로 만들어 보세요.

① 한국인입니다. ➡ __________________________________

② 한국인이 아닙니다. ➡ __________________________________

③ 한국인이었습니다. ➡ __________________________________

④ 한국인이 아니었습니다. ➡ __________________________________

⑤ 학생입니다. ➡ __________________________________

⑥ 학생이 아닙니다. ➡ __________________________________

⑦ 학생이었습니다. ➡ __________________________________

⑧ 학생이 아니었습니다. ➡ __________________________________

02 명사의 활용

앞서 말한 대로 명사 자체는 활용이 없기 때문에 외부인사를 영입하는 수밖에 없다.
간단하지만 많이 쓰이는 활용을 살펴보자.

Ⓝで	Ⓝ이고/이며	명사 나열
Ⓝでも Ⓝでもありません	Ⓝ도 Ⓝ도 아닙니다	명사 동시부정

Ⓝで　　Ⓝ이고/이며

주어진 명사에 で만 붙이면 된다.

わたし
私 나
かんこくじん
韓国人 한국인(사람)
きょう
今日 오늘
げつようび
月曜日 월요일
あした
明日 내일
かようび
火曜日 화요일

私は 韓国人で、얼짱です。

나는 한국인이며, 얼짱입니다.

ラーメンは550円で、カレーは800円です。

라면은 550엔이고, 카레는 800엔입니다.

今日は月曜日で、明日は火曜日です。

오늘은 월요일이고, 내일은 화요일입니다.

쉬운 표현 같지만 실제로 써보라고 하면 제대로 쓰는 사람이 많지 않다. 아마 이 책을 보고 있는 분들 중에도 Ⓝ1도 Ⓝ2도 있습니다을 생각하는 분이 분명히 있을 것이다. 이 표현은 'Ⓝ1도 Ⓝ2도 없습니다'라는 뜻이다. Ⓝ1でも Ⓝ2でも ありません이 되야 정확한 표현이 된다.

ほん
本 책
じ どうしゃ
自動車 자동차
じ てんしゃ
自転車 자전거

本もノートもありません。　　책도 공책도 없습니다.

本でもノートでもありません。　　책도 공책도 아닙니다.

自動車も自転車もありません。　　자동차도 자전거도 없습니다.

自動車でも自転車でもありません。　　자동차도 자전거도 아닙니다.

1 다음 문장을 일본어로 만들어 보세요.

① 다나카 씨는 일본인이며, 대학생입니다. (日本人 · 大学生)

➡ ____

② 주먹밥은 100엔이고, 우유는 200엔입니다. (おにぎり · ぎゅうにゅう)

➡ ____

③ 이것은 자전거이고, 저것은 자동차입니다. (自転車 · 自動車)

➡ ____

④ 텔레비전도 라디오도 아닙니다. (テレビ · ラジオ)

➡ ____

⑤ 그는 미국인도 영국인도 아닙니다. (アメリカ人 · イギリス人)

➡ ____

⑥ 이것은 볼펜도 연필도 아닙니다. (ボールペン · えんぴつ)

➡ ____

2장

な형용사

01 な형용사의 시제

형용사면 그냥 형용사지 무슨 얼어 죽을 な형용사냐고 하시는 분들도 있을 것이다. 하지만 어쩔 수 없다. 일본어는 우리말과 달리 형용사가 2가지 종류가 있다. 어쩌 겠나, 우리가 맞춰 가는 수밖에 없다. 우선 な형용사의 가장 기본사항부터 확인해 보자.

반드시 だ로 끝나며, 이 だ를 어미라고 부르는데 어미 だ를 제외한 그 앞부분은 어간이라고 부른다. な형용사를 활용할 때 절대로 어간은 손대지 않는다. 무조 건 어미 だ만 상대하면 된다.

어간		어미
きれい	+	だ
しずか	+	だ
上手	+	だ
にぎやか	+	だ

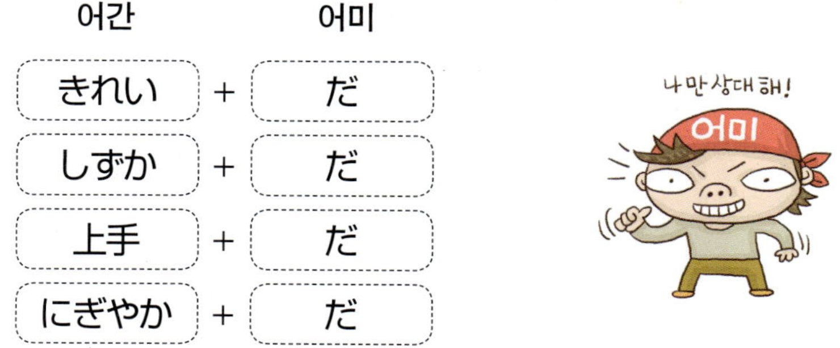

위에 나온 단어들을 보면 모두 어미가 だ로 끝난다. 어미 だ를 제외한 부분이 어 간이다.

102_01.mp3

어미 だ를 떼고 です를 접속한다.

> な④어간 + です → な④어간です

^{じょう ず}
上手だ
잘한다, 능숙하다

きれいです。	예쁩니다(깨끗합니다).
しずかです。	조용합니다.
上手です。	잘합니다.
にぎやかです。	번화합니다.

우선 어미 だ를 떼고 では를 접속한 후, 다시 여기에 ありません을 접속하면 된다. 즉 완성해 보면 ではありません이 된다.

> な④어간では + ありません → な④어간ではありません

きれいではありません。	예쁘지 않습니다(깨끗하지 않습니다).
しずかではありません。	조용하지 않습니다.
上手ではありません。	잘하지 못합니다.
にぎやかではありません。	번화하지 않습니다.

어미 だ를 떼고 でした를 접속한다.

な Ⓐ 어간 + でした → な Ⓐ 어간でした

きれいでした。　　　　　　　　예뻤습니다(깨끗했습니다).

しずかでした。　　　　　　　　조용했습니다.

上手でした。　　　　　　　　　잘했습니다.

にぎやかでした 。　　　　　　　번화했습니다.

위에서 な형용사 현재부정을 만들 때 ～ではありません을 쓴다고 했지만 주로 회화체에서 사용하는 몇가지 방법이 더 있다.

きれいではありません	しずかではありません	上手ではありません	にぎやかではありません
きれいじゃありません	しずかじゃありません	上手じゃありません	にぎやかじゃありません
きれいではないです	しずかではないです	上手ではないです	にぎやかではないです
きれいじゃないです	しずかじゃないです	上手じゃないです	にぎやかじゃないです
예쁘지 않습니다 (깨끗하지 않습니다)	조용하지 않습니다	잘하지 못합니다	번화하지 않습니다

우선 어미 だ를 떼고 では를 접속한 후, 다시 여기에 ありませんでした를 접속하여 ではありせんでした가 완성된다.

な④어간では ＋ ありませんでした →
　　　　　　　　な④어간ではありませんでした

きれいではありませんでした。	예쁘지 않았습니다(깨끗하지 않았습니다).
しずかではありませんでした。	조용하지 않았습니다.
上手ではありませんでした。	잘하지 못했습니다.
にぎやかではありませんでした。	번화하지 않았습니다.

上手だ
잘한다, 능숙하다

	우리말	일본어
현재긍정	な④합니다	な④어간です
현재부정	な④하지 않습니다	な④어간ではありません ＊ な④어간じゃありません な④어간ではないです な④어간じゃないです ＊표현은 주로 회화체에서 쓰임
과거긍정	な④했습니다	な④어간でした
과거부정	な④하지 않았습니다	な④어간ではありませんでした ＊ な④어간じゃありませんでした な④어간ではなかったです な④어간じゃなかったです ＊표현은 주로 회화체에서 쓰임

명심하시라. な형용사는 반드시 어미가 だ로 끝나고 이 어미 だ를 바꿔 활용한다.
절대로 앞부분의 어간은 손대지 마시라.

1 다음 문장을 일본어로 만들어 보세요.

① 예쁩니다. ➡ _______________

② 예쁘지 않습니다. ➡ _______________

③ 예뻤습니다. ➡ _______________

④ 예쁘지 않았습니다. ➡ _______________

⑤ 조용합니다. ➡ _______________

⑥ 조용하지 않습니다. ➡ _______________

⑦ 조용했습니다. ➡ _______________

⑧ 조용하지 않았습니다. ➡ _______________

⑨ 변화합니다. ➡ _______________

⑩ 변화하지 않습니다. ➡ _______________

⑪ 변화했습니다. ➡ _______________

⑫ 변화하지 않았습니다. ➡ _______________

02 な형용사의 활용

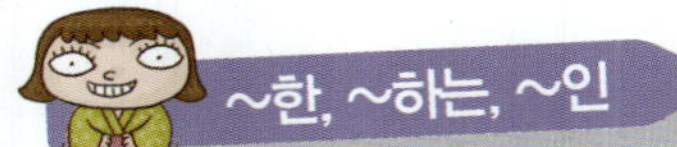

용법 : な형용사로 명사를 수식할 때 쓰이는 형태

접속 : 어미 だ를 な로 바꾼다.

へ や
部屋 방
まち
街 거리
きょうしつ
教室 교실
た もの
食べ物
음식, 먹을거리

しずかだ ＋ 部屋	→	しずかな部屋	조용한 방
にぎやかだ ＋ 街	→	にぎやかな街	번화한 거리
きれいだ ＋ 教室	→	きれいな教室	깨끗한 교실
すきだ ＋ 食べ物	→	すきな食べ物	좋아하는 음식

> 용법 : な형용사로 동사를 수식하는 형태. な형용사를 부사적으로 쓴다.
>
> 접속 : 어미 だ를 に로 바꾼다.

なる 되다
掃除する 청소하다

しずかだ ＋ なる	→	しずかになる	조용해지다
にぎやかだ ＋ なる	→	にぎやかになる	번화해지다
きれいだ ＋ 掃除する	→	きれいに掃除する	깨끗하게 청소하다
すきだ ＋ なる	→	すきになる	좋아하게 되다

> 용법 : 접속 표현으로 쓰이는 형태
>
> 접속 : 문장을 나열할 때 사용하는 형태로 어미 だ를 で로 바꾼다.

電車 전철, 지하철
便利だ 편리하다
親切だ 친절하다

しずかだ ＋ きれいだ → しずかできれいだ
조용하고 깨끗하다

電車は便利だ ＋ はやい → 電車は便利ではやい
전차는 편리하고 빠르다

きれいだ ＋ 親切だ → きれいで親切だ
예쁘고 친절하다

すきだ ＋ 上手なスポーツ → すきで上手なスポーツ
좋아하고 잘하는 스포츠

1 다음을 일본어로 만들어 보세요.

① 조용한 거리 ➡ ________________________

② 깨끗한 방 ➡ ________________________

③ 좋아하는 먹거리 ➡ ________________________

④ 번화한 종로 ➡ ________________________

⑤ 편리한 전철 ➡ ________________________

⑥ 조용해지다. ➡ ________________________

⑦ 깨끗해지다. ➡ ________________________

⑧ 좋아하게 되다. ➡ ________________________

な형용사 ● 31

⑨ 변화해지다.　　➡ _______________________________

⑩ 편리해지다.　　➡ _______________________________

⑪ 편리하고 조용하다.　　➡ _______________________________

⑫ 친절하고 예쁘다.　　➡ _______________________________

⑬ 조용하고 깨끗하다.　　➡ _______________________________

⑭ 잘하고 좋아하는 스포츠　➡ _______________________________

⑮ 깨끗하고 편리한 전철　➡ _______________________________

3장 い형용사

い형용사의 시제

い형용사는 반드시 い로 끝나며, 이 い를 어미라고 부르고 어미 い를 제외한 그 앞부분은 어간이라고 부른다. い형용사를 활용할 때 절대로 어간은 손대지 않는다. **무조건 어미 い만 상대하면 된다.**

어간		어미
おいし	+	い
たか	+	い
あつ	+	い
おおき	+	い

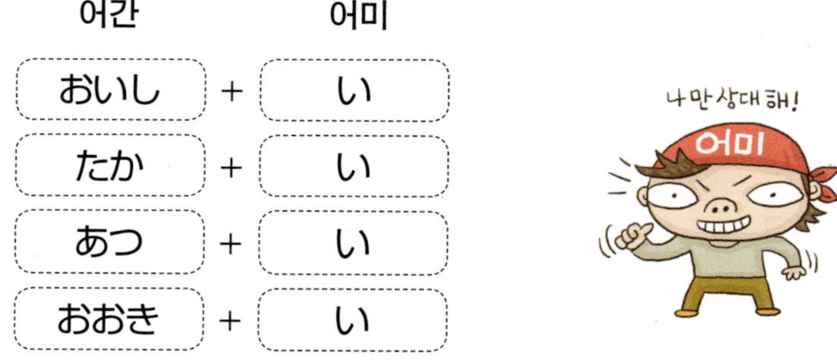

이처럼 い형용사는 반드시 어미가 い로 끝나고, 이 어미 い를 변환해 활용할 수 있다.

な형용사는 어미 だ가 です로 바뀌었으나, い형용사는 어미 い를 그냥 두고 です를 철썩 붙인다.

いⒶい + です → いⒶいです

おいし**い** ＋ です	→	おいし**い**です	맛있습니다
たか**い** ＋ です	→	たか**い**です	비쌉니다
あつ**い** ＋ です	→	あつ**い**です	덥습니다
おおき**い** ＋ です	→	おおき**い**です	큽니다

い형용사도 な형용사처럼 です를 사용하니 い형용사도 똑같겠다고 생각하지 말기 바란다. い형용사는 では를 절대절대절대절대 쓰지 않는다. 대신 어미 い를 く로 바꾸고 ありません을 접속한다. 즉 くありません이 된다.

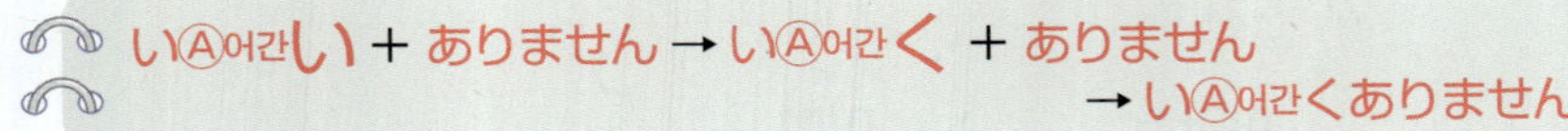

おいし**い** ＋ ありません	→ おいし**く**ありません	맛있지 않습니다
たか**い** ＋ ありません	→ たか**く**ありません	비싸지 않습니다
あつ**い** ＋ ありません	→ あつ**く**ありません	덥지 않습니다
おおき**い** ＋ ありません	→ おおき**く**ありません	크지 않습니다

위에서 い형용사 현재부정을 만들 때 ～くありません을 쓴다고 말했지만 사실은 한가지 방법이 더 있다. ありません 대신에 ないです를 사용해도 된다. 즉 ～くありません 대신에 ～くないです를 써도 된다는 말이다. 단 ～くありません에 비해 ～くないです는 주로 회화체에서 많이 사용한다.

おいし**く**ありません	→ おいし**くないです**	맛있지 않습니다
たか**く**ありません	→ たか**くないです**	비싸지 않습니다
あつ**く**ありません	→ あつ**くないです**	덥지 않습니다
おおき**く**ありません	→ おおき**くないです**	크지 않습니다

な형용사나 명사는 어미 だ를 でした로 바꾸었다. い형용사도 같은 です를 사용하니까 역시 でした를 쓰지 않을까 하고 오해 마시기 바란다. い형용사는 절대로 でした를 쓰지 않는다. 우선 어미 い를 과거를 나타내는 た에 접속한다. 이때 어미 い는 かっ으로 바뀐다. 이렇게 완성되는 게 바로 かった이다.

おいし**い**	+ た	맛있다	→	おいし**かった**	맛있었다
たか**い**	+ た	비싸다	→	たか**かった**	비쌌다
あつ**い**	+ た	덥다	→	あつ**かった**	더웠다
おおき**い**	+ た	크다	→	おおき**かった**	컸다

만약 여기까지만 쓰면 'いⒶ였다'라는 반말형태가 된다. 이 いⒶかった에 다시 です를 붙이면 반말이 아닌 い형용사 과거긍정형이 완성된다. 솔직히 별로 하고 싶은 말은 아니지만 정 이해가 가지 않는 사람이 있다면 그냥 いⒶ어간かったです를 통째로 외워버리자.

절대로 でした 쓰지 말 것!

다시 말하지만 い형용사도 です를 사용하니까 でした를 써서 나를 미치게 하지 말아달라. おいしいでした, たかいでした, あついでした, おおきいでした 이런 표현은 절대로 안 된다. 두 번째는 이미 いⒶかった로 과거를 만들었는데 또 でした를 불러낼 필요는 없다. 일본어에서는 た가 들어가면 과거형이다. 여러분 같으면 과거 한번 있는 상대가 좋겠나, 두 번 있는 상대가 좋겠나? 과거는 한번이면 충분하다.

이렇게 쓰면 안 된다.　　　　　　　　　　　　　　　　**반드시 이렇게 쓰시기 바란다.**

이렇게 쓰면 안 된다		반드시 이렇게 쓰시기 바란다
おいしかったでした		おいしかったです
たかかったでした	い형용사 과거긍정형은	たかかったです
あつかったでした		あつかったです
おおきかったでした		おおきかったです

い④어란かった + です → い④어란かったです

おいし**い** →	おいし**かった** →	おいし**かった**です
맛있다	맛있었다	맛있었습니다
たか**い** →	たか**かった** →	たか**かった**です
비싸다	비쌌다	비쌌습니다
あつ**い** →	あつ**かった** →	あつ**かった**です
덥다	더웠다	더웠습니다
おおき**い** →	おおき**かった** →	おおき**かった**です
크다	컸다	컸습니다

깍두기   い형용사의 과거부정은 어떨까?

위에서 い형용사 현재부정을 만들 때 くありません 대신에 くないです를 써도 된다고 했다. 그럼 い 형용사의 과거부정은 어떨까? 즉 くありませんでした 대신에 くなかったです를 쓸 수도 있다. 그리 고 역시 くありませんでした에 비해 くなかったです는 주로 회화체에서 많이 사용한다.

おいし**くありませんでした** →	おいし**くなかったです**	맛있지 않았습니다
たか**くありませんでした** →	たか**くなかったです**	비싸지 않았습니다

이 두 가지 표현은 어느 쪽이 맞다 틀리다의 개념이 아니다. 두 표현 다 잘 쓰이니 반드시 함께 외워두 기 바란다.

현재부정일 때 い를 く로 바꾸고 ありません을 접속하여 くありません이 된다
고 했다. 이렇게 바꾼 후 이 ありません에 でした를 붙여 くありませんでした
를 만들어주면 된다.

い(A)어간く ＋ ありません → い(A)어간くありません ＋ でした
→ い(A)어간くありませんでした

おいしい ＋ ありません → おいしくありませんでした　맛있지 않았습니다
たかい　 ＋ ありません → たかくありませんでした　비싸지 않았습니다
あつい　 ＋ ありません → あつくありませんでした　덥지 않았습니다
おおきい ＋ ありません → おおきくありませんでした　크지 않았습니다

い형용사는 명사나 な형용사처럼 です를 쓴다고 해도 이처럼 부정형과 과거형이
다르니, 각별히 주의하길 바란다.

	우리말	일본어
현재긍정	い(A)합니다	い(A)いです
현재부정	い(A)하지 않습니다	い(A)어간くありません ＊ い(A)어간くないです ＊표현은 주로 회화체에서 쓰임
과거긍정	い(A)했습니다	い(A)어간かったです
과거부정	い(A)하지 않았습니다	い(A)어간くありませんでした ＊ い(A)어간くなかったです ＊표현은 주로 회화체에서 쓰임

 い형용사의 모든 단어들은 위에 나온 규칙대로 만들어 주면 되지만, 조심해야 할 예외 단어가 있다. 우리말의 '좋다' 라는 뜻을 가진 いい/よい이다. 이 단어는 い형용사의 규칙과는 좀 다르니 주의 깊게 봐야 하는데 특히 いい는 각별히 주의가 필요하다. いい는 다른 い형용사와 달리 절대로 어미 い에 손을 대면 안 된다. 따라서 현재긍정을 제외한 나머지, 즉 현재부정과 과거긍정, 과거부정을 만들 때는 절대로 いい를 사용해서는 안 된다.

    (○) いいです
    (×) いくありません / いくないです
    (×) いかったです
    (×) いくありませんでした / いくなかったです

그럼 부정이나 과거는 어떻게 해야 할까? 이 때 등장하는 것이 よい이다. いい 대신에 よい를 쓰게 되는 것이다. よい는 어미 い가 바뀌어도 아무런 문제가 생기지 않으므로 현재부정, 과거긍정, 과거부정에서는 반드시 よい를 사용해야 한다.

기본형	좋다	いい	よい
현재긍정	좋습니다	いいです	よいです
현재부정	좋지 않습니다	×	よくありません (よくないです)
과거긍정	좋았습니다	×	よかったです
과거부정	좋지 않았습니다	×	よくありませんでした (よくなかったです)

표에서 보다시피 いい는 기본형인 いい와 현재긍정 いいです이외는 쓰이지 않는다. 즉 いい라는 い형용사는 현재부정, 과거긍정, 과거부정은 사용하지 않는다. 이유는 앞서 말한 대로 어미 い를 절대 손댈 수 없기 때문이다. 이 녀석은 이해라기보다는 암기사항이니 잘 외워두시기 바란다. 한 마디만 더 하자면 기본형과 현재긍정일 때는 いい 쪽을 사용하는 게 일반적이다. 즉 「よい」 보다는 「いい」 를, 「よいです」 보다는 「いいです」 쪽을 일반적으로 많이 사용한다.

1 다음문장을 일본어로 바꿔 보세요.

① 넓습니다. ➡ _______________________

② 넓지 않습니다. ➡ _______________________

③ 넓었습니다. ➡ _______________________

④ 넓지 않았습니다. ➡ _______________________

⑤ 좋습니다. ➡ _______________________

⑥ 좋지 않습니다. ➡ _______________________

⑦ 좋았습니다. ➡ _______________________

⑧ 좋지 않았습니다. ➡ _______________________

⑨ 덥습니다. ➡ _______________________

⑩ 덥지 않습니다. ➡ _______________________

⑪ 더웠습니다. ➡ _______________________

⑫ 덥지 않았습니다. ➡ _______________________

02 い형용사의 활용

103_02.mp3

용법 : い형용사로 명사를 수식할 때 쓰이는 형태

접속 : 어미 い에 그대로 접속한다.
　　　 명사 수식할 때 절대 어미 い는 변하지 않는다.

車 자동차
部屋 방
日本語 일본어

おいしい ＋ たこやき	→	おいしいたこやき	맛있는 다코야키
たかい ＋ 車	→	たかい車	비싼 자동차
ひろい ＋ 部屋	→	ひろい部屋	넓은 방
やさしい ＋ 日本語	→	やさしい日本語	쉬운 일본어

> 용법 : い형용사로 동사를 수식하는 형태 (형용사의 부사적 용법)
>
> 접속 : 어미 い를 く로 바꾼다.

なる 되다

おいし**い** ＋ なる	→	おいし**く**なる	맛있어지다
たか**い** ＋ なる	→	たか**く**なる	비싸지다
ひろ**い** ＋つくる	→	ひろ**く**つくる	넓게 만들다
やさし**い** ＋ なる	→	やさし**く**なる	쉬워지다
やす**い** ＋ する	→	やす**く**する	싸게 하다

> 용법 : い형용사를 나열, 열거할 때 사용하는 형태
>
> 접속 : 어미 い를 くて로 바꾼다.

電車 전철, 지하철
広い 넓다
静かだ 조용하다
部屋 방
日本語 일본어

やす**い** ＋ おいしい → やす**くて**おいしい
싸고 맛있다

電車は はや**い** ＋ やすい → 電車ははや**くて**やすい
전철은 빠르고 싸다

ひろ**い** ＋ 静かな部屋 → ひろ**くて**静かな部屋
넓고 조용한 방

おもしろ**い** ＋ やさしい 日本語 → おもしろ**くて**やさしい 日本語
재미있고 쉬운 일본어

1 다음 문장을 일본어로 만들어 보세요.

① 맛있는 김치

➡ _______________________________________

② 넓은 방

➡ _______________________________________

③ 재미있는 일본어

➡ _______________________________________

④ 비싼 책

➡ _______________________________________

⑤ 좋은 차

➡ _______________________________________

⑥ 더워지다.

➡ _______________________________________

⑦ 빨라지다.

➡ _______________________________________

⑧ 재미있어지다.

➡ ____

⑨ 넓어지다.

➡ ____

⑩ 쉽게 하다.

➡ ____

⑪ 쉽고 재미있다.

➡ ____

⑫ 싸고 좋다.

➡ ____

⑬ 맛있고 싸다.

➡ ____

⑭ 비싸고 넓은 방

➡ ____

⑮ 빠르고 편리하다.

➡ ____

동사

동사가 되기 위한 조건

일본어 동사가 되기 위해서는 우선 반드시 어미가 う단으로 끝나야 한다. 반드시 う단만이 동사의 어미가 될 수 있다. 다른 단은 절대로 안 된다. 그런데 ず, づ, ふ, ぷ, ゆ 이 녀석들만은 고어에서만 사용되었고 현대 일본어에서는 쓰지 않는다. 그러니 신경 쓰지 않아도 좋다. 즉 실제로 쓰이는 어미는 う, く, ぐ, す, つ, ぬ, ぶ, む, る 뿐이다.

이 어미들이 실제로 쓰이는 동사의 예이다.

う	く	す	つ	ぬ	ふ	む	る
かう いう	いく かく	はなす かす	まつ もつ	しぬ		のむ かむ	ある みる
	ぐ				ぶ		
	およぐ いそぐ				とぶ あそぶ		

일본어 동사의 어미는 이런 식으로 반드시 う단 만을 사용한다.

買う 사다
言う 말하다
行く 가다
書く 쓰다
話す 말하다
貸す 빌려 주다
待つ 기다리다
持つ 가지다, 들다
死ぬ 죽다
飛ぶ 날다
遊ぶ 놀다
飲む 마시다
噛む 물다
ある 있다
見る 보다
泳ぐ 수영하다
急ぐ 서두르다

02 동사의 종류와 구분법

일본어 동사는 우리말과 달리 3종류로 나눌 수 있다. 사람에 따라서는 동사의 종류를 5종류로 나누는 사람도 있지만 여기서는 요즘 보편적인 3종류로 나누어 보겠다.

する 하다
来る 오다

이렇게 3가지로 나누어 볼 수 있다. 이 부분에서 화내는 사람도 있더라. 아니 그냥 동사면 동사지, 5단은 뭐고 1단은 뭐야? 그리고 불규칙? 쟤 뭐하는 놈이야? 나라고 어쩌겠나? 지들이 3가지로 나뉘겠다는데, 내가 말릴 수도 없는 노릇이다. 하지만 동사의 종류가 3가지나 된다고 긴장할 필요는 전혀 없다. 여러분은 1단동사만 구분할 수 있으면 된다. 그리고 불규칙은 위에서 보다시피 する, くる 두 가지뿐이니 그대로 외우시면 된다.

1단동사가 되기 위한 조건

① 어미가 반드시 **る**로 끝날 것. 「~る」가 돼야 함.

② 어미 앞의 한 글자가 반드시 **い**단 혹은 **え**단 일 것.

이 2가지 조건을 모두 만족시켜야 비로소 1단동사의 자격을 갖추게 된다. 다음 동사들을 보자.

あ る　　　　う る

어미가 る로 끝나 있어 ①번 조건은 만족. ある는 あ단이, うる는 う단이 와 있으므로 ②번 조건은 불만족. 즉 어미가 る로 끝나 있어도, る 앞의 한글자가 い단, え단이 아닌 あ단, う단, お단이 오면 1단동사가 아니라 5단동사가 되는 것이다.

ある　さる　たる　うる　ぬる　つる　おる　こる　もる

어떤가? 어미가 모두 る로 끝나있지만 이 녀석들은 1단동사로 인정할 수 없다. 무조건 5단동사들이다. 불규칙동사 아니냐고? 불규칙동사는 する , くる 이렇게 두 가지 뿐이래도…… 갈 데가 5단밖에 없지 않수?

ある 있다
去る (さ)
지나가다, 떠나가다
足る (た) 족하다, 충분하다
売る (う) 팔다
塗る (ぬ) 칠하다
釣る (つ) 낚다
折る (お)
접다, 부러뜨리다
凝る (こ) 응고하다
盛る (も) 담다
する 하다
来る (く) 오다

자, 이쯤 되면 이제 5단동사는 어떻게 구별할까 궁금해질 법도 하다. 불규칙은 する, くる 이렇게 두 가지뿐이라고 했고, 1단동사 보는 법도 배웠고, 그럼 5단동사는? 심각하게 고민할 필요 없다. 극단적으로 말하면 위에 나온 **1단동사와 불규칙동사를 제외한 나머지들이 모두 5단동사다.** 너무 아쉽나? 좋다, 그럼 방금 위에서 배운 1단동사의 조건 중 ①번 조건을 다시 한 번 생각해보자.

1단동사가 되기 위한 조건

① 어미가 반드시 **る**로 끝날 것. 「~る」가 되야 함.

대충 감을 잡으시겠나? 눈치 빠른 사람이라면 이미 감 잡았을 것이다. 어미가 반드시 る로 끝나야 한다는 말은 바꿔 말하면 어미가 る로 끝나지 않은 나머지 녀석들은 볼 것도 없이 무조건 5단동사다. 즉 う, く, ぐ, す, つ, ぬ, ぶ, む로 끝난 동사는 100% 5단동사다. 그리고 또 한 가지. 어미가 る로 끝났다고 해서 무조건 1단동사라고 해서는 안 된다. 반드시 ②번 조건 즉, 어미 앞의 한 글자가 반드시 い단 혹은 え단인지 확인해야 한다.

入^{はい}る 들어가다
帰^{かえ}る 돌아오다(가다)
切^きる 자르다
知^しる 알다
滑^{すべ}る 미끄러지다
走^{はし}る 달리다

앞에서 본 것처럼 ある, さる, たる, うる, ぬる, つる, おる, こる, もる 같은 동사는 비록 어미가 る로 끝나 있으나(る 앞의 한 글자가) い단, え단이 아닌 あ단, う단, お단이 와 있기 때문에 1단동사가 아니라 5단동사가 되는 것이다.

깍두기

예외 5단 동사

위에 나온 1단동사의 2가지 조건을 모두 만족시켰다고 해서 무조건 1단동사가 되는 것은 아니다. 모양은 틀림없이 1단동사 모양을 하고 있지만, 1단동사가 아닌 예외 5단동사가 있다.

はいる、かえる、きる、しる、すべる、はしる……

하지만, 너무 긴장할 필요 없다. 초급과정에 나오는 예외 5단동사는 10개가 채 안 된다. 나올 때마다 외우면 된다.

03 동사의 ます형

명사와 な형용사, い형용사는 です를 붙여 '~입니다'라는 정중한 표현을 만들었다. 이에 비해 동사는 ます를 붙여 '~합니다'라는 정중한 표현을 만든다.

흠, 그래? 동사에 ます만 접속하면 된다 이거지? 간단하네. 대충하면 되겠네 뭐. 이렇게 생각하지 말기를. 이렇게 간단하면 좋겠는데 실은 그렇지가 못하다. 문제는 이 ます를 동사에 접속할 때 아무 생각 없이 붙이는 게 아니라, 동사가 변화를 한다는 점이다.

이렇게 ます를 붙일 때 변화하는 동사 형태, 좀더 쉽게 말하자면 ます가 접속할 때 변화한 동사의 모습을 ます형이라고 부르는 것이다. 이 점을 정확히 인식하고 있기 바란다. 이렇게 동사에 ます를 접속할 때 변화한 동사의 형태를 ます형이라고 부르는 것이다. 이렇게 변화한 동사의 ます형에 ます를 붙이면 간단히 '~합니다'가 완성되는 것이다.

ます형은 매우 중요하다. 이 자체도 물론 중요하지만 앞으로 공부해 나가면서 여러 가지 문법을 배울 때에 이 ます형이 많이 쓰이게 된다. 그러니 확실하게 외워 주시기 바란다. 특히 일본어와 관련된 시험을 준비하시는 분들은 문법문제에 굉장히 많이 나오니 반드시 숙지해야만 한다.

앞에서 5단동사, 1단동사, 불규칙동사 3가지로 나누어 보았다. 이 동사의 종류에 따라, 즉 5단동사, 1단동사, 불규칙동사이냐에 따라서 ます형이 달라진다. 아래 규칙을 잘 외워두기를.

104_03.mp3

5단동사는 어미가 무조건 う단으로 끝나는데, 이 어미 う단을 い단으로 바꾸면 5단동사의 ます형이 완성된다. 여기에 다시 ます만 접속하면 된다.

いく ＋ ます → いき いく의 ます형 ＋ます → いきます

買う 사다		
書く 쓰다		
泳ぐ 수영하다		
話す 이야기하다		
待つ 기다리다		
死ぬ 죽다		
遊ぶ 놀다		
飲む 마시다		
終わる 끝나다		

かう ＋ ます → かい ＋ ます → かいます　삽니다
かく ＋ ます → かき ＋ ます → かきます　씁니다
およぐ ＋ ます → およぎ ＋ ます → およぎます　수영합니다
はなす ＋ ます → はなし ＋ ます → はなします　이야기합니다
まつ ＋ ます → まち ＋ ます → まちます　기다립니다
しぬ ＋ ます → しに ＋ ます → しにます　죽습니다
あそぶ ＋ ます → あそび ＋ ます → あそびます　놉니다
のむ ＋ ます → のみ ＋ ます → のみます　마십니다
おわる ＋ ます → おわり ＋ ます → おわります　끝납니다

5단동사의 어미를 다른 색으로 표시했다. 어미 う단이 일제히 い단으로 바뀌는 걸 알 수 있다. 방금 위에서 말했듯이 모든 5단동사는 ます와 결합할 때 반드시 어미 う단을 い단으로 바꿔야 한다. 그리고 나서 ます를 접속해 주는 것이다. 이렇게 ます를 붙일 때 변화한 동사의 형태, 즉 어미가 う단에서 い단으로 바뀐 형태를 ます형이라고 부른다. 이 점을 절대 잊지 말기 바란다. 이렇게 변화한 동사의 ます형에 ます를 붙이면 간단히 '~합니다'가 완성되는 것이다. 이 ます가 붙기 위해 변화한 동사의 형태를 ます형이라고 부르는 것이다. 여기서 다시 한 번 더 주의하겠다. 많은 사람들이 착각하기 쉬운데 ます까지 붙어서 완성된 형태는 절대 ます형이라고 하지 않는다.

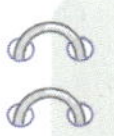

ある ＋ ます → あり ある의 ます형 ＋ ます → あります

ある의 ます형은 무엇인가? あります가 아니다. 그건 완성된 문장이고, ます형은 あり까지이다. 다시 한 번 말하지만 동사의 ます형이란, ます가 붙기 위해 변화한 동사의 형태를 ます형이라고 부르는 것이다. 즉 ある의 ます형은 あり가 되는 것이다. 따라서,

か**う**의	ます형은	か**い**
か**く**의	ます형은	か**き**
およ**ぐ**의	ます형은	およ**ぎ**
はな**す**의	ます형은	はな**し**
ま**つ**의	ます형은	ま**ち**
し**ぬ**의	ます형은	し**に**
あそ**ぶ**의	ます형은	あそ**び**
の**む**의	ます형은	の**み**
おわ**る**의	ます형은	おわ**り**

1단동사의 ます형 만드는 법은 5단동사보다 훨씬 쉽다. 앞서 1단동사는 어미가 반드시 る로 끝난다고 했다. 이 어미 る만 떼어내면 간단히 1단동사의 ます형이 만들어지고 여기에 다시 ます만 접속하면 된다.

みる ＋ ます → み みる의 ます형 ＋ ます → みます

いる 있다
見る 보다
起きる 일어나다
寝る 자다

い**る**＋ます	→	**い**＋ます	→	**い**ます	있습니다
み**る**＋ます	→	**み**＋ます	→	**み**ます	봅니다
おき**る**＋ます	→	**おき**＋ます	→	**おき**ます	일어납니다
ね**る**＋ます	→	**ね**＋ます	→	**ね**ます	잡니다

食べる 먹다
考える 생각하다

たべる＋ます　→　たべ＋ます　→　たべます　먹습니다
かんがえる＋ます　→　かんがえ＋ます　→　かんがえます　생각합니다

앞에서 5단동사에서도 말한 내용이지만, ます까지 붙어서 완성된 것은 ます형이라고 하지 않는다. 이렇게 변화한 동사의 ます형에 ます를 붙이면 간단히 '~합니다'가 완성되며 이 ます가 붙기 위해 변화한 동사의 형태를 ます형이라고 하였다.

たべる＋ます　→　たべ たべる의 ます형 ＋ます　→　たべます

たべる의 ます형은 たべます가 아니다. 그건 완성된 모습이고, ます형은 たべ까지이다. 다시 한 번 말하지만 동사의 ます형이란, ます가 붙기 위해 변화한 동사의 형태를 ます형이라고 부르는 것이다. 즉 たべる의 ます형은 たべ가 되는 것이다.

いる 있다
見る 보다
起きる 일어나다
寝る 자다
食べる 먹다
考える 생각하다

いるの　　　ます形은　い
みるの　　　ます形은　み
おきるの　　ます形은　おき
ねるの　　　ます形은　ね
たべるの　　ます形은　たべ
かんがえるの ます形은　かんがえ

말 그대로 변화형이 불규칙하다. 이 불규칙동사는 5단동사나 1단동사처럼 일정한 규칙이 없이, 어간과 어미가 모두 변화를 한다. 그래서 이 동사를 불규칙동사라고 부르는 것이다. 즉 5단동사나 1단동사는 어미만 변화를 일으키고 어간은 손대지 않았지만 불규칙은 어간어미 모두 바뀐다. 그래서 이 동사를 불규칙동사라고 부르는 것이다. 불규칙동사는 달랑 2개뿐이고 する와 くる였다.

> する 하다 ＋ ます → し する의 ます형 ＋ます → します 합니다
> くる 오다 ＋ ます → き くる의 ます형 ＋ます → きます 옵니다

5단동사나 1단동사는 어미는 바뀌어도 어간은 바뀌지 않았다. 하지만 불규칙동사는 어간과 어미 구별 없이 완전히 바뀌어서 불규칙동사라고 한다. 특별한 규칙이 없다. 그냥 이대로 외워주기 바란다. 그게 제일 낫다. 한 가지 명심할 점은 불규칙동사라고 해도 ます형은 만들어진다는 점이다.

> する ＋ ます → し ＋ ます → します
> くる ＋ ます → き ＋ ます → きます

する의 ます형은 します가 아니라 し이다. します는 완성된 하나의 모습이지, 이를 절대로 ます형이라고 하지 않는다. くる도 마찬가지. きます는 완성된 하나의 모습이지, 이를 절대로 ます형이라고 하지 않는다. くる의 ます형은 きます가 아니라 き이다.

04 동사의 시제

일본어에는 4가지 시제가 있다고 했었다. 그것은 현재긍정 · 현재부정 · 과거긍정 · 과거부정으로, 동사의 시제 역시 마찬가지로 4가지뿐이다.

> 현재긍정 : ⓥ합니다
> 현재부정 : ⓥ하지 않습니다
> 과거긍정 : ⓥ했습니다
> 과거부정 : ⓥ하지 않았습니다

어라, 미래형은 없네? 즉 앞으로 'ⓥ하겠습니다'가 없지 않느냐고 흥분하지 마시라. 일본어에는 미래형이 따로 존재하지 않는다. 미래형은 현재형이 대신한다. 문장 앞뒤를 보고 미래인지 현재인지 판단한다.

자, 그럼 이제부터 이에 해당하는 일본어를 보도록 하자.

> 현재긍정 : ⓥ합니다 　　　　→　　　ⓥます형 ＋ ます
> 현재부정 : ⓥ하지 않습니다　 →　　　ⓥます형 ＋ ません
> 과거긍정 : ⓥ했습니다 　　　 →　　　ⓥます형 ＋ ました
> 과거부정 : ⓥ하지 않았습니다 →　　　ⓥます형 ＋ ませんでした

보시는 바와 같이 ます가 가장 기본이 되고 이 ます가 파생이 되면서 부정, 과거 같은 시제를 만들 수 있게 된다. 앞 단원에서 동사의 ます형을 공부했었다. 이렇게 각 동사의 ます형을 만들어주고 여기에 ます・ません・ました・ませんでした를 접속하면 간단히 동사의 4가지 시제를 만들 수 있다.

ます형 いく → いきいく의 ます형   のむ → のみのむ의 ます형

현재긍정	いきます	のみます
	갑니다	마십니다
현재부정	いきません	のみません
	가지 않습니다	마시지 않습니다
과거긍정	いきました	のみました
	갔습니다	마셨습니다
과거부정	いきませんでした	のみませんでした
	가지 않았습니다	마시지 않았습니다

ます형 みる → み みる의 ます형   **ねる → ね** ねる의 ます형

현재긍정	みます	ねます
	봅니다	잡니다
현재부정	みません	ねません
	보지 않습니다	자지 않습니다
과거긍정	みました	ねました
	보았습니다	잤습니다
과거부정	みませんでした	ねませんでした
	보지 않았습니다	자지 않았습니다

ます형 する → し する의 ます형   **くる → き** くる의 ます형

현재긍정	します	きます
	합니다	옵니다
현재부정	しません	きません
	하지 않습니다	오지 않습니다
과거긍정	しました	きました
	했습니다	왔습니다
과거부정	しませんでした	きませんでした
	하지 않았습니다	오지 않았습니다

1 다음 동사들을 ます형으로 바꿔 네 가지 시제를 완성해 보세요.

기본형 ある	현재긍정 <u>あり</u>ます	현재부정 <u>あり</u>ません	과거긍정 <u>あり</u>ました	과거부정 <u>あり</u>ませんでした
いる				
かう				
はなす				
かく				
おきる				
もつ				
する				
はいる 예외 5단				
およぐ				
たべる				
かえる 예외 5단				
くる				
よむ				

5장

동사 활용편

동사의 활용

우리말로 말하다 보면, 'Ⓥ하고, Ⓥ해서, Ⓥ했다, Ⓥ하지 않다'라는 표현을 하루에도 수없이 사용할 것이다. 그렇다면 일본어로는 이 말들을 어떻게 표현할까? 이번 단원에서는 이 표현을 배워보자. 우선 우리말을 일본어로 어떻게 표현하는지 보자.

나열 또는 문장을 연결할 때는	Ⓥ하고, 해서	→	Ⓥて
과거를 나타낼 때는	Ⓥ했다	→	Ⓥた
그리고 부정문은	Ⓥ하지 않다	→	Ⓥない

여기까지만 말하고 보면 그리 어려워 보이진 않는다. 이미 앞에서 い형용사나 な형용사를 공부할 때 배웠기에 더욱더 그렇게 느낄 수도 있다. 그런데 그렇게 간단하지 않다.

い형용사나 な형용사와는 달리 동사는 좀 까다롭다. 왜 동사만 유별난 것일까? 이유는 간단하다. 왜냐하면, い형용사나 な형용사는 각각 어미가 한 가지씩, 즉 い형용사는 い, な형용사는 だ, 이렇게 어미가 정해진 녀석 하나씩 밖에 없는 것이다. 어미가 정해진 하나뿐이니 자연히 변화형도 일정해질 수밖에 없다. 생각해 보자. 여자친구도 한 명뿐이면 그 여자친구에게만 집중하며 취향도 하나일 테니 선물 고르기도 쉽다.

い형용사나 な형용사는 여친이 하나 뿐이어서 그만큼 다루기가 쉽다. 하지만, 여친이 많으면 그만큼 헷갈릴 수 밖에 없고, 나중에 자칫하면 목숨이 위태로운 경우도 생길 것이다. 동사는 여친이 많은 녀석이다. 그러니 주의 깊게 보고 외워주기 바란다.

い형용사나 な형용사는 여친이, 즉 어미가 한 가지뿐이라고 했다. 그에 비해 동사는 어땠는가? 동사는 어미가 하나만 있는 게 아니다. い형용사나 な형용사와는 달리 어미가 종류가 매우 많았다.(기억나시나, 동사의 어미가? う, く, ぐ, す, つ, ぬ, ぶ, む, る 이렇게 많았다) 어미가 하나가 아닌 여러 종류가 있으니 따라서 그 변화형도 다양해질 수 밖에 없는 것이다. 즉 다시 말하자면 동사의 어미에 따라 이 て형, た형, ない형은 다양한 변화를 보이게 되는 것이다. 따라서 앞서 배운 い형용사나 な형용사보다는 외울게 더 많고 좀더 복잡해진다. 그렇다고 겁먹을 필요는 없다.

물론 좀 시간도 걸리고 골치 좀 아프겠지만 일본어 공부하는데 있어서 절대로 빼놓을 수 없는 아주 중요한 문법이니 철저히 익혀두기 바란다. 이 て형, た형, ない형을 모르고서는 절대로 진도를 더 나갈 수 없다. 정말 정말 중요하다. 그리고 한마디만 더 하자면 て형, た형, ない형은 이 자체도 물론 중요하고 많이 쓰이지만, 고급반으로 가보면 다른 문법과도 많이 연결되어 쓰이고 있는 것을 보게 된다. 즉 이 て형, た형, ない형을 모르면 다른 문법공부도 막힐 수 밖에 없는 것이다.
따라서 て형, た형, ない형은 그야말로 초급 일본어 문법 기본 중 기본이라 할 수 있다. 일본어 문법을 공부하는 초보자들이 가장 먼저 부딪치는 난관 중 하나이다. 다른 방법이 없다. 무조건 앞으로 나오는 족보를 외워주시기 바란다.

간단히 말해 우리말 '~하고, ~해서'란 뜻이다. 물론 더 깊이 공부해 가다 보면 て형의 의미가 이게 다가 아니란 걸 알게 될 것이다. 특히 고급레벨에 올라가면 더더욱 많은 문법을 배우게 되는데, 동사 문법을 배울 때 이 て형이 아주 크게 빛을 발하게 될 것이다. 근데, 이건 좀더 고급반에 갔을 때 얘기니까 지금은 생략하고 여기까지. 뭐 사실 아직은 이런 말을 해도 아마 잘 와 닿지 않을 것이다. 내가 하고 싶은 말은 어쨌든 그만큼 중요하니 잘 외워달라는 말이다. 다른 의미도 몇 가지 더 있지만 일단 여기서는 초보단계에서 잘 쓰이는 2가지 정도를 중점적으로 다루어 보겠다.

~하고 동작을 열거, 나열하는 기능

처음 일본어를 배웠을 때에는 그저 '작업을 했습니다'라든가 '성공했습니다'하는 식의 썰렁하고 단순한 문장만 배웠다. 하지만 이 て형을 배우고 나면 '작업을 하고, 성공했습니다'하는 식으로 문장을 연결해 좀더 다양한 표현을 할 수 있다. 이렇게 문장을 나열, 열거하는 표현이다.

~해서 원인, 이유를 말하고 싶을 때

예를 들어 '오늘은 작업을 해서, 피곤합니다'라든가 '작업에 성공해서, 기쁩니다'라는 식으로 이유나 원인 등을 나타낼 때 사용한다.

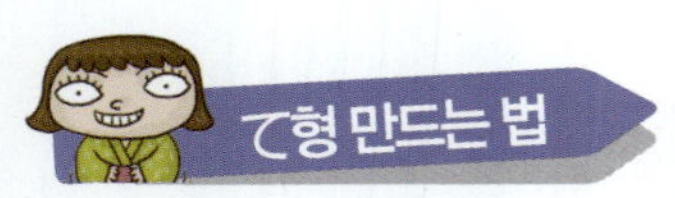

て형을 만드는 법도 위에서 배운 ます형처럼 동사 종류에 따라 다르다. 그 중 여러분은 5단동사에 많은 신경을 써야 한다. 그 이유는 다음과 같다.

불규칙동사는 아시다시피 する, くる 2개뿐이니 무조건 외우는 수 밖에 없다. 1단동사는 어미가 무조건 る로 끝나게 되어 있다. 1단동사는 어미가 る 하나뿐이다. 어미가 일정한 녀석들은 변화형도 일정해지는 것이다. 따라서 1단동사는 て형도 일정한 한가지 형태만 가지고 있게 된다.

반면에 5단동사는 어떠한가? 어미가 한 가지가 아니고 여러 가지이다. (う, く, ぐ, す, つ, ぬ, ぶ, む, る)그 다양한 어미만큼이나 て형 역시 다양하게 변화한다. 좀 귀찮은 건 사실이지만 앞으로 나오는 족보를 그대로 외워주시기 바란다. 뭐 방법이 없다. 무조건 외워주시기를.

우선 간단한 불규칙동사와 1단동사를 먼저 살펴보자.

앞서 우리는 ます형이란 것을 배웠다. 간단하다. 불규칙동사의 て형은 ます형만 만들 줄 알면 간단히 해결된다. 이렇게 ます형을 만들고 나서 무조건 て를 붙여 주면 된다. 그리고, 불규칙동사는 몇 개가 있다고 했나? する와 くる 이렇게 단 2 개뿐이다. する와 くる의 ます형을 생각해보자.

す → し(ます)　　　　**くる → き(ます)**

혹시나 하는 노파심에서 다시 한 번 이 ます형의 정확한 의미를 확인해 놓겠다. ます형이란, 동사가 ます에 접속하기 위해 변화한 형태를 말한다. 즉 する의 ます형은 します가 아니다. 이것은 ます가 동사 する에 붙어서 완성된 형태이지 이 형태를 ます형이라고 하지 않는다. 동사가 ます에 접속하기 위해 변화한 형태이므로 する의 ます형은 당연히 し가 된다. 마찬가지 요령으로 くる의 ます형도 생각해보자. 당연히 くる의 ます형은 き가 된다.

이렇게 ます형을 만들고 여기에 て를 붙여주면 된다.

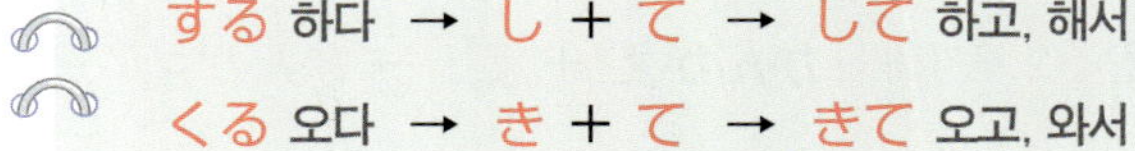

근데 아마 여러분 중에 뭐가 이리 골치 아파라고 하는 분도 있을 것이다. て형이 어떻고 ます형이 어떻고 하는 소리가 좀 어려우시다면, 그냥 위에 나온 して, き て를 통째로 외우기 바란다. 할 수 없다. 이렇게 해서라도 외워주기 바란다.

1단동사도 ます형을 가지고 て형을 만들어 준다. 1단동사의 て형 역시 ます형만 만들 줄 알면 간단히 해결된다. 1단동사는 어미가 る로 끝난다고 했고, 1단동사의 ます형은 바로 이 어미 る만 떼어내면 ます형이 완성된다고 했다. 이 ます형에 て를 붙여주면 된다. 이것으로 완성이다.

食べる 먹다
見る 보다
起きる 일어나다
寝る 자다
いる 있다
考える 생각하다

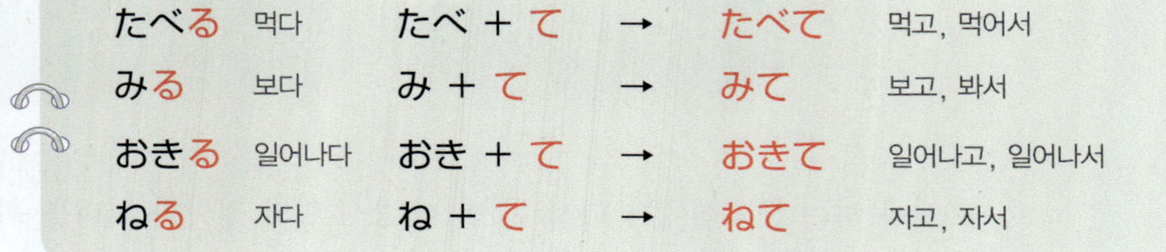

어디부터 어디까지가 ます형인지 이제 알 수 있겠나? 바로 1단동사의 어미 る를 떼고 남는 부분, 이 밑줄 친 부분이 각 1단동사의 ます형이다. 이렇게 만든 후 여기에 て를 붙여주자.

역시 여러분 중에 골치 아파하는 분이 있을 것이다. 까짓거 그냥 이렇게 외우시라. 1단동사는 무조건 어미 る를 떼어내고, 다시 무조건 て를 붙인다.

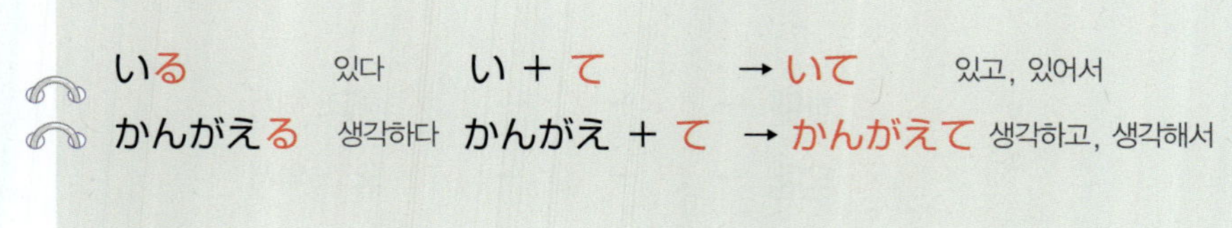

역시 어렵지 않다. 뭐 이렇게라도 해서 외워야 하지 않겠나?

대부분의 교재는 5단동사, 1단동사, 불규칙동사 하는 식으로 되어있는데, 이 책에서는 순서를 좀 바꿔 보았다. 물론 순서가 중요한 것은 아니다. 일반적으로 그렇게 한다는 것이지, 특별한 의미는 없다.

앞에서 미리 말한 대로 5단동사는 불규칙동사나 1단동사에 비해 까다롭다. 아니 정확히 말하자면 외울게 더 많다. 그래서 순서를 뒤로 보냈을 뿐이다. 불규칙동사나 1단동사에서는 ます형을 가지고 て형을 만들어 준다고 말했다. 사실은 5단동사의 て형 역시 ます형을 먼저 만들어 주는 게 순서이다. 하지만 그렇게 해 보니 학생들은 오히려 더 어렵고 까다로워 했다.

그 이유는 바로 5단동사의 어미들 때문이다. 알다시피 5단동사는 어미가 한 가지가 아니다. 그러다 보니 ます형도 당연히 다양하게 나올 수 밖에 없고, 배우는 사람들에게 오히려 혼동만 초래하더라. 그래서 5단동사에서 て형을 만들어 줄 때는 ます형에 대해서 언급 하지 않겠다. 그냥 바로 족보를 외워주기 바란다.

우선 5단동사의 어미들이 て를 만났을 때 변하는 형태를 기준으로 나누어 묶어 보겠다.

어미가 く인 5단동사 : かく 쓰다, きく 듣다, あるく 걷다

어미가 ぐ인 5단동사 : およぐ 수영하다, いそぐ 서두르다, さわぐ 떠들다

어미가 う인 5단동사 : かう 사다, あう 만나다, うたう 노래하다

어미가 つ인 5단동사 : かつ 이기다, まつ 기다리다, もつ 들다

어미가 る인 5단동사 : うる 팔다, ある 있다, かえる 돌아가다

어미가 ぬ인 5단동사 : しぬ 죽다   *ぬ로 끝나는 동사는 이 녀석뿐이다.

어미가 ぶ인 5단동사 : よぶ 부르다, とぶ 날다, あそぶ 놀다

어미가 む인 5단동사 : よむ 읽다, のむ 마시다, すむ 살다

어미가 す인 5단동사 : はなす 이야기하다, わかす 끓이다, かす 빌려주다

*行く : 가다 (왜 어미가 く인 5단동사에 넣지 않았느냐고? 예외라서 따로 뺐다)

書く 쓰다
聞く 듣다, 묻다
歩く 걷다
泳ぐ 수영하다
急ぐ 서두르다
騒ぐ 떠들다
買う 사다
会う 만나다
歌う 노래하다
勝つ 이기다
待つ 기다리다
持つ 들다, 가지다
売る 팔다
ある 있다
帰る 돌아오다(가다)
死ぬ 죽다
呼ぶ 부르다
飛ぶ 날다
遊ぶ 놀다
読む 읽다
飲む 마시다
住む 살다
話す 이야기하다
沸かす 끓이다
貸す 빌려주다

보시는 바와 같이 이 단어들은 의미상으로는 아무런 상관이 없다. 이 단어들의 공통점은 오직 한 가지, 바로 어미가 같다는 점이다. 5단동사의 て형은 바로 이 어미로 결정되며, 이 표에 있는 묶음대로 변화하게 된다.

어미가 일치하는 녀석들은 て에 접속할 때도 똑같은 모양으로 바뀌게 된다. 즉 의미상으로는 전혀 관계없는, 서로 본 적도 없는 단어들이지만 어미가 같다는 이유 하나만으로 て형이 똑같아지는 것이다.

어미가 く인 동사

어미가 く인 동사가 て와 접속하면 어미 く는 い로 바뀐다. 따라서 いて가 완성된다.

書く 쓰다
聞く 듣다, 묻다
歩く 걷다

かく	쓰다 →	かく ＋ て →	かいて	쓰고, 써서
きく	듣다 →	きく ＋ て →	きいて	듣고, 들어서
あるく	걷다 →	あるく ＋ て →	あるいて	걷고, 걸어서

이해하시겠나? 앞으로 나오는 녀석들도 같은 요령이다. 어미에 따라 변화형도 같이 바뀐다. 그러니 어미와 그 어미의 변화형을 철저히 암기해주기 바란다.

어미가 ぐ인 동사

어미가 ぐ인 동사도 て와 접속하면 어미 ぐ는 い로 바뀐다. 그런데 이렇게 하고 보니 한 가지 문제점이 생긴다. 즉 방금 위에서 본 어미가 く인 동사도 て와 접속할 때 어미 く가 무조건 い로 바뀐다고 했다. 그런데 지금 보고있는 이 녀석은 분명히 어미가 く인 동사가 아니다. 틀림없이 어미가 ぐ로 끝나고 있다. 그렇다면 어미가 く와 ぐ인 단어는 て와 접속할 때 어미가 똑같이 い로 바뀐다는 결론이 된다.

하지만 그럴 리가 있겠나? 똑같다면 같이 취급하지 왜 따로 취급을 하겠나? ぐ에
는 く에는 없는 탁점[˚]이란 것이 찍혀 있다. 이런 탁음으로 반드시 표시해줘야
한다. 그런데 알다시피 모음 い에는 탁점을 찍을 수가 없다. 절대로 안 된다. 내 얼
굴이 원빈이 되어도 안 된다. 그래서 어쩔 수 없이 탁음이 한발 뒤로 물러나가 뒤
에 있는 て가 대신 총대를 메게 된다.

> ### ● く와 ぐ의 차이점 ●
>
> ぐ에는 く에는 없는 탁점[˚]이 찍혀있다. 이런 탁음으로 반드시 표시해줘야 한다.

이렇게 완성되는 것이 바로 いで이다.

$$ ⓥぐ → ⓥぐ + て → ⓥいで $$

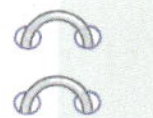

およぐ　수영하다　→　およぐ + て → およいで　　수영하고, 수영해서

いそぐ　서두르다　→　いそぐ + て → いそいで　　서두르고, 서둘러서

さわぐ　떠들다　→　さわぐ + て → さわいで　　떠들고, 떠들어서

ぐ에 있는 탁점은 모음 い에는 붙을 수가 없기 때문에, 뒤로 밀려나 て에 탁음이
생기게 된다. 그래서 어미가 ぐ인 동사는 いで가 되는 것이다.

어미가 う, つ, る인 동사

어미가 う, つ, る로 끝나는 동사가 て와 접속하면 어미 う, つ, る는 무조건
촉음 っ로 바꾼다.

다음의 3가지 어미, 즉 어미가 う, つ, る로 끝나는 동사들을 묶어 놓았다. 묶어
놓은 이유는 간단하다. 이 세 녀석들은 동맹을 맺었다. 그래서 자기들끼리는 똑같
이 변화하자고 담합을 한 것이다. 즉 어미는 う, つ, る로 비록 다르지만, 그래
도 て형은 똑같이 하자고 그렇게 담합한 것이다. 그 담합내용은 て와 접속할 때
무조건 어미 う, つ, る를 っ로 바꾸자고 한 것이다. つ가 아니라, 촉음 っ이다.
따라서 어미가 う, つ, る로 끝나는 동사들은 って로 바뀐다.

■ 어미가 う인 동사

어미가 う로 끝나는 동사가 て와 접속하면 어미 う는 っ로 바뀐다. 따라서 って 가 완성된다.

$$ⓥう → ⓥう + て → ⓥって$$

<table>
<tr><td>かう</td><td>사다</td><td>→</td><td>かう＋て</td><td>→</td><td>かって</td><td>사고, 사서</td></tr>
</table>

買う 사다
会う 만나다
歌う 노래하다

か**う**	사다	→	か**う**＋て	→	か**っ**て	사고, 사서
あ**う**	만나다	→	あ**う**＋て	→	あ**っ**て	만나고, 만나서
うた**う**	노래하다	→	うた**う**＋て	→	うた**っ**て	노래하고, 노래해서

■ 어미가 つ인 동사

어미가 つ로 끝나는 동사가 て와 접속하면 어미 つ는 っ로 바뀐다. 따라서 って 가 완성된다.

$$ⓥつ → ⓥつ + て → ⓥって$$

勝つ 이기다
待つ 기다리다
持つ 들다, 가지다

か**つ**	이기다	→	か**つ**＋て	→	か**っ**て	이기고, 이겨서
ま**つ**	기다리다	→	ま**つ**＋て	→	ま**っ**て	기다리고, 기다려서
も**つ**	들다	→	も**つ**＋て	→	も**っ**て	들고, 들어서

■ 어미가 る인 동사

어미가 る로 끝나는 동사가 て와 접속하면 어미 る는 っ로 바뀐다. 따라서 って 가 완성된다.

$$ⓥる → ⓥる + て → ⓥって$$

売る 팔다
ある 있다
帰る 돌아오다(가다)

うる 팔다	→	うる+て	→	うって	팔고, 팔아서
ある 있다	→	ある+て	→	あって	있고, 있어서
*かえる 돌아가다	→	かえる+て	→	かえって	돌아가고, 돌아가서

왜 *표시가 있을까? かえる는 예외 5단동사이기 때문이다.

이렇게 어미는 う, つ, る로 비록 다르지만 て형은 똑같이 촉음 っ로 하자고 담합하여 って가 완성된다.

어미가 ぬ, ぶ, む인 동사

어미가 ぬ, ぶ, む로 끝나는 동사가 て와 접속할 때 어미 ぬ, ぶ, む는 무조건 ん으로 바꾼다. 또 다시 묶음으로 노는 녀석들의 등장이다. 역시 세 가지 어미가 등장한다. 이번에는 어미가 ぬ, ぶ, む 로 끝나는 동사들을 묶어 놓았다. 이 세 녀석들도 역시 동맹을 맺었다. 즉 어미는 ぬ, ぶ, む로 비록 다르지만, て형은 똑같이 하자고 그렇게 담합한 것이다. 이번 담합내용은 て와 접속할 때 어미 ぬ, ぶ, む를 무조건 ん으로 바꾸자고 담합한 것이다.

한 가지가 더 있다. 그냥 어미 ぬ, ぶ, む만 무조건 ん으로 바뀌는 게 아니라 て도 바뀐다. て는 그냥 보고 있지 못하고 탁점[ﾞ]을 찍게 된다. 즉 て가 아니라 で로 바뀌는 것이다. 따라서 んで가 완성된다.

■ **어미가 ぬ인 동사**

어미가 ぬ로 끝나는 동사가 て와 접속하면 어미 ぬ는 ん으로 바뀐다. 따라서 ん で가 완성된다.

$$ⓥぬ → ⓥぬ ＋ て → ⓥんで$$

死ぬ 죽다

しぬ 죽다 → しぬ ＋ て → しんで 죽고, 죽어서

뜻이 '죽다'로 좀 찜찜한 동사이긴 하다. 어미가 ぬ로 끝나는 동사는 しぬ 이녀석 하나뿐이다.

■ **어미가 ぶ인 동사**

어미가 ぶ로 끝나는 동사가 て와 접속할 때 어미 ぶ도 역시 무조건 ん으로 바뀐다. 따라서 んで가 완성된다.

$$ⓥぶ → ⓥぶ ＋ て → ⓥんで$$

呼ぶ 부르다
飛ぶ 날다
遊ぶ 놀다

よぶ 부르다 → よぶ ＋ て → よんで 부르고, 불러서
とぶ 날다 → とぶ ＋ て → とんで 날고, 날아서
あそぶ 놀다 → あそぶ ＋ て → あそんで 놀고, 놀아서

■ **어미가 む인 동사**

어미가 む로 끝나는 동사가 て와 접속할 때 어미 む도 역시 무조건 ん으로 바뀐다. 따라서 んで가 완성된다.

$$ⓥむ → ⓥむ ＋ て → ⓥんで$$

読む 읽다
飲む 마시다
住む 살다

よむ 읽다 → よむ ＋ て → よんで 읽고, 읽어서
のむ 마시다 → のむ ＋ て → のんで 마시고, 마셔

すむ　살다　→　すむ ＋ て　→　すんで　살고, 살아서

이렇게 어미는 ぬ, ぶ, む로 각각 다르지만 て형은 똑같이 ん으로 하자고 담합하였고 덩달아 て도 で로 바뀌게 된다. 이래서 んで가 완성된다.

어미가 す인 동사

어미가 す로 끝나는 동사가 て와 접속할 때는 그대로 ます형만 써주면 된다. 즉 어미 す를 し로 바꾼다. 간단하다. 따라서 して가 완성된다.

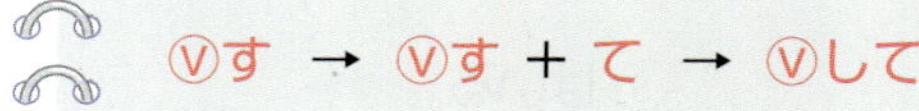

Ⓥす → Ⓥす ＋ て → Ⓥして

話す 이야기하다
沸かす 끓이다
貸す 빌려주다

はなす　이야기하다　→　はなす ＋ て　→　はなして　이야기하고, 이야기해서

わかす　끓이다　→　わかす ＋ て　→　わかして　끓이고, 끓여서

かす　빌려주다　→　かす ＋ て　→　かして　빌려주고, 빌려줘서

行く(いく)

行く(いく)의 모양을 가만 보면 분명히 어미가 く로 끝나는 것을 알 수 있다. 위에서 분명히 보고 공부한 녀석이다. 그런데 이 녀석이 왜 여기에 혼자 와 있을까? 行く는 て형의 유일한 예외 단어이다. 즉 위에서 배운 대로 하면 분명히 이 녀석은 行いて(いいて)로 바뀌어야 한다. 하지만 이 단어만은 예외적으로 바뀐다.

いく → いく ＋ て → いって

行く 가다

行く 가다　→　行く ＋ て　→　行って(いって)　가고, 가서

예외가 많다면 분명히 공부하기에도 부담이 되고 힘들다. 하지만 여기서 예외는 요거 하나뿐이다. 따라서 외우기 쉽다. 명심하시라. 行く는 行いて가 아니라, 行って로 바뀐다.

1 다음 동사들을 て형으로 만들어 보세요.

① する ➡ ___________________
하고, 해서

② もつ ➡ ___________________
들고, 들어서

③ くる ➡ ___________________
오고, 와서

④ うる ➡ ___________________
팔고, 팔아서

⑤ たべる ➡ ___________________
먹고, 먹어서

⑥ かえる ➡ ___________________
돌아오고(가고),돌아와서(가서)

⑦ おきる ➡ ___________________
일어나고, 일어나서

⑧ はいる ➡ ___________________
들어가고,들어가서

⑨ ねる ➡ ___________________
자고, 자서

⑩ しぬ ➡ ___________________
죽고, 죽어서

⑪ かく ➡ ___________________
쓰고, 써서

⑫ とぶ ➡ ___________________
날고, 날아서

⑬ きく ➡ ___________________
듣고, 들어서

⑭ よぶ ➡ ___________________
부르고, 불러서

⑮ さわぐ ➡ ___________________
떠들고, 떠들어서

⑯ のむ ➡ ___________________
마시고, 마셔서

⑰ およぐ ➡ ___________________
수영하고, 수영해서

⑱ よむ ➡ ___________________
읽고, 읽어서

⑲ あう ➡ ___________________
만나고, 만나서

⑳ わかす ➡ ___________________
끓이고, 끓여서

㉑ かう ➡ ___________________
사고, 사서

㉒ はなす ➡ ___________________
이야기하고, 이야기해서

㉓ まつ ➡ ___________________
기다리고, 기다려서

㉔ 行く ➡ ___________________
가고, 가서

03 た형

만약 여러분이 앞에 나온 て형을 완벽히 소화하고 외우셨다면 이 た형은 거저먹기이다. 그냥 て가 들어갈 자리에 た만 바꾸어 넣어주면 된다. た형은 단 한 글자만 바꾸었을 뿐인데 의미는 완전히 다르게 된다. た형은 우리말로 '~했다'라는 과거의 의미를 가지게 된다.

먼저 전에 배웠던걸 몇 가지 확인해보자. 별거 아니다. 과거형을 한 번 기억해보자.

명사와 な형용사	-です의 과거형은 -でした
동사	-ます의 과거형은 -ました
형용사의	과거형은 -かった

그럼 이 각 품사의 과거형에서 공통으로 보이는 글자가 있다. 그것은 바로 た이다. 즉 이 た라는 글자는 일본어에서 과거를 나타낼 때 쓰이는 것이다.

우리가 이제부터 배우려고 하는 た형이란, 이 た를 동사에 접속하는 형태를 말하며 반말로 과거를 나타내는 표현으로, 우리말 '~했다'에 해당한다. 예를 들어 '먹었다, 던졌다, 잤다, 보았다, 만졌다, 썼다, 앉았다…' 같이 과거를 표현할 때 사용하는 것이 바로 이 た형이다.

た형은 우리말 '~했다'를 나타내는 과거형이다. 앞서 て형 공부할 때 て형은 용법도 많고 다른 문법공부를 할 때에도 반드시 필요하다고 말했었다. 이 た형도 이에 못지 않게 중요하다. た형 자체도 물론 중요하지만 여기에 연결되는 고급문법들도 상당히 많다. 그러니 て형과 함께 이 た형도 잘 외워두시기 바란다.

앞서 나온 て형의 접속을 완벽히 소화하고 외웠다면 이 た형의 접속은 거저먹기이다. 왜냐하면 て라는 글자 하나를 た로 바꿔 주었을 뿐, 나머지 모든 접속은 똑같다. 단 하나의 예외도 없다. て형의 접속과 た형의 접속은 100% 똑같다. 앞에서 불규칙동사, 1단동사, 5단동사별로 て형을 정리해 보았는데 た형도 완전히 똑같다. た형도 て형과 마찬가지로 불규칙동사와 1단동사는 우선 동사를 ます형으로 만들고 나서 무조건 た를 붙여준다. 역시 우선 간단한 불규칙동사와 1단동사를 먼저 살펴보자.

て형에서 불규칙동사는 ます형을 만들 줄 알면 된다고 했다. た형 역시 완전 똑같다. 불규칙동사의 た형 역시 ます형만 만들 줄 알면 간단히 해결된다. 이렇게 ます형을 만들고 나서 무조건 た를 붙여 주면 된다. 불규칙 동사는 する , くる 2가지뿐이다. する의 ます형은 し , くる의 ます형은 き라고 했다.

이렇게 ます형을 만들고 다시 이 ます형에 た를 붙여주면 된다.

する	하다 →	し + た →	した	했다	
くる	오다 →	き + た →	きた	왔다	

1단동사에서도 ます형을 가지고 て형을 만들어 준다고 했다. た형도 똑같다. 1단동사의 た형 역시 ます형만 만들 줄 알면 간단하다. 1단동사의 ます형은 바로 이 어미 る만 떼어내면 ます형이 완성된다고 했다. 이 ます형에 た를 붙여주면 된다.

1단동사의 ます형은 무조건 어미 る를 뗀다고 했다.

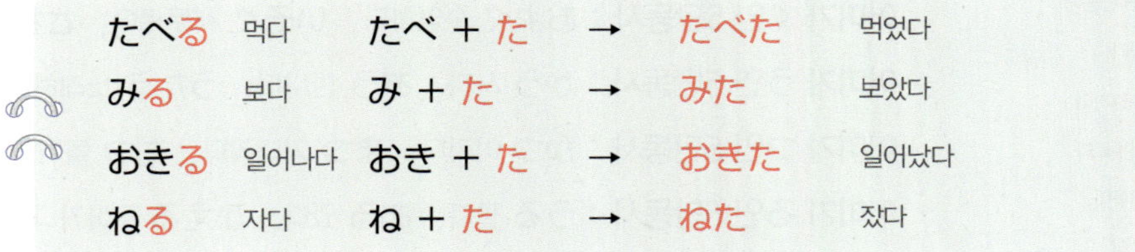

어미 る를 떼고 남는 부분이 1단동사의 ます형이다. 이렇게 만든 후 여기에 た를 붙여주자. 이렇게 1단동사의 た형이 완성되었다. 1단동사는 무조건 어미 る를 떼어내고, 다시 무조건 た를 붙인다. 역시 어렵다 싶으면 1단동사는 무조건 어미 る를 떼어내고, た를 붙인다고 외워버리자.

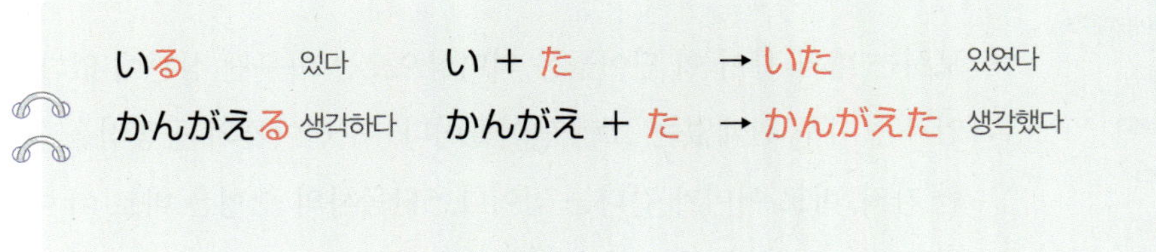

て형을 공부할 때 5단동사는 불규칙동사나 1단동사에 비해 까다롭고, 외울게 더 많다고 했다. た형도 불규칙동사나 1단동사에서는 ます형을 가지고 간단히 た형을 만들어 주었지만, 5단동사는 역시 좀 어렵다. 이유는 똑같다. 5단동사의 어미들 때문이다. 5단동사는 어미가 다양해서 て형도 다양하다고 했는데, た형도 마찬가

지다. 어미가 한 가지가 아니다. 그러다 보니 た형도 다양하게 나온다. た형 역시 잘못하면 혼동만 생길 수 있다.

다시 한 번 5단동사의 어미들을 집합시켜 보자. 5단동사의 어미 후보군은 う, く, ぐ, す, つ, ぬ, ぶ, む, る라고 했다. 어렵게 생각하지 마시기 바란다. 자꾸 말해서 미안하지만 て형일 때와 똑같은 요령이다. た형역시 て형과 100% 같은 요령으로 접속하는 것이다. て형 공부할 때 보았던 표를 다시 한 번 보자.

書く 쓰다
聞く 듣다, 묻다
歩く 걷다
泳ぐ 수영하다
急ぐ 서두르다
騒ぐ 떠들다
買う 사다
会う 만나다
歌う 노래하다
勝つ 이기다
待つ 기다리다
持つ 들다, 가지다
売る 팔다
ある 있다
帰る 돌아오다(가다)
死ぬ 죽다
呼ぶ 부르다
飛ぶ 날다
遊ぶ 놀다
読む 읽다
飲む 마시다
住む 살다
話す 이야기하다
沸かす 끓이다
貸す 빌려주다

> **어미가 く인 5단동사 :** かく 쓰다, きく 듣다, あるく 걷다
> **어미가 ぐ인 5단동사 :** およぐ 수영하다, いそぐ 서두르다, さわぐ 떠들다
> **어미가 う인 5단동사 :** かう 사다, あう 만나다, うたう 노래하다
> **어미가 つ인 5단동사 :** かつ 이기다, まつ 기다리다, もつ 들다
> **어미가 る인 5단동사 :** うる 팔다, ある 있다, かえる 돌아가다
> **어미가 ぬ인 5단동사 :** しぬ 죽다
> **어미가 ぶ인 5단동사 :** よぶ 부르다, とぶ 날다, あそぶ 놀다
> **어미가 む인 5단동사 :** よむ 읽다, のむ 마시다, すむ 살다
> **어미가 す인 5단동사 :** はなす 이야기하다, わかす 끓이다, かす 빌려주다
>
> * 行く : 가다 (왜 어미가 く인 5단동사에 넣지 않았느냐고? 예외라서 따로 뺐다)

보시는 바와 같이 이 단어들은 의미상으로는 아무런 상관이 없다. 그야말로 특정인과는 아무 관계없는 그런 단어들이다. 이 단어들의 공통점을 찾아본다면 오직 한 가지, 바로 어미가 같다는 점이다. 5단동사의 た형은 바로 이 어미로 결정되며, 이 표에 있는 묶음대로 변화하게 된다.

어미가 일치하는 녀석들은 た에 접속할 때도 똑같은 모양으로 바뀌게 된다. 즉 의미상으로 전혀 상관관계가 없는 단어들이지만 어미가 같다는 이유 하나만으로 た형이 똑같아지는 것이다. て형 배울 때 했던 말을 다시 한 번 써보았다. て를 た로 바꿔 준 것 빼고는 그야말로 토씨 하나 다르지 않을 것이다. 그만큼 て형과 た형의 접속이 같다는 것이다. 앞으로 나오는 표도 잘 보시면 알 수 있을 것이다. 즉 て를 た로 바꾼 것 외엔 모든 것이 똑같다.

어미가 く 로 끝나는 동사가 た와 접속하면 어미 く 는 い로 바뀐다. 따라서 いた 가 완성된다.

か**く**	쓰다	→	か**く**＋た	→	か**い**た 썼다
き**く**	듣다	→	き**く**＋た	→	き**い**た 들었다
ある**く**	걷다	→	ある**く**＋た	→	ある**い**た 걸었다

か
書く 쓰다
き
聞く 듣다, 묻다
ある
歩く 걷다

어미가 ぐ인 동사

어미가 ぐ로 끝나는 동사도 た와 접속하면 어미 ぐ가 い로 바뀐다. 그런데 이렇게 하고 보니 한 가지 문제점이 생긴다. 즉 방금 위에서 본, 어미가 く 로 끝나는 동사도 た와 접속할 때 어미 く 가 무조건 い로 바뀐다고 했다. 그런데 지금 보고 있는 이 녀석은 분명히 어미가 く 로 끝나는 동사가 아니다. 틀림없이 어미가 ぐ로 끝나고 있다.

그렇다면 어미가 く 와 ぐ로 끝나는 단어는 た와 접속할 때 어미가 똑같이 い로 바뀐다는 결론이 된다. 하지만 그럴 리가 있겠나? 똑같다면 같이 취급하지 왜 따로 취급을 하겠나?

・く와 ぐ의 차이점 ・

ぐ에는 く에는 없는 탁점[゛]이 찍혀있다. 이런 탁음으로 반드시 표시해줘야 한다.

그런데 알다시피 い에는 탁점을 찍을 수가 없다. 그래서 어쩔 수 없이 이 탁음이 한발 뒤로 물러나가 뒤에 있는 맘씨 좋은 た가 대신 총대를 메게 된다. 이리하여 완성되는 것이 바로 いだ이다.

$$ ⓥ ぐ \quad → \quad ⓥ ぐ ＋ た \quad → \quad ⓥ いだ $$

およぐ 수영하다 → およぐ＋た → およいだ 수영했다
いそぐ 서두르다 → いそぐ＋た → いそいだ 서둘렀다
さわぐ 떠들다 → さわぐ＋た → さわいだ 떠들었다

◗ 어미가 う, つ, る인 동사

어미가 う, つ, る로 끝나는 동사가 た와 접속하면 어미 う, つ, る는 무조건 촉음 っ로 바꾼다. 또 다시 묶음으로 노는 녀석들의 등장이다. 아래 표에 어미가 う, つ, る로 끝나는 동사들을 묶어 놓았다. 묶어 놓은 이유는 간단하다.

이 세 녀석들은 동맹을 맺었다. 그래서 자기들끼리는 똑같이 변화하자고 담합을 한 것이다. 즉 어미는 う, つ, る로 비록 다르지만, 그래도 た형은 똑같이 하자고 담합한 것이다. 그 담합내용은 た와 접속할 때 무조건 어미 う, つ, る를 っ로 바꾸자고 담합한 것이다. つ가 아니라, 촉음 っ 이다. て형 배울 때에도 어미를 촉음 っ로 바꾸기로 담합했는데 여기서도 마찬가지이다. 따라서 어미가 う, つ, る로 끝나는 동사들은 った로 바뀐다.

■ 어미가 う인 동사

어미가 う로 끝나는 동사가 た와 접속하면 어미 う는 っ로 바뀐다. 따라서 った 가 완성된다.

$$ ⓥ う \quad → \quad ⓥ う ＋ た \quad → \quad ⓥ った $$

かう 사다 → かう＋た → かった 샀다
あう 만나다 → あう＋た → あった 만났다
うたう 노래하다 → うたう＋た → うたった 노래했다

■ **어미가 つ인 동사**

어미가 つ로 끝나는 동사가 た와 접속하면 어미 つ 역시 っ로 바뀐다. 따라서 っ
た가 완성된다.

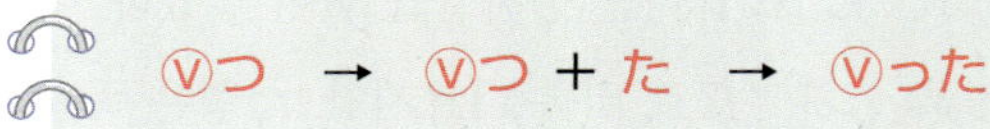

ⓥつ　→　ⓥつ＋た　→　ⓥった

勝つ 이기다
待つ 기다리다
持つ 들다, 가지다

かつ	이기다	→	かつ+た	→	かった	이겼다
まつ	기다리다	→	まつ+た	→	まった	기다렸다
もつ	들다	→	もつ+た	→	もった	들었다

■ **어미가 る인 동사**

어미가 る로 끝나는 동사가 た와 접속하면 어미 る 역시 っ로 바뀐다. 따라서 っ
た가 완성된다.

ⓥる　→　ⓥる＋た　→　ⓥった

売る 팔다
ある 있다
帰る 돌아오다(가다)

うる	팔다	→	うる+た	→	うった	팔았다
ある	있다	→	ある+た	→	あった	있었다
*かえる	돌아가다	→	かえる+た	→	かえった	돌아갔다

왜 *표시가 있을까? かえる는 예외 5단동사이기 때문이다.

어미는 う, つ, る로 비록 다르지만 た형은 똑같이 촉음 っ로 하자고 담합하여
った가 완성된다.

어미가 ぬ, ぶ, む로 끝나는 동사가 た와 접속할 때 어미 ぬ, ぶ, む는 무조건 ん으로 바꾼다. 또 묶음으로 노는 녀석들의 등장이다. 역시 3가지 어미가 등장한다. 이번에는 어미가 ぬ, ぶ, む 로 끝나는 동사들을 묶어 놓았다. 이 녀석들도 역시 동맹을 맺었다. 어미는 ぬ, ぶ, む로 비록 다르지만, た형은 똑같이 하자고 그렇게 담합한 것이다.

이번 담합 내용은 た와 접속할 때 어미 ぬ, ぶ, む를 무조건 ん으로 바꾸자고 담합한 것이다. 흠… 뭐 이것도 그냥 외우면 되겠다고 생각하지 마시라… 한 가지 가 더 있다. 기억나시나? 앞에서 て형 배울 때 て가 아니라 탁점[゛]이 찍혀서 で 가 되었던 것을? 그냥 어미 ぬ, ぶ, む만 무조건 ん으로 바뀌는 게 아니라 た도 바뀐다. て가 그냥 있지 못하고 탁음으로 표시했듯이 た가 아니라 탁점을 찍어서 だ로 바뀌는 것이다. 따라서 *んだ*가 완성된다.

■ 어미가 ぬ인 동사

어미가 ぬ로 끝나는 동사가 た와 접속하면 어미 ぬ는 ん으로 바뀐다. 따라서 *ん だ*가 완성된다.

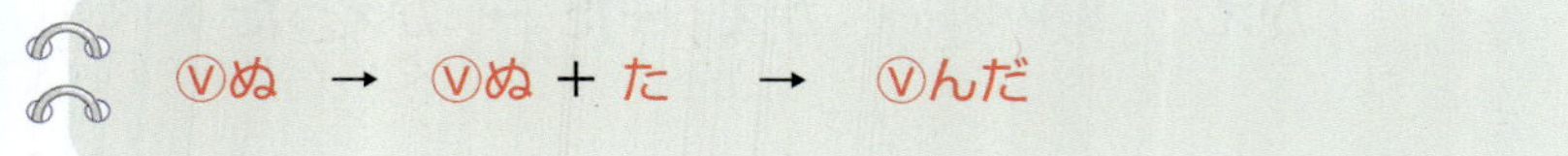

死ぬ 죽다

しぬ 죽다 → しぬ+た → しんだ 죽었다

어미가 ぬ로 끝나는 동사는 しぬ 이 녀석 하나뿐이다.

■ 어미가 ぶ인 동사

어미가 ぶ로 끝나는 동사가 た와 접속하면 어미 ぶ 역시 ん으로 바뀐다. 따라서
んだ가 완성된다.

$$ⓥぶ → ⓥぶ + た → ⓥんだ$$

よぶ	부르다	→	よぶ+た	→ よんだ	불렀다
とぶ	날다	→	とぶ+た	→ とんだ	날았다
あそぶ	놀다	→	あそぶ+た	→ あそんだ	놀았다

呼ぶ 부르다
飛ぶ 날다
遊ぶ 놀다

■ 어미가 む인 동사

어미가 む로 끝나는 동사가 た와 접속하면 어미 む도 역시 ん으로 바뀐다. 따라
서 んだ가 완성된다.

$$ⓥむ → ⓥむ + た → ⓥんだ$$

よむ	읽다	→	よむ+た	→ よんだ	읽었다
のむ	마시다	→	のむ+た	→ のんだ	마셨다
すむ	살다	→	すむ+た	→ すんだ	살았다

読む 읽다
飲む 마시다
住む 살다

어미는 ぬ, ぶ, む로 다르지만 た형은 똑같이 ん으로 하자고 담합하여 んだ가
완성된다.

어미가 す인 동사

어미가 す로 끝나는 동사는 유일하게 변화하지 않는 어미이다. 어미가 す로 끝나는 동사가 た와 접속할 때는 그대로 ます형을 써주면 된다. 즉 어미 す를 し로 바꿔 주면 된다. 따라서 した가 완성된다.

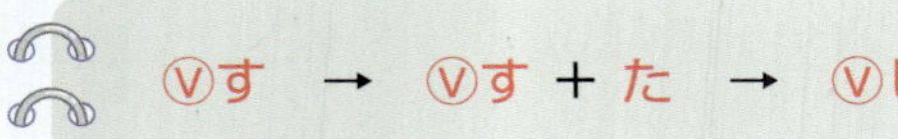

話す 이야기하다	はなす	이야기하다	→	はなす＋た	→	はなした	이야기하였다
沸かす 끓이다	わかす	끓이다	→	わかす＋た	→	わかした	끓였다
貸す 빌려주다	かす	빌려주다	→	かす＋た	→	かした	빌려줬다

行く(いく)

行く의 모양을 가만 보면 분명히 어미가 く로 끝나 있는걸 알 수 있다. 아까 위에서 분명히 보고 공부한 녀석이다. 그런데 이 녀석이 왜 여기에 혼자 와 있을까? 行く는 た형의 유일한 예외 단어이다. 즉 앞에서 배운 대로 하면 분명히 이 녀석은 行いた로 바뀌어야 한다. 하지만 이 단어만은 예외적으로 바뀐다.

| 行く 가다 | 行く | 가다 | → | 行く＋た | → | 行った(いった) 갔다 |

예외가 많다면 분명히 공부하기에도 부담이 되고 힘들다. 하지만 여기서 예외는 요거 하나뿐이다. 따라서 외우기 쉽다. 명심하시라. 行く는 行いた가 아니라, 行った로 바뀐다.

1 다음 동사들을 た형으로 만들어 보세요.

① する ➡ _______________
했다.

② もつ ➡ _______________
들었다.

③ くる ➡ _______________
왔다.

④ うる ➡ _______________
팔았다.

⑤ たべる ➡ _______________
먹었다.

⑥ ある ➡ _______________
있었다.

⑦ みる ➡ _______________
봤다.

⑧ かえる ➡ _______________
돌아왔다(갔다).

⑨ おきる ➡ _______________
일어났다.

⑩ はいる ➡ _______________
들어갔다.

⑪ ねる ➡ _______________
잤다.

⑫ しぬ ➡ _______________
죽었다.

⑬ かく ➡ _______________
썼다.

⑭ とぶ ➡ _______________
날았다.

⑮ きく ➡ _______________
들었다.

⑯ よぶ ➡ _______________
불렀다.

⑰ さわぐ ➡ _______________
떠들었다.

⑱ のむ ➡ _______________
마셨다.

⑲ およぐ ➡ _______________
수영했다.

⑳ よむ ➡ _______________
읽었다.

㉑ あう ➡ _______________
만났다.

㉒ わかす ➡ _______________
끓였다.

㉓ かう ➡ _______________
샀다.

㉔ まつ ➡ _______________
기다렸다.

㉕ 行く ➡ _______________
갔다.

㉖ はなす ➡ _______________
이야기했다.

04 ない형

て형과 た형의 접속이 동사의 종류에 따라 다르다고 했는데, 이 ない형 (부정형) 역시 동사의 종류에 따라 만드는 법이 다르다. 동사에 ない를 붙여 우리말의 '~하지 않다, ~안 하다'가 완성된다. 부정형이라고도 하는데 여기서는 그냥 ない형이라고 부르겠다. 흔히 동사의 부정형하면 아마도 여러분은 −ません을 연상하실 것이다. 맞다.

하지만 지금부터 배우는 녀석은 부정은 부정이되 반말의 부정형이다. 즉 −ません 과는 또 다른 의미와 용법을 가지고 있다. て형과 た형을 배울 때 했던 말이지만, て형과 た형이 중요한 것은 고급문법에 가면 다른 많은 고급문법과 연결이 되기 때문에 중요하다는 말을 했었다. ない형도 마찬가지이다. 즉 이 ない형 자체도 물론 중요하지만 이 ない형 역시 고급문법에 가면 다른 문법사항과 많이 연결된다.

て형과 た형처럼 동사의 종류에 따라 만드는 법이 다르므로 앞으로 나오는 ない형 만들기의 규칙을 잘 외워주기 바란다.

늘 하는 말이지만 불규칙동사는 する, くる 이렇게 2가지뿐이다. 규칙 생각하지 말고 그냥 외우는 게 낫다. 맨날 무조건 외우라고 해서 미안하지만 나도 어쩔 수 없다.

> する 하다 → する + ない → しない 안 하다, 하지 않다
> くる 오다 → くる + ない → こない 안 오다, 오지 않다

くる는 조심하기 바란다. 지금 보면 다 맞을 것 같지만 막상 나중에 물어보면 제일 많이 틀리는 것이 바로 이 くる의 ない형이다. 반드시 こない가 되어야 한다. 근데 나중에 보면 きない라고 쓰는 사람이 상당히 많다. 명심하시라. きない가 아니라 こない이다.

> する 하다 → する + ない → しない 하지 않다
> くる 오다 → くる + ない → こない 오지 않다

1단동사의 て형과 た형은 어미 る를 떼어내고 즉 ます형에 て, た를 접속하였다. ない형 역시 마찬가지이다. 우선 어미 る를 떼어내고 어간에 ない만 붙여주면 간단히 ない형이 완성된다. 흠 그럼 1단동사는 ます형과 ない형이 똑같다는 말씀? 일단 생긴 모양은 똑같다. 하지만, 생긴 건 똑같지만 절대로 같이 취급하지는 않는다. ます형은 어디까지나 ます형이고, ない형은 어디까지나 ない형이다. 그냥 도매급으로 함께 취급해서는 안 된다.

1단동사의 ない형을 만들 때 우선 무조건 어미 る를 뗀다고 했다.

みる	→	み
おきる	→	おき
ねる	→	ね
たべる	→	たべ

어미 る를 떼고 남는 부분, 즉 어간에 다시 ない를 붙여준다.

1ⓥる → 1ⓥ어간 + ない → 1ⓥ어간ない

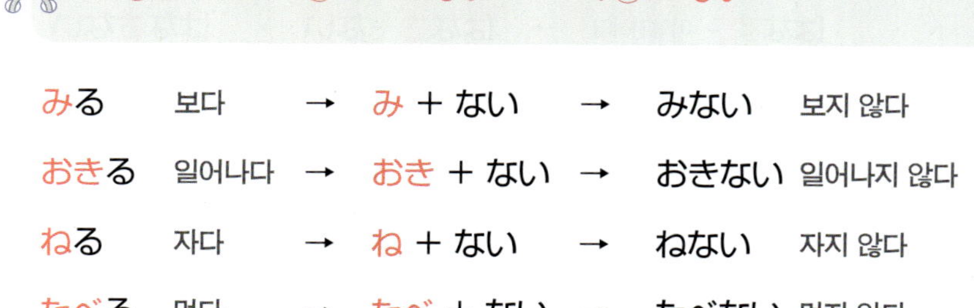

みる	보다	→	み + ない	→	みない	보지 않다
おきる	일어나다	→	おき + ない	→	おきない	일어나지 않다
ねる	자다	→	ね + ない	→	ねない	자지 않다
たべる	먹다	→	たべ + ない	→	たべない	먹지 않다

이렇게 1단동사의 ない형은 무조건 어미 る를 떼고 남는 어간에 ない만 붙여주면 간단히 완성된다.

5단동사의 て형과 た형이 불규칙동사나 1단동사에 비해 까다롭고 복잡한 이유가 5단동사의 어미 종류가 많기 때문이라고 했다. 그럼 이 ない형은 어떨까? 우선 어미와 관계없이 한 가지 규칙만 외워주시면 된다. 무조건 5단동사의 어미 う단을 あ단으로 바꿔 주면 된다. 그리고 여기에 ない만 붙이면 완성이다. 이번엔 좀 슬픈 소식, 이 5단동사 ない형에는 조심해야 할 예외사항이 있다. 하지만 예외는 단 한가지뿐이니 걱정할 필요없다.

5단동사의 어미 う단을 あ단으로 바꾸고 다시 여기에 ない를 접속한다.

5Ⓥう단 → 5Ⓥあ단 + ない → 5Ⓥあ단ない

간단한 요령이다. 이 요령을 잘 숙지하고 아래 단어들을 한 번 ない형으로 바꿔 보자.

かく　쓰다　　→　かか＋ない　→　かかない　쓰지 않다

およぐ　수영하다　→　およが＋ない　→　およがない　수영하지 않다

はなす　이야기하다　→　はなさ＋ない　→　はなさない　이야기하지 않다

かつ　이기다　→　かた＋ない　→　かたない　이기지 않다

しぬ　죽다　→　しな＋ない　→　しなない　죽지 않다

よぶ　부르다　→　よば＋ない　→　よばない　부르지 않다

よむ　읽다　→　よま＋ない　→　よまない　읽지 않다

うる　팔다　→　うら＋ない　→　うらない　팔지 않다

무조건 5단동사의 어미 う단을 あ단으로 바꿔 주고 여기에 다시 ない만 붙이면 완성이다.

5단동사 ない형 주의사항

근데 가만 보니까 う로 끝난 동사가 없는걸 알 수 있다. 아까 예외가 하나 있다고 했다. 바로 う로 끝난 동사가 예외이다. 즉 배운 이론대로 만들어 본다면 틀림없이 어미를 あ로 바꿔 주면 될 것이다. 즉 かう라는 동사를 ない형으로 바꿔 보면 かあない가 되어야 하지만 う로 끝난 동사는 예외적으로 あ가 아니라 わ로 바뀐다. 잘 기억해두자.

買う	사다						
吸う	피우다						
会う	만나다						
言う	말하다						
洗う	씻다						

かう	사다	→	かわ＋ない	→	かわない	사지 않다
すう	피우다	→	すわ＋ない	→	すわない	피지 않다
あう	만나다	→	あわ＋ない	→	あわない	만나지 않다
いう	말하다	→	いわ＋ない	→	いわない	말하지 않다
あらう	씻다	→	あらわ＋ない	→	あらわない	씻지 않다

예외는 う로 끝나는 이 녀석 하나뿐이다. 그러니 조금만 신경 써 외워주시기 바란다.

지금까지 동사의 ない형을 살펴보았다. 여기서 덤으로 한 가지만 더 추가해 보자. 지금까지 배운 ない형은 동사의 부정형이라고 하여 '~하지 않다, ~안 하다'라는 의미로 배웠다. 여기에 하나 더 추가하고 싶은 건 바로 이 녀석의 과거형이다. 즉 '~하지 않았다, ~안 했다'를 배워보자는 거다. 뭘 또 골치 아프게시리…… 하지 마시라. 다 뼈가 되고 살이 된다. 차근 차근 익혀두자.

지금 우리는 동사에 ない를 붙여 ない형을 만드는 법을 배웠다. 잘 생각해보자. 이 ない형이 된 동사들은 모두 뒤가 ない로 끝나있다. ない는 끝부분이 い로 끝나있다. 즉 이 ない는 い형용사 활용을 하게 되어 있다. い형용사의 과거형 기억 나시나? い형용사 어미 い를 かった로 바꾸어 만든 い형용사과거형의 등장이다. 아마 대충 감을 잡았을 것이다. 간단하다. 끝에 붙어있는 ない만 なかった로 바꾸면 된다.

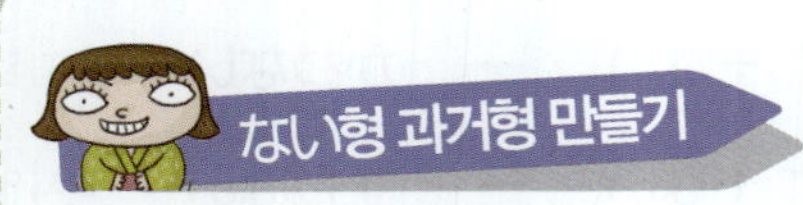

불규칙동사

する 하다
来(く)る 오다

する 하다	→	しない 하지 않다	→	しなかった 하지 않았다
くる 오다	→	こない 오지 않다	→	こなかった 오지 않았다

1단동사

食(た)べる 먹다
見(み)る 보다
起(お)きる 일어나다
寝(ね)る 자다

たべる 먹다	→	たべない 먹지 않다	→	たべなかった 먹지 않았다
みる 보다	→	みない 보지 않다	→	みなかった 보지 않았다
おきる 일어나다	→	おきない 일어나지 않다	→	おきなかった 일어나지 않았다
ねる 자다	→	ねない 자지 않다	→	ねなかった 자지 않았다

5단동사

書(か)く 쓰다
泳(およ)ぐ 수영하다
話(はな)す 이야기하다
勝(か)つ 이기다
死(し)ぬ 죽다

かく 쓰다	→	かかない 쓰지 않다	→	かかなかった 쓰지 않았다
およぐ 수영하다	→	およがない 수영하지 않다	→	およがなかった 수영하지 않았다
はなす 이야기하다	→	はなさない 이야기하지 않다	→	はなさなかった 이야기하지 않았다
かつ 이기다	→	かたない 이기지 않다	→	かたなかった 이기지 않았다
しぬ 죽다	→	しなない 죽지 않다	→	しななかった 죽지 않았다

呼ぶ 부르다
吸う 피우다
読む 읽다
売る 팔다
言う 말하다
買う 사다
歌う 노래하다

よぶ → よばない	→	よばなかった
부르다 / 부르지 않다		부르지 않았다
よむ → よまない	→	よまなかった
읽다 / 읽지 않다		읽지 않았다
うる → うらない	→	うらなかった
팔다 / 팔지 않다		팔지 않았다
* いう → いわない	→	いわなかった
말하다 / 말하지 않다		말하지 않았다
* かう → かわない	→	かわなかった
사다 / 사지 않다		사지 않았다
* うたう → うたわない	→	うたわなかった
노래하다 / 노래하지 않다		노래하지 않았다

이렇게 완성된다. 이해하시겠나? 무조건 ない형을 만들고, 다시 그 ない를 なか った로 바꿔 주면 된다.

1 아래 동사들을 바꿔 보세요.

＊ 는 예외 5단동사이다. 1단동사가 아니므로 주의

현재긍정	て형	た형	ない형	なかった형
あう (会う)	あって	あった	あわない	あわなかった
かける				
おきる (起きる)				
きく (聞く)				
はなす (話す)				
つくる (作る)				
たべる (食べる)				
すう (吸う)				
いう (言う)				
のむ (飲む)				
ならぶ (並ぶ)				
うたう (歌う)				
みがく (磨く)				
たつ (立つ)				
する				
いそぐ (急ぐ)				
いく (行く)				
しぬ (死ぬ)				
かう (買う)				
わかす (沸かす)				
くる (来る)				

현재긍정	て형	た형	ない형	なかった형
あそぶ (遊ぶ)				
*きる (切る)				
*はしる (走る)				
*はいる (入る)				
*すべる (滑る)				
*かえる (帰る)				
きる (着る)				
ねる (寝る)				
もつ (持つ)				
かぶる				
およぐ (泳ぐ)				
のる (乗る)				
はく				
まつ (待つ)				
あげる (上げる)				
おりる (降りる)				
かす (貸す)				
かりる (借りる)				
かえす (返す)				
よぶ (呼ぶ)				
いじめる				

6장

동사 응용편

동사응용이라고 해서 그리 긴장하지는 마시라. 지금까지 우리가 배운 ます형, て형, た형, ない형에다 조금 더 살을 붙여서 다양한 표현을 배워보자고 하는 것이다. 특히 일본어 관련시험에 대비하려는 분들은 반드시 짚고 넘어가야 할 사항들이다.

앞서 ます형, て형, た형, ない형은 이 자체도 중요하고 많이 쓰이지만 중급이상에 가면 응용형태로 다른 문법과도 많이 연결되어 쓰인다고 말한 적이 있다. 지금부터 배우는 내용은 고급이라고 할 정도의 내용은 물론 아니다. 초급을 마친 후 중급으로 가기 위한 전초단계라 생각하시면 된다.

여기서는 이 정도로 끝나지만, 좀더 레벨업을 원한다면 반드시 고급문법을 더 공부해야만 한다. 그때도 ます형, て형, た형, ない형을 다시 만나게 될 것이다. 그러니 지금부터 밥도 사주고 술도 사주고 가끔은 소개팅도 시켜주면서 아주 친하게 지내시기 바란다. 그럼 나중에 아주 편해질 것이다.

106_01.mp3

ます형 응용

동사의 ます형으로 잘 쓰이는 문형 몇 가지를 배워보자. 당연하지만 우선 주어진 동사를 무조건 ます형으로 바꿔 준다. 그리고 이 ます형 뒤에 다른 단어를 붙여 새로운 표현을 완성하게 된다.

- 의미：「Ⓥ하러 가다, 오다, 들어가다, 돌아가다, 나가다, 되돌아오다」(목적)
- 접속：동사 ます형에 に를 접속한다. に뒤에는 이동하는 동사가 주로 온다.

夏休み 여름방학
海 바다
泳ぐ 수영하다
行く 가다
ご飯を食べる 밥을 먹다
来る 오다
遊ぶ 놀다
家 집
今晩 오늘 저녁
お酒を飲む 술을 마시다

夏休みに海へ泳ぎに行きます。　　　　여름방학에 바다에 수영하러 갑니다.

ご飯を食べに来ました。　　　　밥을 먹으러 왔습니다.

またいつでも遊びに来てください。　　또 언제든지 놀러 오세요.

さいふをとりに家にもどります。　　지갑을 가지러 집에 되돌아갑니다.

今晩、みんなでお酒を飲みに行きましょう。　오늘 저녁, 다 같이 술 마시러 갑시다.

- 의미：「Ⓥ하기 쉽다, 좋다, 편하다」
- 접속：동사 ます형에 やすい를 접속한다.

友達 친구
映画を見る 영화를 보다
父 아버지(아빠)
散歩に出かける 산책하러 나가다
学校 학교
体育館 체육관
運動 운동
作業 작업

여러분이 잘 알고 있는 やすい라는 단어는 혼자 쓰면 '싸다'란 의미이다. 하지만 지금 이 문형처럼 Ⓥます형+ やすい로 쓰이면 더 이상 '싸다'라는 의미가 아니다. 그리고 やさしい(쉽다)와 혼동하지 말기 바란다. やさしい(쉽다)는 시험문제 등의 난이도가 쉽다는 뜻이고, Ⓥます형やすい는 'Ⓥ하기 좋다, 편하다' 라는 뜻이다. 우리말은 거의 같은 것 같지만 다른 뜻이니, 절대 혼동말기 바란다.

깍두기　　명사로 만드는 목적의 의미

동사뿐만 아니라, 명사로도 목적의 의미를 만들 수 있다. 동사 대신에 명사를 사용한다는 것뿐이지 만드는 요령이나 의미는 똑같다.

Ⓝに＋（いく，くる，はいる，かえる，でかける，もどる…）
Ⓝ하러　（가다, 오다, 들어가다, 돌아가다, 나가다, 되돌아오다…）

龍平へスキーに行きます。　　　　용평에 스키 타러 갑니다.
友達と映画に行きます (＝映画を見に行きます)。　친구와 영화 보러 갑니다.
父は散歩に出かけました。　　　　아버지는 산책하러 나갔습니다.
学校の体育館に運動に来ました。　학교 체육관에 운동하러 왔습니다.
作業に行きます。　　　　작업하러 갑니다.

文字 글자
大きい 크다
読む 읽다
肉 고기
食べやすい
먹기 좋다
切る 자르다
最近 최근
使いやすい
사용하기 쉽다
お酒 술
飲む 마시다
女性 여성
人気 인기
説明 설명
作業 작업

文字が大きくて、読みやすいですね。　　글자가 커서, 읽기 편하네요.

肉を食べやすく切りました。　　고기를 먹기 좋게 잘랐습니다.

最近のパソコンは使いやすくなりましたね。
요즘 컴퓨터는 사용하기 쉽게 되었군요.

このお酒は飲みやすくて、女性に人気があります。
이 술은 마시기 좋아서, 여성에게 인기가 있습니다.

もっとわかりやすく説明してください。　　좀더 알기 쉽게 설명해 주세요.

作業しやすい。　　작업하기 쉽다.

Ⓥ ます형 ＋ にくい

- 의미 : 「Ⓥ하기 어렵다, 힘들다, 나쁘다, 안 좋다」 앞서 본 Ⓥ ます형 やすい의
  반대표현이라고 생각하면 된다.
- 접속 : 동사 ます형에 にくい를 접속한다.

田中先生 다나카 선생님
説明 설명
難しい 어렵다
魚 물고기, 생선
骨 뼈, 가시
多い 많다
食べにくい
먹기 어렵다
彼女 그녀
言いにくい
말하기 어렵다
手紙を書く
편지를 쓰다
年寄り 노인
使いにくい
사용하기 어렵다
思う 생각하다

田中先生の説明は難しくて、わかりにくいです。
다나카 선생님 설명은 어려워서, 이해하기 힘듭니다.

この魚はおいしいが、骨が多くて食べにくい。
이 생선은 맛있지만, 가시가 많아 먹기 힘들다.

彼女に言いにくいことがあって、手紙を書いた。
그녀에게 하기 힘든 말이 있어, 편지를 썼다.

このパソコンは年寄りには使いにくいと思います。
이 컴퓨터는 노인에게는 쓰기 어려울 거라고 생각합니다.

作業しにくい。
작업하기 어렵다.

Ⓥ ます형 ＋ すぎる

- 의미 : 「너무 Ⓥ하다, 지나치게 Ⓥ하다, 어떤 동작을 도를 넘게 했다」
- 접속 : 동사 ます형에 すぎる를 접속한다.

昼ごはんを食べすぎて、おなかを壊しました。

점심을 너무 먹어서 배탈이 났습니다.

昨日のパーティーで、お酒を飲みすぎてしまいました。

어제 파티에서, 술을 과음하고 말았습니다.

今日は歩きすぎて、足がつかれました。

오늘은 너무 많이 걸어서, 다리가 아픕니다.

テレビの見すぎはよくないですよ。

텔레비전을 너무 많이 보는 건 좋지 않아요.

깍 두 기   い형용사와 な형용사에도 잘 쓰이는 すぎる

なⒶ어간 ＋ すぎる : 너무, 지나치게, 심하게 なⒶ하다

いⒶ어간 ＋ すぎる : 너무, 지나치게, 심하게 いⒶ하다

このあたりはしずかすぎて、夜一人で歩くのはこわいです。

이 근방은 너무 조용해서, 밤에 혼자 걷는 것은 무섭습니다.

彼はいい人だが、まじめすぎて友達がいません。 그는 좋은 사람이지만, 너무 고지식해서 친구가 없습니다.

このキムチ、おいしすぎますね。 이 김치, 너무 맛있네요.

日本の夏は、韓国人にはあつすぎる。 일본의 여름은, 한국인에게는 너무 덥다.

うちの部長は人がよすぎる。 우리 부장님은 사람이 너무 좋다.

お金がなさすぎて、作業ができない。 돈이 너무 없어서, 작업을 할 수 없다.

주의 なさすぎる는 예외적 표현이니 잘 암기해 두기 바란다. ない 이 단어는 어미 い가 사라지는 걸로 끝나는 것이 아니고 반드시 さ를 넣어 줘야만 한다. 이 단어만 이런 현상이 생긴다. 그리고 いい(よい)는 よすぎる를 사용한다. 다른 형용사는 배운 그대로 어간에 접속하면 된다.

Ⓥ ます형 ＋方

- 의미 : 「Ⓥ하는 법, Ⓥ하는 방법」
- 접속 : 동사 ます형에 方를 접속한다.

新しい 새롭다
買う 사다
使い方 사용법
簡単だ 간단하다
作り方 만드는 법
教える 가르치다
漢字 한자
読み方 읽는 법
原宿 하라주쿠
行き方 가는 법
背泳ぎ 배영
泳ぎ方 수영하는 법
先生 선생님
教え方 가르치는 법

新しく買ったパソコンは、使い方がとても簡単です。

새로 산 컴퓨터는 사용법이 매우 간단합니다.

金さん、불고기の作り方を教えてください。

김 씨, 불고기 만드는 법을 가르쳐 주세요.

この漢字の読み方がわかりません。

이 한자 읽는 법을 모르겠습니다.

すみません。原宿への行き方を教えてください。

실례합니다. 하라주쿠 가는 법을 가르쳐 주세요.

背泳ぎの泳ぎ方を教えてください。

배영 수영하는 방법을 가르쳐 주세요.

あの先生は教え方がいいから、わかりやすい。

저 선생님은 가르치는 방법이 좋아 이해하기 쉽다.

Ⓥ ます형 ＋ なさい

- 의미 : 「Ⓥ하거라, 하세요」 상대에게 부드럽게 명령하거나 타이르는 느낌 (주로 부모가 자녀에게 사용)
- 접속 : 동사 ます형 뒤에 なさい를 접속한다.

早い 빠르다
起きる 일어나다
ご飯を食べる 밥을 먹다
説明書 설명서
読む 읽다
今日 오늘
この辺 이 근처
帰る 돌아오다(가다)
勉強 공부

ひろし君、もう8時よ。早く起きなさい。

히로시 군, 벌써 8시야. 어서 일어나거라.

ご飯を食べなさい。　　　　　　　　밥 먹어라.

説明書をよく読んでみなさい。　　　설명서를 잘 읽어보거라.

今日はこの辺で帰りなさい。　　　　오늘은 이쯤에서 돌아가거라.

もっと勉強しなさい。　　　　　　　좀더 공부하거라.

もっとがんばりなさい。　　　　　　더 분발하거라.

- 의미 : 「Ⓥ하면서」 두 가지 동작을 동시에 행할 때 사용 (동시동작)
- 접속 : 동사 ます형에 ながら를 접속한다.

ご飯を食べる
밥을 먹다

新聞を読む
신문을 읽다

音楽を聞く
음악을 듣다

勉強 공부

寝る 자다

本 책

泣く 울다

家 집

帰る 돌아오다(가다)

雑誌を読む
잡지를 읽다

飲む 마시다

ご飯を食べながら、新聞を読みます。　　밥을 먹으면서 신문을 봅니다.

音楽を聞きながら、勉強をします。　　음악을 들으면서 공부를 합니다.

寝ながら、本を読みます。　　누워서 책을 읽습니다.

ともこは泣きながら、家に帰ってきた。　도모코는 울면서 집에 돌아왔다.

テレビを見ながら、ご飯を食べます。　　텔레비전을 보면서 밥을 먹습니다.

雑誌を読みながら、ビールを飲みます。　잡지를 읽으면서 맥주를 마십니다.

1 다음 문장을 만들어 보세요.

① 수영하러 갑니다. ➡ _______________________

② 놀러 왔습니다. ➡ _______________________

③ 술 마시러 갑니다. ➡ _______________________

④ 읽기 좋습니다. ➡ _______________________

⑤ 먹기 좋습니다. ➡ _______________________

⑥ 사용하기 쉽습니다. ➡ _______________________

⑦ 이해하기 힘듭니다. ➡ _______________________

⑧ 먹기 어렵습니다. ➡ _______________________

⑨ 말하기 어렵습니다. ➡ _______________________

⑩ 과식했습니다. ➡ _______________________

⑪ 과음했습니다. ➡ _______________________

⑫ 많이 걷다. ➡ _______________________

⑬ 사용법 ➡ _______________________

⑭ 만드는 법 ➡ _______________________

⑮ 돌아가거라. ➡ _______________________

⑯ 일어나거라. ➡ _______________________

⑰ 읽어보거라. ➡ _______________________

⑱ 밥을 먹으면서 신문을 봅니다. ➡ _______________________

⑲ 음악을 들으면서 공부를 합니다. ➡ _______________________

⑳ 누워서 책을 읽습니다. ➡ _______________________

02 て형 응용

이번엔 동사의 て형으로 잘 쓰이는 문형 몇 가지를 배워보자. 우선 주어진 동사를 て형으로 바꾼다. 그리고 다른 항목을 접속하면 완성된다.

106_02.mp3

ⓥ てから

- 의미 : 「ⓥ하고 나서」라는 의미. 어떤 동작을 하고 나서, 즉 그 동작이 완료된 후에 다른 동작을 한다는 의미 (순차적 연결).
- 접속 : 동사 て형에 から를 접속한다.

お風呂に入る
목욕하다

ご飯を食べる
밥을 먹다

食事 식사

仕事 일

始める 시작하다

終わる 끝나다

飲む 마시다

日本 일본

来る 오다

日本語 일본어

勉強 공부

彼 그

子供 어린이(아이)

まじめだ 성실하다

お酒 술

お風呂に入ってから、ご飯を食べます。　목욕하고 나서, 밥을 먹습니다.

食事をしてから、仕事を始めましょう。

식사를 하고 나서, 일을 시작합시다.

仕事が終わってから、飲みに行きましょう。

일이 끝나고 나서, 한잔 마시러 갑시다.

日本へ来てから、日本語の勉強を始めました。

일본에 오고 나서, 일본어 공부를 시작했습니다.

彼は子供ができてから、まじめになりました。

그는 아이가 생기고 나서부터, 성실해졌습니다.

ご飯を食べてから、お酒を飲みます。　밥을 먹고 나서, 술을 마십니다.

- 의미 : 「Ⓥ해도」라는 의미.
- 접속 : 동사 て형 뒤에 も를 접속한다.

雨が降っても、風が吹いても行きます。 비가 와도, 바람이 불어도 가겠습니다.

私はいくら食べてもふとらない。 나는 아무리 먹어도 살이 안 찐다.

国へ帰っても、ここでの思い出は忘れません。
고향에 돌아가도 이곳에서의 추억은 잊지 않을 겁니다.

この小説は何回読んでもおもしろい。 이 소설은 몇 번 읽어도 재미있다.

レポートが多すぎて、やってもやっても終わりません。
리포트가 너무 많아서 해도 해도 끝이 안 납니다.

毎日作業しても、彼女がいません。 매일 작업해도, 여자친구가 없습니다.

雨が降る 비가 내리다
風が吹く 바람이 불다
行く 가다
私 나
食べる 먹다
国 나라, 고향
帰る 돌아오다(가다)
思い出 추억
忘れる 잊다
小説 소설
何回 몇 번
読む 읽다
多い 많다
終わる 끝나다
毎日 매일
作業 작업
彼女 그녀(여자친구)

- 의미 : 「Ⓥ해보다」라는 의미 (어떤 행위를 시도해 보다).
- 접속 : 동사 て형 뒤에 みる를 접속한다.

Ⓥてみる를 쓸 때 절대로 Ⓥて見る하고 한자를 쓰는 사람이 있는데 절대로 한자를 쓰지 마시기 바란다. 그냥 Ⓥてみる면 된다.

花子さん、1度でもいいから、会ってみてください。
하나코 씨, 한번이라도 좋으니 만나봐 주세요.

どうぞ、食べてみてください。 자, 드셔 보세요.

彼女に聞いてみましたが、わかりませんでした。
그녀에게 물어보았습니다만, 이해할 수 없었습니다.

新しくできたレストランへ行ってみました。
새로 생긴 레스토랑에 가보았습니다.

新しく出たコーヒーを飲んでみました。 새로 나온 커피를 마셔보았습니다.

花子 하나코
一度 한번
会う 만나다
食べる 먹다
彼女 그녀(여자친구)
聞く 듣다, 묻다
新しい 새롭다
行く 가다
出る 나오다
飲む 마시다

- 의미 :「Ⓥ해 두다, Ⓥ해 놓다」라는 의미(어떤 상태로 해 놓다, 두다).
- 접속 : 동사 て형 뒤에 おく를 접속한다.

Ⓥておく는 원래 동사 置く는 '(물건 등을) 놓다, 두다'에서 나온 표현이다. 한자를 보면 '치'자가 보인다. 하지만 이 Ⓥておく에서는 절대로 Ⓥて置く하고 한자를 쓰지 말기 바란다. 그냥 Ⓥておく면 된다.

友達 친구
家に行く 집에 가다
前 앞, 전
電話をかける 전화를 걸다
漢字 한자
覚える 외우다, 기억하다
帰る 돌아오다(가다)
窓 창
閉める 닫다
書類 서류
見る 보다
置く 두다

友達の家に行く前に、電話をかけておきました。
친구네 집에 가기 전에, 전화를 걸어 놓았습니다.

漢字をたくさん覚えておいてください。
한자를 많이 외워두어 주세요.

家へ帰るとき、窓は閉めておいてください。
집에 돌아갈 때, 창문은 닫아놓아 주세요.

その書類はあとで見るから、そこに置いておいてください。
그 서류는 나중에 볼 테니, 거기에 놓아두어 주세요.

마지막 예문에서 앞에 쓰인 おく는 '놓다, 두다' 라는 의미의 본동사인데, 본동사일 때는 한자를 써도 그만 안 써도 그만이다. 그러나 뒤에 나온 おく는 보조동사인데, 이처럼 보조동사일 때는 한자를 쓰지 않는 것이 현대 일본어의 원칙이다.

前もって 미리
言う 말하다
二度と 두번다시
授業 수업
教科書 교과서
読む 읽다

前もって言っておきますが、もう二度とそんなことしないでください。
미리 말해 두겠습니다만, 이제 두 번 다시 그런 짓 하지 마세요.

授業の前に教科書を読んでおきました。
수업 전에 교과서를 읽어 두었습니다.

Ⓥ て＋しまう

Ⓥて형 + しまう에는 크게 2가지 용법이 있다.

(1) 완료

- 의미 : 「다 Ⓥ하다」라는 의미로 어떤 행위, 동작 등을 완료했다는 의미.
- 접속 : 동사 て형 뒤에 しまう를 접속한다.

昨日買った本を全部読んでしまいました。　　어제 산 책을 다 읽었습니다.

今日の宿題を全部してしまったら、遊びに行けます。

오늘 숙제를 다 하면, 놀러 갈 수 있습니다.

ご飯を全部食べてしまいました。　　밥을 다 먹었습니다.

せっけんを全部使ってしまいました。　　비누를 다 썼습니다.

(2) 후회, 유감

- 의미 : 「그만 Ⓥ하고 말았다, 해 버렸다」라는 의미. 어떤 행위, 동작을 하고 나서, 그것을 후회하거나 유감스러운 기분을 나타낼 때 사용한다.
- 접속 : 동사 て형 뒤에 しまう를 접속한다.

階段で転んで、けがをしてしまいました。

계단에서 넘어져, 다치고 말았습니다.

電車の中にかさを忘れてしまいました。

전철 안에 우산을 두고 내리고 말았습니다.

彼女に言ってはいけないことを言ってしまった。

그녀에게 해서는 안 될 말을 하고 말았다.

雨の中を歩いていて、かぜをひいてしまいました。

비 속을 돌아다니다, 감기에 걸리고 말았습니다.

夕べはお酒を飲みすぎてしまいました。

어젯밤은 술을 과음하고 말았습니다.

昨日 어제
買う 사다
本 책
全部 전부
読む 읽다
今日 오늘
宿題 숙제
遊ぶ 놀다
行く 가다
ご飯を食べる 밥을 먹다
使う 사용하다

階段 계단
転ぶ 넘어지다
電車 전철
中 안, 속
忘れる 잊다
彼女 그녀
言う 말하다
雨 비
歩く 걷다
夕べ 어젯밤
お酒 술
飲みすぎる 과음하다

1 다음 문장을 만들어 보세요.

① 목욕하고 나서, 밥을 먹습니다.

➡ _______________________________________

② 식사를 하고 나서, 일을 시작합시다.

➡ _______________________________________

③ 일이 끝나고 나서, 한잔 마시러 갑시다.

➡ _______________________________________

④ 비가 와도 ➡ _______________________________________

⑤ 몇 번 읽어도 ➡ _______________________________________

⑥ 아무리 먹어도 ➡ _______________________________________

⑦ 가보았습니다. ➡ _______________________________________

⑧ 드셔 보세요. ➡ _______________________________________

⑨ 물어보겠습니다. ➡ _______________________________________

⑩ 외워 두겠습니다. ➡ _______________________________________

⑪ 창문을 닫아두다. ➡ _______________________________________

⑫ 놓아두어 주세요. ➡ _______________________________________

⑬ 책을 다 읽었습니다. ➡ _______________________________________

⑭ 밥을 다 먹었습니다. ➡ _______________________________________

⑮ 감기에 걸리고 말았습니다. ➡ _______________________________________

⑯ 과음하고 말았습니다. ➡ _______________________________________

이번엔 동사의 た형으로 잘 쓰이는 문형 몇 가지를 배워보자. て형의 응용과 마찬가지 요령이다. 주어진 동사를 た형으로 바꾸고 다른 항목을 접속하면 완성된다.

Ⓥた＋あと(後)で

- 의미 : 「Ⓥ한 후에, 한 다음에」라는 의미. 어떤 동작을 한 후에, 한 다음에. 즉 어떤 동작이 완료된 후에 다른 동작을 한다는 의미. 앞서 본 てから의 유의어라고 생각해도 좋다.
- 접속 : 동사 た형 뒤에 あとで를 접속한다.

お風呂に入ったあとで、ビールを飲みます。 목욕한 후에 맥주를 마십니다.

仕事が終わったあとで、家へ帰ります。
일이 끝난 후에 집에 돌아갑니다.

単語を全部覚えたあとで、文法の勉強をしてください。
단어를 전부 외운 후에 문법공부를 해주세요.

ご飯を食べたあとで、勉強します。
밥을 먹은 다음에 공부합니다.

友達と映画を見たあとで、食事に行きました。
친구와 영화를 본 다음에 식사하러 갔습니다.

勉強したあとで、寝ます。
공부한 후에 잡니다.

お風呂に入る
목욕하다

飲む 마시다

仕事 일

終わる 끝나다

家 집

帰る 돌아오다(가다)

単語 단어

全部 전부

覚える
외우다, 기억하다

文法 문법

勉強 공부

ご飯を食べる
밥을 먹다

友達 친구

映画を見る
영화를 보다

食事に行く
식사하러 가다

寝る 자다

- 의미 :「Ⓥ한 적이 있다」라는 의미. 과거의 경험표현으로 어떤 행위, 동작을 해 본 적이 있다는 뜻이다. 부정의 의미는 「Ⓥ한 적이 없다」
- 접속 : 동사 た형 뒤에 ことがある/ことがない를 접속한다.

ロシアへ行く
러시아에 가다

飛行機に乗る
비행기를 타다

すき焼き 스키야키

食べる 먹다

街 거리

芸能人 연예인

見る보다

富士山に登る
후지산에 오르다

船に乗る
배를 타다

温泉に入る
온천에 들어가다

ロシアへ行ったことがありますか。　　러시아에 간 적이 있습니까?

飛行機に乗ったことがありますか。　　비행기를 탄 적이 있습니까?

日本ですき焼きを食べたことがあります。

일본에서 스키야키를 먹은 적이 있습니다.

街で芸能人を見たことがあります。

거리에서 연예인을 본 적이 있습니다.

アメリカへ行ったことがある人はだれですか。

미국에 간 적이 있는 사람은 누구입니까?

しゃぶしゃぶはまだ食べたことがありません。

샤부샤부는 아직 먹은 적이 없습니다.

富士山にはまだ登ったことがありません。

후지산에는 아직 오른 적이 없습니다.

私は船に乗ったことがありません。　　나는 배에 탄 적이 없습니다.

まだ日本の温泉には入ったことがありません。

아직 일본의 온천에 들어간 적이 없습니다.

- 의미 :「Ⓥ1하거나, Ⓥ2하거나 한다」라는 의미로 어떤 행위, 동작을 나열할 때 사용한다.
- 접속 : 동사 た형 뒤에 り를 접속한다.

이 Ⓥ1たりⓋ2たり에서는 반드시 뒤에 する, だ(です)가 와야 한다. 즉 실제로 쓰이는 문장은 Ⓥ1たりⓋ2たりする / Ⓥ1たりⓋ2たり〜だ, です가 사용된다.

家 집
前 앞
行く 가다
来る 오다
休みの日 휴일
見る 보다
音楽 음악
聞く 듣다, 묻다
電気をつける
전기를 켜다
消す 끄다, 지우다
出る 나오다
入る 들어가다
晩ご飯 저녁식사(밥)
宿題 숙제
お風呂に入る
목욕하다
仕事 일
忙しい 바쁘다
昼ご飯
점심밥을 먹다
作業 작업
お酒を飲む
술을 마시다

家の前を行ったり来たりしています。

집 앞을 왔다 갔다 하고 있습니다.

休みの日にはビデオを見たり音楽を聞いたりします。

휴일에는 비디오를 보거나 음악을 듣거나 합니다.

電気をつけたり消したりしないでください。

전기를 껐다 켰다 하지 말아주세요.

ここから出たり入ったりしないでください。

여기에서 들락날락 하지 말아주세요.

晩ご飯のあとは、宿題をしたり、お風呂に入ったりします。

저녁식사 후에, 숙제를 하거나 목욕을 하거나 합니다.

仕事が忙しくて、昼ご飯は食べたり食べなかったりです。

일이 바빠서 점심은 먹기도 하고 안 먹기도 합니다.

クラブで作業したり、酒を飲んだりしました。

클럽에서 작업하거나, 술을 마시거나 했습니다.

아래 예문은 같은 Ⓥ 다리를 사용하되, 동사를 한번만 사용하는 문장을 모아보았다. 이렇게 한 가지 동사만을 예로 들어 말하고 있지만, 사실은 문장에 쓰인 한 가지 동사 말고도 다른 사항이 더 있음을 암시하는 문장이다.

週に 일주일에
1回 한번
家族 가족
外食 외식
友達 친구
殴る 때리다
冬 겨울
スキーに行く
스키타러 가다
土曜日 토요일
会う 만나다
音楽を聞く
음악을 듣다

週に1回ぐらいは家族と外食をしたりします。
일주일에 한번 정도는 가족과 외식을 하거나 합니다.

友達を殴ったりしてはいけません。　친구를 때리거나 해서는 안 됩니다.

冬になったらスキーに行ったりします。　겨울이 되면 스키타러 가거나 합니다.

土曜日には友達に会ったりします。　토요일에는 친구를 만나거나 합니다.

音楽を聞いたりします。　음악을 듣거나 합니다.

- 의미 :「Ⓥ하면, 하거든, 했으면」이라는 의미로 조건 표현의 한 가지이다.
- 접속 : 동사 た형 뒤에 ら를 접속한다. (조건 표현 배울 때 자세히 보자)

田中さんに会ったら、この本を渡してください。

다나카 씨를 만나면, 이 책을 건네주세요.

佐賀市に行ったら、みなさんによろしく伝えてください。

사가시에 가면, 모두에게 안부 전해주세요.

仕事が終わったら、遊びに行きましょう。

일이 끝나면, 놀러 갑시다.

その雑誌、読み終わったら、私に見せてください。

그 잡지 다 읽었으면, 저에게 보여주세요.

お酒を飲んだら、絶対運転しないでください。

술을 마셨으면, 절대로 운전하지 마세요.

田中 <ruby>田中<rt>たなか</rt></ruby> 다나카
会う <ruby>会う<rt>あ</rt></ruby> 만나다
本を渡す <ruby>本を渡す<rt>ほん わた</rt></ruby> 책을 건네주다
佐賀市 <ruby>佐賀市<rt>さがし</rt></ruby> 사가시
行く <ruby>行く<rt>い</rt></ruby> 가다
伝える <ruby>伝える<rt>つた</rt></ruby> 전하다
仕事が終わる <ruby>仕事が終わる<rt>しごと お</rt></ruby> 일이 끝나다
遊ぶ <ruby>遊ぶ<rt>あそ</rt></ruby> 놀다
雑誌を読み終わる <ruby>雑誌を読み終わる<rt>ざっし よ お</rt></ruby> 잡지를 다 읽다
見せる <ruby>見せる<rt>み</rt></ruby> 보여주다
お酒を飲む <ruby>お酒を飲む<rt>さけ の</rt></ruby> 술을 마시다
絶対 <ruby>絶対<rt>ぜったい</rt></ruby> 절대
運転 <ruby>運転<rt>うんてん</rt></ruby> 운전

1 다음 문장을 만들어 보세요.

① 목욕한 후에 밥을 먹습니다.

➡ _________________________________

② 친구와 영화를 본 다음에 식사하러 갔습니다.

➡ _________________________________

③ 밥을 먹은 다음에 공부합니다.

➡ _________________________________

④ 러시아에 간 적이 있습니다.

➡ _________________________________

⑤ 비행기를 탄 적이 있습니다.

➡ _________________________________

⑥ 후지산에는 아직 오른 적이 없습니다.

➡ _________________________________

⑦ 연예인을 만난 적이 있습니다.

➡ _________________________________

⑧ 비디오를 보거나 음악을 듣거나 합니다.

➡ ______________________________

⑨ 밥을 먹기도 하고 안 먹기도 합니다.

➡ ______________________________

⑩ 토요일에는 친구를 만나거나 합니다.

➡ ______________________________

⑪ 전기를 껐다 켰다 하지 말아주세요.

➡ ______________________________

⑫ 일이 끝나면, 놀러 갑시다.

➡ ______________________________

⑬ 다나카 씨를 만나면, 이 책을 건네주세요.

➡ ______________________________

⑭ 술을 마셨으면, 운전하지 마세요.

➡ ______________________________

이번엔 동사의 ない형으로 잘 쓰이는 문형 몇 가지를 배워보자. 그리 어렵지는 않다. 실제로는 이 ない형이 쓰이는 문형이 상당히 많지만, 우선은 초급에서 잘 쓰이는 두 가지만을 정리해 보겠다.

ご飯を食べる
밥을 먹다
学校に行く
학교에 가다
本を見る 책을 보다
言う 말하다
今日 오늘
家に帰る
집에 돌아오다(가다)
おばあさん 할머니
心配 걱정
何でも 무엇이든지
先生 선생님
話す 이야기하다
夕べ 어젯밤
歯を磨く
이를 닦다
寝る 자다
タバコを吸う
담배를 피우다
お酒を飲む
술을 마시다

Ⓥ ないで

- 의미 : 「Ⓥ하지 않고, 않아, 말고, 말아」라는 의미. 우선 주어진 동사를 Ⓥない형으로 바꿔 주고 다시 で만 붙이면 간단히 완성.
- 접속 : Ⓥない 뒤에 で를 접속한다.

ご飯を食べないで、学校へ行きました。　　밥을 먹지 않고 학교에 갔습니다.

本を見ないで、言ってください。　　책을 보지 말고 말해주세요.

今日は家に帰らないで、おばあさんの家へ行きます。
오늘은 집에 가지 않고, 할머니 댁에 갑니다.

心配しないで、何でも先生に話しなさい。
걱정하지 말고, 무엇이든지 선생님에게 말해보거라.

夕べは歯を磨かないで寝てしまいました。
어젯밤은 이를 닦지 않고 자고 말았습니다.

タバコを吸わないでください。　　담배를 피우지 말아주세요.

お酒を飲まないでください。　　술을 마시지 말아주세요.

けんかしないでください。　　싸움하지 마세요.

Ⓥ なくて

- 의미 : 「Ⓥ하지 않아서, 말아서」라는 의미. 위에서 본 Ⓥ 없이로와 혼동하는 사람이 상당히 많다. 절대 헷갈리지 않게 잘 기억해두기 바란다. 즉 위에 나온 Ⓥ 없이로는 부정을 단순히 열거하여, '~하지 않고, 않아, 말고, 말아'정도로 해석하지만, 이 Ⓥ 없이로는 부정으로 인한 이유, 원인 등을 표현한다.

- 접속 : Ⓥ 없이 뒤에 て를 접속하며 이때 어미 い가 く로 바뀌어 くて가 완성된다.

ご飯を食べる
밥을 먹다

お金 돈

足りない 부족하다

困る 곤란하다

昨日 어제

水が出る
물이 나오다

本当 정말

歯を磨く 이를 닦다

虫歯 충치

先生 선생님

声 목소리

聞こえる 들리다

大変だ 힘들다

夕べ 어젯밤

作業 작업

学校 학교

ご飯を食べなくて、おなかがぺこぺこですよ。

밥을 먹지 않아서 배가 고픕니다.

お金が足りなくて、困っています。

돈이 부족해서 애먹고 있습니다.

昨日は水が出なくて、本当に困りました。

어제는 물이 안 나와서 정말로 애먹었습니다.

歯を磨かなくて、虫歯ができました。

이를 닦지 않아서 충치가 생겼습니다.

先生の声が聞こえなくて、大変でした。

선생님 목소리가 들리지 않아서, 힘들었습니다.

夕べはクラブで作業できなくて、つまらなかった。

어젯밤은 클럽에서 작업을 못해서, 재미없었다.

깍두기   Ⓥ 없이로와 Ⓥ 없이로의 차이

Ⓥ 없이로 : ご飯を食べないで、学校へ行きました。　　밥을 먹지 않고, 학교에 갔습니다.

단순히 어떤 동작이나 행위를 하지 않고 다음 동작, 행위를 했다는 뜻이다.

Ⓥ 없이로 : ご飯を食べなくて、おなかがぺこぺこですよ。　　밥을 먹지 않아서, 배가 고픕니다.

뒤의 문장을 먼저 보자. 왜 배가 고픈가? 그 이유는? 바로 밥을 먹지 않아서이다.

Ⓥ 없이로는 앞뒤 문장의 원인, 이유를 의미한다.

1 다음 문장을 일본어로 만들어 보세요.

① 밥을 먹지 않고 학교에 갔습니다.

➡ ______________________________________

② 책을 보지 말고 말해주세요.

➡ ______________________________________

③ 담배를 피우지 말아주세요.

➡ ______________________________________

④ 술을 마시지 말아주세요.

➡ ______________________________________

⑤ 밥을 먹지 않아서 배가 고픕니다.

➡ ______________________________________

⑥ 어제는 물이 안 나와서 정말로 애먹었습니다.

➡ ______________________________________

⑦ 이를 닦지 않아서 충치가 생겼습니다.

➡ ______________________________________

⑧ 돈이 없어서 애먹고 있습니다.

➡ ______________________________________

MEDIA COMPLEX
QFRONT
acerola
NEW DESIGN
NICHIREI ACEROLA DRINK
STARBUCKS COFFEE
渋谷駅前
TSUTAYA
TSUTAYA
BOOK
ぶん文
TSUTAYA
SEIBU
SEIBU
SEIBU 西武

2부

뛰어넘기 편

모든 운동의 기본은 러닝이다. 꾸준한 러닝으로 얻은 튼튼한 하체와 지구력, 그리고 강한 심폐기능은 그 어떤 강 훈련도 소화할 수 있게 해준다. 뭐든지 기본이 중요하다. 이제 막 다지기를 끝낸 여러분, 이 뛰어넘기는 그 어떤 문법도 뛰어넘을 수 있는 실력을 만들어 줄 것이다. 자, 이제 문법 뛰어넘기 시작해 보자.

1장

허가 · 금지표현

앞에서 ます형, て형, た형, ない형이 매우 중요하다고 강조한 적이 있다. 이제부터 본격적으로 이 ます형, て형, た형, ない형이 활약할 시기가 왔다.
이번 장에서 학습할 허가와 금지 표현에서는 반드시 각 품사별 て형과 ない형을 알아야만 배울 수 있다. 따라서 우선 각 품사별 て형과 ない형을 먼저 복습해본 후 들어가겠다. て형과 ない형만 언급했다고 해서 ます형, た형은 대충하면 된다는 말이 아니다.

<table>
<tr><td>おとこ
男 남자</td></tr>
</table>

おとこ 男 남자
せんせい 先生 선생님
かんこくじん 韓国人 한국인
いぬ 犬 개
ゆうびんきょく 郵便局 우체국
じょう ず 上手だ 능숙하다
まじめだ 성실하다
おいしい 맛있다
あつい 덥다
たかい 비싸다, 높다
ひろい 넓다
よい 좋다
い 行く 가다
はな 話す 이야기하다
か 買う 사다
の 飲む 마시다
き 聞く 듣다, 묻다
あそ 遊ぶ 놀다
およ 泳ぐ 수영하다

각 품사별 て형

명사	명사는 알다시피 활용이 없으므로 그냥 외부인사 で를 영입 (Ⓝで) (男で, 先生で, 韓国人で, 犬で, 郵便局で, ノートで…)
な형용사	な형용사는 어미가 だ로 끝난다. 어미 だ가 で로 변신 (なⒶ어간で) (しずかで, きれいで, にぎやかで, 上手で, まじめで…)
い형용사	い형용사는 어미가 い로 끝난다. 어미 い에 て가 접속하여 くて로 변신 (いⒶ어간くて) (おいしくて, あつくて, たかくて, ひろくて, よくて…)
동사	동사의 て형은 동사 종류별로 다르니 주의 (Ⓥて) (行って, 話して, 買って, 飲んで, 聞いて, 遊んで, 泳いで…)

男 남자
先生 선생님
韓国人 한국인
犬 개
郵便局 우체국
上手だ 능숙하다
まじめだ 성실하다
おいしい 맛있다
あつい 덥다
たかい 비싸다, 높다
ひろい 넓다
よい 좋다
行く 가다
話す 이야기하다
買う 사다
飲む 마시다
聞く 듣다, 묻다
遊ぶ 놀다
泳ぐ 수영하다

명사	명사는 활용이 없다. 외부인사 ～ではない를 영입(Ⓝではない) (男ではない, 先生ではない, 韓国人ではない, 犬ではない, 郵便局ではない, ノートではない…)
な형용사	어미 だ를 では로 바꾸고 ない를 접속(なⒶ어간ではない) (しずかではない, きれいではない, にぎやかではない, 上手ではない, まじめではない…)
い형용사	어미 い를 く로 바꾸고 ない를 접속(いⒶ어간くない) (おいしくない, あつくない, たかくない, ひろくない, よくない…)
동사	동사의 ない형 역시 동사 종류별로 외워야 한다.(Ⓥない형ない) 行かない, 話さない, 買わない, 飲まない, 聞かない, 遊ばない, 泳がない…)

02 허가 표현 1

앞서 말한 대로 품사에 따라 만드는 법이 조금씩 다르다. 하지만 역시 가장 기본이 되는 것은 바로 て형이다. 각 품사별 て형을 제대로 모른다면 절대로 이 표현은 만들 수 없다.

명사의 て형은 で를 붙여서 만든다. 여기에 も를 떨렁 붙이고 다시 いいです를 접속하여 만든다. 좀 귀찮다면 그냥 Ⓝでもいいです를 외워도 좋다.

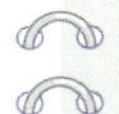

Ⓝでも + いいです(か)   Ⓝ라도 좋습니다(까), 됩니다(까)

子供(こども) 어린이(아이)	
どんな 어떤	
話(はなし) 이야기	

子供でもいいですか。　→　はい、子供でもいいです。
어린이라도 좋습니까?　　　네, 어린이라도 좋습니다.

ここでもいいですか。　→　はい、ここでもいいです。
여기라도 좋습니까?　　　네, 여기라도 좋습니다.

ラーメンでもいいですか。　→　はい、ラーメンでもいいです。
라면이라도 좋습니까?　　　네, 라면이라도 좋습니다.

どんな話でもいいですか。　→　はい、どんな話でもいいです。
어떤 이야기라도 좋습니까?　　　네, 어떤 이야기라도 좋습니다.

なんでもいいですか。　　　→　　はい、なんでもいいです。
무엇이든지 좋습니까?　　　　　　　네, 무엇이든지 좋습니다.

な형용사 て형은 어미 だ를 で로 바꿔 만든다. 여기에 も를 붙이고 いいです를
접속하여 な④어간でもいいです가 완성된다. 명사와 일단 모양은 같다.

な④어간でも ＋ いいです(か)　な④해도 좋습니다(까), 됩니다(까)

まち
町　동네(거리)
えいご
英語　영어
へた
下手だ　잘 못하다
にがて
苦手だ　서투르다

町がにぎやかでもいいですか。→　はい、町がにぎやかでもいいです。
동네가 시끄러워도 좋습니까?　　　　네, 동네가 시끄러워도 좋습니다.

英語が下手でもいいですか。　→　はい、英語が下手でもいいです。
영어를 못해도 좋습니까?　　　　　　네, 영어를 못해도 좋습니다.

だめでもいいですか。やってみたいですか。 안 돼도 괜찮습니까? 해보고 싶습니까?

→　はい、だめでもいいです。やってみたいです。
　　　　　　　　　　　　네, 안 돼도 괜찮습니다. 해보고 싶습니다.

スポーツが苦手でもいいですか。　운동이 서툴러도 좋습니까?

→　はい、スポーツが苦手でもいいです。
　　　　　　　　　　　　네, 운동이 서툴러도 좋습니다.

い형용사의 て형은 어미 い를 くて로 바꾼다. 여기에 も를 붙이고 いいです를
접속하여 い④어간くてもいいです가 완성된다.

い④어간くても ＋ いいです(か)　い④해도 좋습니다(까), 됩니다(까)

たか
高い　비싸다

高くてもいいですか。　　　→　　はい、高くてもいいです。
비싸도 됩니까?　　　　　　　　　　네, 비싸도 됩니다.

まず**くてもいいです**か。　→　はい、まず**くてもいいです**。

맛없어도 됩니까?　　　　　　　　네, 맛없어도 됩니다.

狭**くてもいいです**か。　→　はい、狭**くてもいいです**。

좁아도 됩니까?　　　　　　　　네, 좁아도 됩니다.

小さ**くてもいいです**か。　→　はい、小さ**くてもいいです**。

작아도 됩니까?　　　　　　　　네, 작아도 됩니다.

동사의 て형은 다양하므로 주의해서 외워야 한다. 우선 동사의 て형을 먼저 만든다. 여기에 も를 붙이고 いいです를 접속하여 Ⓥ**てもいいです**가 완성된다.

Ⓥても **＋ いいです(か)**　Ⓥ**해도 좋습니다(까), 됩니다(까)**

ここでタバコを吸っ**てもいいです**か。

　　　　　　　　　　→　はい、吸っ**てもいいです**。

여기에서 담배를 피워도 됩니까?　　　　　네, 피워도 됩니다.

家へ帰っ**てもいいです**か。　→　はい、帰っ**てもいいです**。

집에 돌아가도 됩니까?　　　　　　네, 돌아가도 됩니다.

お酒を飲ん**でもいいです**か。　→　はい、飲ん**でもいいです**。

술을 마셔도 됩니까?　　　　　　네, 술을 마셔도 좋습니다.

写真を撮っ**てもいいです**か。　→　はい、撮っ**てもいいです**。

사진을 찍어도 좋습니까?　　　　네, 찍어도 좋습니다.

明日遅く来**てもいいです**か。　→　はい、遅く来**てもいいです**。

내일 늦게 와도 됩니까?　　　　　네, 늦게 와도 됩니다.

まずい　맛없다
狭い　좁다
小さい　작다

タバコを吸う
담배를 피우다
家　집
帰る　돌아오다(가다)
お酒を飲む
술을 마시다
写真を撮る
사진을 찍다
明日　내일
遅い　늦다
来る　오다

03 허가 표현 2

かまいません이 궁금하신가? 원래는 기본형이 かまう인 동사이고 '상관있다, 관계있다'라는 의미이다. 하지만 실제로는 대개 부정형을 사용하며 '상관없다, 관계없다' 란 의미가 된다.

201_03.mp3

앞에서 한 말의 반복이다. 명사의 て형은 외부인사 で가 필요하다. 여기에 も를 붙이고 이번엔 かまいません을 접속한다. 좀 귀찮다면 이것도 그냥 Ⓝでもかまいません을 외우면 간단하다.

Ⓥでも + かまいません(か)　Ⓝ여도 상관없습니다(까), 관계없습니다(까)

子供 _{こども} 어린이(아이)
話 _{はなし} 이야기

子供でもかまいませんか。　→ はい、子供でもかまいません。
어린이라도 상관없습니까?　네, 어린이라도 상관없습니다.

ここでもかまいませんか。　→ はい、ここでもかまいません。
여기라도 상관없습니까?　네, 여기라도 상관없습니다.

ラーメンでもかまいませんか。　→ はい、ラーメンでもかまいません。
라면이라도 상관없습니까?　네, 라면이라도 상관없습니다.

どんな話でもかまいませんか。　→ はい、どんな話でもかまいません。
어떤 이야기라도 상관없습니까?　네, 어떤 이야기라도 상관없습니다.

なん**でもかまいません**か。　→　はい、なん**でもかまいません**。

뭐든지 상관없습니까?　　　　　　네, 뭐든지 상관없습니다.

な형용사 て형은 어미 だ를 で로 바꾼다. 여기에 も를 붙이고 かまいません을
접속한다. 이것도 명사와 일단 모양은 같다. 역시 な**Ⓐ어간でもかまいません**을
50번 소리 내어 읽고 써보시라.

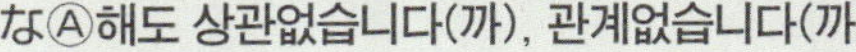

な Ⓐ어간でも ＋ かまいません(か)

な Ⓐ해도 상관없습니다(까), 관계없습니다(까)

町が**にぎやかでもかまいません**か。　동네가 시끄러워도 상관없습니까?

→　はい、町が**にぎやかでもかまいません**。

네, 동네가 시끄러워도 상관없습니다.

英語が**下手でもかまいません**か。　영어를 못해도 상관없습니까?

→　はい、英語が**下手でもかまいません**。

네, 영어를 못해도 상관없습니다.

だめ**でもかまいません**か。やってみたいですか。

안 돼도 상관없습니까? 해보고 싶습니까?

→　はい、だめ**でもかまいません**。やってみたいです。

네, 안 돼도 상관없습니다. 해보고 싶습니다.

スポーツが**苦手でもかまいません**か。　운동이 서툴러도 상관없습니까?

→　はい、スポーツが**苦手でもかまいません**。

네, 운동이 서툴러도 상관없습니다.

町　동네(거리)
英語　영어
下手だ　잘 못하다
苦手だ　서투르다

い형용사의 て형은 어미 い를 くて로 바꾼다. 여기에 も를 붙이고 かまいません을 접속하여 い④어간くてもかまいません이 완성된다. 이쯤에서 무슨 말이 나올까? 뻔하지 않나? い④어간くても かまいません을 50번 소리 내 읽고 써보시라.

 い④어간くても ＋ かまいません(か)

い④해도 상관없습니다(까), 관계없습니다(까)

^{たか}
高い 비싸다

まずい 맛없다

^{せま}
狭い 좁다

^{ちい}
小さい 작다

高くてもかまいませんか。　→　はい、高くてもかまいません。
비싸도 상관없습니까?　　　　　　　네, 비싸도 상관없습니다.

まずくてもかまいませんか。→　はい、まずくてもかまいません。
맛없어도 상관없습니까?　　　　　　네, 맛없어도 상관없습니다.

狭くてもかまいませんか。　→　はい、狭くてもかまいません。
좁아도 상관없습니까?　　　　　　　네, 좁아도 상관없습니다.

小さくてもかまいませんか。→　はい、小さくてもかまいません。
작아도 상관없습니까?　　　　　　　네, 작아도 상관없습니다.

동사의 て형은 중요하다고 수없이 강조해 왔다. 동사의 て형을 모르고선 절대로 이 표현을 만들 수 없다. 우선 동사의 て형을 만들고 뒤에 も를 붙이고 かまいません을 접속하여 Ⓥてもかまいません이 완성된다. 다시 말하지만 동사의 て형을 모르고선 절대로 이 표현을 만들 수 없다.

> **Ⓥても ＋ かまいません(か)**
>
> Ⓥ해도 상관없습니다(까), 관계없습니다(까)

タバコを吸^すう
담배를 피우다

家^{いえ} 집

帰^{かえ}る 돌아오다(가다)

お酒^{さけ}を飲^のむ
술을 마시다

写真^{しゃしん}を撮^とる
사진을 찍다

明日^{あした} 내일

遅^{おそ}い 늦다

来^くる 오다

ここでタバコを吸ってもかまいませんか。　여기에서 담배를 피워도 상관없습니까?

→ はい、吸ってもかまいません。　네, 피워도 상관없습니다.

家へ帰ってもかまいませんか。　집에 돌아가도 상관없습니까?

→ はい、帰ってもかまいません。　네, 돌아가도 상관없습니다.

お酒を飲んでもかまいませんか。　술을 마셔도 상관없습니까?

→ はい、飲んでもかまいません。　네, 술을 마셔도 상관없습니다.

写真を撮ってもかまいませんか。　사진을 찍어도 상관없습니까?

→ はい、撮ってもかまいません。　네, 찍어도 상관없습니다.

明日はおそく来てもかまいませんか。　내일은 늦게 와도 상관없습니까?

→ はい、明日はおそく来てもかまいません。　네, 내일은 늦게 와도 상관없습니다.

04 금지 표현

명사의 て형은 외부인사 で를 영입하여 만드는데, 여기에 は를 붙이고 いけません을 접속하여 만든다. 귀찮으시면 Ⓝ ではいけません을 그냥 외우시라.

> Ⓝ では + いけません(か)　　Ⓝ 이면 안 됩니다(까)

こ ども
子供 어린이(아이)
がいこくじん
外国人 외국인
はなし
話 이야기

子供ではいけませんか。　　→　はい、子供ではいけません。
어린이는 안 됩니까?　　　　　　　네, 어린이는 안 됩니다.

外国人ではいけませんか。　　→　はい、外国人ではいけません。
외국인은 안 됩니까?　　　　　　　네, 외국인은 안 됩니다.

ラーメンではいけませんか。　→　はい、ラーメンではいけません。
라면으로는 안 됩니까?　　　　　　네, 라면으로는 안 됩니다.

つまらない話ではいけませんか。　따분한 이야기로는 안 됩니까?

→　はい、つまらない話ではいけません。
네, 따분한 이야기로는 안 됩니다.

な형용사 て형은 어미 だ를 で로 바꾼다. 여기에 は를 붙이고 いけません을 접속한다. 이것 역시 명사와 모양은 같다. 50번 소리 내 읽고 써보자. 그럼 な Ⓐ 어간 ではいけません이 외워질 것이다.

な Ⓐ어간では + いけません(か)　な Ⓐ하면 안 됩니다(까)

町 동네(거리)
英語 영어
下手だ 잘 못하다
苦手だ 서투르다
交通 교통
不便だ 불편하다

町がにぎやかではいけませんか。　동네가 시끄러우면 안 됩니까?

→ はい、町がにぎやかではいけません。
네, 동네가 시끄러우면 안 됩니다.

英語が下手ではいけませんか。　영어를 못하면 안 됩니까?

→ はい、英語が下手ではいけません。
네, 영어를 못하면 안 됩니다.

スポーツが苦手ではいけませんか。　운동이 서툴면 안 됩니까?

→ はい、スポーツが苦手ではいけません。
네, 운동이 서툴면 안 됩니다.

交通が不便ではいけませんか。　교통이 불편하면 안 됩니까?

→ はい、交通が不便ではいけません。
네, 교통이 불편하면 안 됩니다.

い형용사의 て형은 어미 い를 くて로 바꾼다. 여기에 は를 붙이고 いけません을 접속하여 만든다. い Ⓐ어간くてはいけません을 소리 내 크게 50번 읽어보자.

い Ⓐ어간くては + いけません(か)　い Ⓐ하면 안 됩니다(까)

高い 비싸다
狭い 좁다

高くてはいけませんか。　→　はい、高くてはいけません。
비싸면 안 됩니까?　　　　　네, 비싸면 안 됩니다.

まずくてはいけませんか。　→　はい、まずくてはいけません。
맛없으면 안 됩니까?　　　　네, 맛없으면 안 됩니다.

狭くてはいけませんか。　→　はい、狭くてはいけません。
좁으면 안 됩니까?　　　　　네, 좁으면 안 됩니다.

小さ**くてはいけません**か。 →   はい、小さ**くてはいけません**。

작으면 안 됩니까?   네, 작으면 안 됩니다.

동사의 て형은 중요하다고 또 강조한다. 하도 중요하다고 했더니 입이 다 아프다. 동사의 て형을 모르고는 절대로 이 표현을 만들 수 없다. 동사의 て형을 만든 다음 여기에 は를 붙이고 いけません을 접속하여 ⓥ**てはいけません**이 완성된다. 다시 말하지만 동사의 て형을 모르고선 절대로 이 표현을 만들 수 없다.

ⓥ**ては** + **いけません**(**か**) ⓥ하면 안 됩니다(까)

ここでタバコを吸っ**てはいけません**か。 여기에서 담배를 피우면 안 됩니까?

→ はい、吸っ**てはいけません**。   네, 피우면 안 됩니다.

家へ帰っ**てはいけません**か。   →   はい、帰っ**てはいけません**。

집에 돌아가면 안 됩니까?   네, 돌아가면 안 됩니다.

お酒を飲ん**ではいけません**か。   →   はい、飲ん**ではいけません**。

술을 마시면 안 됩니까?   네, 술을 마시면 안 됩니다.

写真を撮っ**てはいけません**か。   →   はい、撮っ**てはいけません**。

사진을 찍으면 안 됩니까?   네, 찍으면 안 됩니다.

明日はおそく来**てはいけません**か。   내일은 늦게 오면 안 됩니까?

→ はい、明日はおそく来**てはいけません**。   네, 내일은 늦게 오면 안 됩니다.

원래는 ～てはいけません이 맞지만, 회화체에서는 ～てはだめです도 잘 쓰인다. 일단은 가장 기본이 되는 ～てはいけません을 사용하여 문장을 만들었지만, いけません이 들어갈 자리에 그대로 だめです를 넣어 주면 된다. 회화체에서는 ～てはだめです도 ～てはいけません도 잘 쓰이니 함께 연습해 두자.

05 의무 표현

의무 표현은 ない형을 모르면 만들 수 없다. 우선 각 품사별로 ない형을 만들어 주고, 이 ない를 무조건 なければ로 바꾼 후 다시 なりません을 접속하면 なければなりません(~하지(이지) 않으면 안 됩니다)이 완성된다. 따라서 각 품사의 ない형을 확실히 소화하고 있지 못하면 의무 표현을 공부하기 상당히 힘들어질 수밖에 없다.

명사의 ない형은 명사를 그대로 두고 ではない를 붙여 만든다. 방금 위에서 말한 대로 ない를 무조건 なければ로 바꿔주고 다시 なりません을 접속한다. 이렇게 해서 Ⓝではなければなりません이 완성된다.

> Ⓝではない → Ⓝではなければ + なりません → Ⓝではなければなりません
> Ⓝでなければなりません

배운 대로 쓰면 Ⓝではなければなりません이 되어야 하지만 실제로는 이것보다 이것을 줄인 Ⓝでなければなりません이 잘 쓰인다. 물론 그렇다고 Ⓝではなければなりません이 절대 틀렸다는 말은 아니다. 좀 더 빈도가 높다는 말이다. 그리고 회화체에서는 Ⓝじゃなければなりません이 잘 쓰인다.

^{おとこ}
男 남자
^{うんどうじょう}
運動場 운동장
^{た なか}
田中 다나카
^{おとな}
大人 어른
^{に ほんじん}
日本人 일본인

男でなければなりません。　남자가 아니면 안 됩니다.

運動場でなければなりません。　운동장이 아니면 안 됩니다.

田中さんでなければなりません。　다나카 씨가 아니면 안 됩니다.

大人じゃなければなりません。　어른이 아니면 안 됩니다.

日本人じゃなければなりません。　일본사람이 아니면 안 됩니다.

な형용사의 ない형은 우선 어미 だ를 では로 바꾸고 여기에 ない를 붙여 ではない를 만든다. 명사에서 본 바와 같이 ない를 무조건 なければ로 바꿔주고 다시 なりません을 접속하면 なⒶ어간ではなければなりません이 완성된다. 명사에서와 마찬가지로 な형용사도 이를 줄인 なⒶ어간でなければなりません이 잘 쓰이며 역시 회화체에서는 なⒶ어간じゃなければなりません이 잘 쓰인다.

> なⒶ어간 + ではない　→　なⒶ어간ではなければ＋なりません
> → なⒶ어간ではなければなりません
> なⒶ어간でなければなりません

^{まち}
町 동네(거리)
^{しず}
静かだ 조용하다
^{えい ご}
英語 영어
^{じょう ず}
上手だ 잘하다
^{がっこう}
学校 학교
^{あんぜん}
安全だ 안전하다
^{けっこん}
結婚 결혼
^{あい て}
相手 상대
^{からだ}
体 몸
^{じょう ぶ}
丈夫だ 튼튼하다

町は静かでなければなりません。　동네는 조용하지 않으면 안 됩니다.

英語が上手でなければなりません。　영어를 잘하지 않으면 안 됩니다.

学校は安全でなければなりません。　학교는 안전하지 않으면 안 됩니다.

結婚の相手はきれいじゃなければなりません。　결혼상대는 예쁘지 않으면 안 됩니다.

体が丈夫じゃなければなりません。　몸이 튼튼하지 않으면 안 됩니다.

い형용사의 ない형은 어미 い를 く로 바꾸고 여기에 ない를 접속하여 くない를 만든다. 명사, な형용사처럼 ない를 なければ로 바꾸고 なりません을 접속하면 い④어간くなければなりません이 완성된다.

い④어간くない　→　い④어간くなければ + なりません
　　　　　　　　→　い④어간くなければなりません

い④어간くなければなりません(か)　い④하지 않으면 안 됩니다(까)

安い 싸다
広い 넓다
暖かい 따뜻하다

安くなければなりません。　　　　　싸지 않으면 안 됩니다.

おいしくなければなりません。　　　맛있지 않으면 안 됩니다.

広くなければなりません。　　　　　넓지 않으면 안 됩니다.

暖かくなければなりません。　　　　따뜻하지 않으면 안 됩니다.

もっとはやくなければなりません。　더욱 빠르지 않으면 안 됩니다.

동사의 ない형을 만들고 ない를 なければ로 바꾸고 다시 なりません을 접속하여 Ⓥない형+なければなりません을 만든다. 다시 말하지만 동사의 ない형을 모르고선 절대로 이 표현을 만들 수 없다.

Ⓥない형 **なければ** + **なりません(か)**　Ⓥ하지 않으면 안 됩니다(까)

いえ
家 집
かえ
帰る 돌아오다(가다)
びょういん　い
病院へ行く
병원에 가다
くすり　の
薬を飲む 약을 먹다
じゅぎょうちゅう
授業中 수업 중
に ほん ご
日本語 일본어
はな
話す 이야기하다
はん　た
ご飯を食べる
밥을 먹다
あさ
朝 아침
お
起きる 일어나다
し ごと
仕事 일
ご ぜん
午前 오전
かいしゃ
会社 회사
く
来る 오다

家に帰ら**なければなりません**。　집에 돌아가지 않으면 안 됩니다.

病院へ行か**なければなりません**。　병원에 가지 않으면 안 됩니다.

薬を飲ま**なければなりません**。　약을 먹지 않으면 안 됩니다.

授業中には日本語で話さ**なければなりません**。

수업 중에는 일본어로 말하지 않으면 안 됩니다.

ご飯を食べ**なければなりません**。　밥을 먹지 않으면 안 됩니다.

朝7時に起き**なければなりません**。

아침 7시에 일어나지 않으면 안 됩니다.

仕事をし**なければなりません**。　일을 하지 않으면 안 됩니다.

午前9時までに会社に来**なければなりません**。

오전 9시까지 회사에 오지 않으면 안 됩니다.

왜 ない형이 중요한지 알겠는가? なければなりません은 ない형에서 나온 것이다. 즉 ない를 무조건 なければ로 바꿔주고 다시 なりません을 접속하는 것이다. 이렇게 하여 なければなりません이 완성된다. 따라서 각 품사의 ない형을 확실히 모르고 있다면 이 부분을 공부하기 상당히 힘들어질 수밖에 없는 것이다. 해석할 때 '~하지 않으면 안 됩니다'라고 했는데 '~해야만 합니다'로 해석해도 된다.

06 의무 해지 표현

ない를 무조건 なくても로 바꿔주고 다시 いいです를 접속한다. 이렇게 완성되는 것이 なくてもいいです이다. 따라서 각 품사의 ない형을 확실히 알지 못한다면 이 부분 역시 공부하기 힘들어질 수밖에 없는 것이다.

명사의 ない형은 명사는 그대로 두고 ではない를 붙여 만든다. 그 다음 ない를 なくても로 바꾸고 いいです를 접속한다. 이렇게 하여 Ⓝではなくてもいいです가 완성된다.

Ⓝではない → Ⓝではなくても＋いいです → Ⓝではなくてもいいです

Ⓝでなくてもいいです

Ⓝでなくてもいいです가 좀 더 사용빈도가 높고 회화체에서는 Ⓝじゃなくてもいいです가 잘 쓰인다.

おとこ
男 남자
うんどうじょう
運動場 운동장
た なか
田中 다나카
おとな
大人 어른
に ほんじん
日本人 일본인

男でなくてもいいです。　남자가 아니어도 됩니다.

運動場でなくてもいいです。　운동장이 아니어도 됩니다.

田中さんでなくてもいいです。　다나카 씨가 아니어도 됩니다.

大人じゃなくてもいいです。　어른이 아니어도 됩니다.

日本人じゃなくてもいいです。　일본사람이 아니어도 됩니다.

な형용사의 ない형은 우선 어미 だ를 では로 바꾸고 여기에 ない 를 붙여 では ない를 만든다. 그리고 ない를 なくても로 바꾼 후 다시 いいです를 접속하면 な④어간ではなくても いいです가 완성된다. 명사에서와 마찬가지로 な형용사 도 이를 줄인 な④어간でなくてもいいです가 잘 쓰이며 역시 회화체에서는 な④ 어간じゃなくてもいいです가 잘 쓰인다.

> な④어간ではない＋ても　→　な④어간ではなくても＋いいです
> → な④어간ではなくてもいいです
> な④어간でなくてもいいです

まち
町 동네(거리)
しず
静かだ 조용하다
えい ご
英語 영어
じょう ず
上手だ 잘하다
がっこう
学校 학교
けっこん
結婚 결혼
あい て
相手 상대
からだ
体 몸
じょう ぶ
丈夫だ 튼튼하다

町は静かでなくてもいいです。　동네는 조용하지 않아도 됩니다.

英語が上手でなくてもいいです。　영어를 잘하지 못해도 됩니다.

学校はにぎやかでなくてもいいです。　학교는 시끄럽지 않아도 됩니다.

結婚の相手はきれいじゃなくてもいいです。　결혼상대는 예쁘지 않아도 됩니다.

体が丈夫じゃなくてもいいです。　몸이 튼튼하지 않아도 됩니다.

い형용사의 ない형은 어미 い를 く로 바꾸고 여기에 ない를 접속하여 くない를 만든다. 명사, な형용사처럼 ない를 なくても로 바꾸고 다시 いいです를 접속하여 い④어간くなくてもいいです을 만든다.

> い④어간くない＋ても → い④어간くなくても＋いいです
> → い④어간 くなくてもいいです

い④어간くなくてもいいです(か)　い④하지 않아도 좋습니다, 됩니다(까)

安くなくてもいいです。　　　싸지 않아도 됩니다.

おいしくなくてもいいです。　맛있지 않아도 됩니다.

広くなくてもいいです。　　　넓지 않아도 됩니다.

暖かくなくてもいいです。　　따뜻하지 않아도 됩니다.

早くなくてもいいです。　　　빠르지 않아도 됩니다.

安い 싸다
広い 넓다
暖かい 따뜻하다
早い 빠르다

동사의 ない형이 왜 무지 중요하다고 여러 번 강조했는지 이젠 아실 것이다. 동사의 ない형을 모르고선 절대로 이 표현을 만들 수 없다. 동사의 ない형을 만든 후 ない를 なくても로 바꾸고 다시 いいです를 접속하여 ⓥ ない형なくてもいいです가 완성된다. 동사의 ない형을 모르고는 절대로 이 표현을 만들 수 없다.

ⓥ ない형なくてもいいです(か)　ⓥ하지 않아도 좋습니다, 됩니다(까)

いえ
家 집
かえ
帰る 돌아오다(가다)
びょういん　い
病院へ行く
병원에 가다
くすり　の
薬を飲む 약을 먹다
し ごと
仕事 일
に ほん ご
日本語 일본어
はな
話す 말하다

家に帰らなくてもいいです。	집에 돌아가지 않아도 됩니다.
病院へ行かなくてもいいです。	병원에 가지 않아도 됩니다.
薬を飲まなくてもいいです。	약을 먹지 않아도 됩니다.
仕事をしなくてもいいです。	일을 하지 않아도 됩니다.
日本語で話さなくてもいいです。	일본어로 말하지 않아도 됩니다.

이젠 ない형이 중요하다고 그토록 말한 이유를 잘 아실 것이다. なくてもいいです는 ない형에서 나온 것이다. 즉, ない를 무조건 なくても로 바꿔 주고 다시 いいです를 접속하는 것이다.

이렇게 완성되는 것이 なくてもいいです이다. 따라서 각 품사의 ない형을 확실히 모르고 있다면 이 부분을 공부하기 어려울 수밖에 없다. なくてもいいです를 큰소리로 읽고 종이에 직접 써보자.

1 주어진 단어를 왼쪽 문형에 맞추어 바꾸어 보세요.

문형	단어	
Ⓝでもいいです	子供だ	
なⒶ어간でもいいです	日本語が下手だ	
いⒶ어간くてもいいです	小さい	
Ⓥてもいいです	家へ帰る	
Ⓝでもかまいません	子供だ	
なⒶ어간でもかまいません	英語が下手だ	
いⒶ어간くてもかまいません	狭い	
Ⓥてもかまいません	写真を撮る	
Ⓝではいけません	子供だ	
なⒶ어간ではいけません	にぎやかだ	
いⒶ어간くてはいけません	小さい	
Ⓥてはいけません	タバコを吸う	
Ⓝでなければなりません	飛行機だ	
なⒶ어간でなければなりません	静かだ	
いⒶ어간くなければなりません	おいしい	
Ⓥない형なければなりません	薬を飲む	
Ⓝでなくてもいいです	飛行機だ	
なⒶ어간でなくてもいいです	静かだ	
いⒶ어간くなくてもいいです	おいしい	
Ⓥない형なくてもいいです	薬を飲む	

2장

동사 진행 및 상태 표현

01 동사의 진행 표현

일본어 타동사로 진행 표현을 만들 수 있다. 일본어의 진행 표현은 우리말의 '~하고 있다'에 해당한다. 즉 '밥을 먹고 있다, 책을 읽고 있다, 텔레비전을 보고 있다, 음악을 듣고 있다, 상자를 만들고 있다, 이름을 쓰고 있다…' 등이다.

Ⓝを 他Ⓥる → Ⓝを 他Ⓥている   Ⓝ을/를 [타동사] 하고 있다

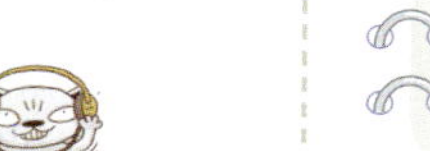

몇 가지 예문을 보자.

ご飯を食べる。	밥을 먹다.	→ ご飯を食べています。	밥을 먹고 있습니다.
音楽を聞く。	음악을 듣다.	→ 音楽を聞いています。	음악을 듣고 있습니다.
テレビを見る。	텔레비전을 보다.	→ テレビを見ています。	텔레비전을 보고 있습니다.
窓を開ける。	창문을 열다.	→ 窓を開けています。	창문을 열고 있습니다.
ドアを閉める。	문을 닫다.	→ ドアを閉めています。	문을 닫고 있습니다.
名前を書く。	이름을 쓰다.	→ 名前を書いています。	이름을 쓰고 있습니다.
キムチを作る。	김치를 만들다.	→ キムチを作っています。	김치를 만들고 있습니다.
チケットを買う。	표를 사다.	→ チケットを買っています。	표를 사고 있습니다.
荷物を置く。	짐을 놓다.	→ 荷物を置いています。	짐을 놓고 있습니다.
車をとめる。	차를 세우다.	→ 車をとめています。	차를 세우고 있습니다.
花を飾る。	꽃을 장식하다.	→ 花を飾っています。	꽃을 장식하고 있습니다.

ご飯を食べる
밥을 먹다

音楽を聞く
음악을 듣다

テレビを見る
텔레비전을 보다

窓を開ける
창문을 열다

ドアを閉める
문을 닫다

名前を書く
이름을 쓰다

キムチを作る
김치를 만들다

チケットを買う
표를 사다

荷物　짐

車　자동차

花を飾る
꽃을 장식하다

제2부 뛰어넘기 편

1 다음 문장을 현재진행형으로 바꿔 보세요.

① ご飯を食べる ➡ ____________________

밥을 먹고 있습니다.

② 音楽を聞く ➡ ____________________

음악을 듣고 있습니다.

③ 窓を開ける ➡ ____________________

창문을 열고 있습니다.

④ 名前を書く ➡ ____________________

이름을 쓰고 있습니다.

⑤ キムチを作る ➡ ____________________

김치를 만들고 있습니다.

⑥ 車を止める ➡ ____________________

차를 세우고(주차하고), 있습니다.

⑦ ドアを閉める ➡ ____________________

문을 닫고 있습니다.

⑧ 花を飾る ➡ ____________________

꽃을 장식하고 있습니다.

02 동사의 상태 표현

동사의 상태 표현을 배우기에 앞서 반드시 선행되어야 할 사항이 있다. 우선 동사를 자동사와 타동사를 잘 외우고 정확하게 구별할 줄 알아야 한다. 왜냐하면, 같은 상태라도 자동사이냐 타동사이냐에 따라 만드는 법이 달라진다. 따라서 당연한 말이지만 자동사와 타동사를 구별하지 못하면 동사의 상태 표현도 정확히 만들 수 없다. 즉 작전을 제대로 짤 수 없게 되는 것이다. 아래 표는 잘 쓰이는 자동사와 타동사를 묶어 놓은 것이다. 잘 암기해 주기 바란다. 어휘력에도 도움이 될 것이다.

자 동 사		타 동 사	
開く(あく)	열리다	開ける(あける)	열다
閉まる(しまる)	닫히다	閉める(しめる)	닫다
止まる(とまる)	서다, 멈추다	止める(とめる)	세우다, 멈추게 하다
落ちる(おちる)	떨어지다	落とす(おとす)	떨어뜨리다
つく	켜지다	つける	켜다
消える(きえる)	꺼지다	消す(けす)	끄다
かかる	잠기다, 채워지다	かける	잠그다, 채우다
並ぶ(ならぶ)	나란히 서다	並べる(ならべる)	나란히 세우다
入る(はいる)	들어가다, 들어오다	入れる(いれる)	집어넣다
出る(でる)	나가다, 나오다	出す(だす)	내보내다
立つ(たつ)	서다	立てる(たてる)	세우다

倒れる(たおれる)	쓰러지다	倒す(たおす)	쓰러뜨리다
起きる(おきる)	일어나다, 깨다	起こす(おこす)	일으키다, 깨우다
沸く(わく)	끓다	沸かす(わかす)	끓이다
壊れる(こわれる)	부서지다, 고장 나다	壊す(こわす)	부서뜨리다, 고장 내다
始まる(はじまる)	시작되다	始める(はじめる)	시작하다

물론 이게 다는 아니다. 하지만 초급단계에서 꼭 필요한 단어들이니 잘 외워두시기 바란다.

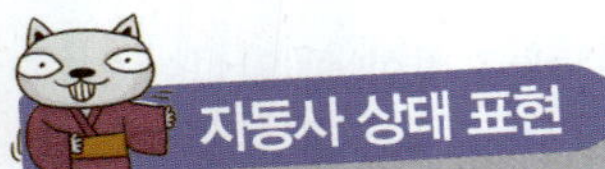

언뜻 보기에 어려운 것 같지만, 간단하다. 우선 앞에서 말한 대로 동사 암기를 철저히 해주기 바란다. 즉 자동사인지 타동사인지 구분을 못 한다면 더는 볼 것도 없다. 다시 뒤로 돌아가! 이다. 반드시 단어암기를 완벽하게 해야만 한다. 아무리 문법적인 지식이 풍부해도 단어를 모른다면 다 말짱 도루묵이다.

그러니 단어암기를 철저히 하기 바란다. 만약 위 표에 나온 단어들을 완벽히 소화해냈다면 이제 남은 일은 하나뿐이다. 바로 아래 있는 자동사의 상태 표현 만드는 공식을 외우는 일만이 남아있다. 그럼 끝이다.

Ⓝが(は)自Ⓥる → Ⓝが(は)自Ⓥて＋いる　Ⓝ이/가(은/는) 자동사 되어 있다

이 공식을 외우는 데 많은 시간이 필요하지는 않을 것이다. 의미는 'Ⓝ가(는) 自 Ⓥ되어 있다'이다. 단어를 잘 외우고 이 공식을 암기하고 있다면 쉽게 만들 수 있다.

窓が開く
창문이 열리다
ドアが閉まる
문이 닫히다

窓が開く。　창문이 열리다. → 窓が開いています。　창문이 열려 있습니다.

ドアが閉まる。　문이 닫히다. → ドアが閉まっています。　문이 닫혀 있습니다.

ボタンが落ちる
단추가 떨어지다

電気が消える
전기가 꺼지다

並ぶ　나란히 서다

車　자동차

看板が立つ
간판이 서다

ボタンが落ちる。　단추가 떨어지다.　→　ボタンが落ちています。
단추가 떨어져 있습니다.

電気がつく。　전기가 켜지다.　→　電気がついています。　전기가 켜져 있습니다.

電気が消える。　전기가 꺼지다.　→　電気が消えています。　전기가 꺼져 있습니다.

つくえが並ぶ。　책상이 나란히 서다.　→　つくえが並んでいます。
책상이 나란히 있습니다.

かぎがかかる。　열쇠가 채워지다.　→　かぎがかかっています。
열쇠가 채워져 있습니다.

車が止まる。　차가 서다.　→　車が止まっています。　차가 서 있습니다.

看板が立つ。　간판이 서다.　→　看板が立っています。　간판이 서 있습니다.

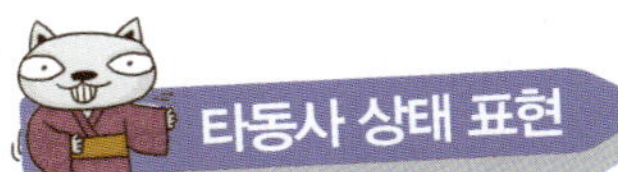

한 번만 더 말하겠다. 정말 동사 암기를 철저히 해주기 바란다. 자동사인지 타동사인지 구분을 못한다면 더 이상 나도 어떻게 해드릴 수가 없다. 반드시 단어 암기를 완벽하게 해야만 한다. 아래 공식을 보자. 그리 어렵지는 않다. 의미는 'Ⓝ가(는) 他Ⓥ되어 있다'이다. 타동사를 잘 외워주고 이 공식만 암기하면 된다.

Ⓝを他Ⓥる　→　Ⓝが(は)他Ⓥて ＋ ある　　Ⓝ이/가(은/는) 타동사 되어 있다

타동사 상태 표현 주의사항

타동사 상태 표현은 조사에 특히 주의해야 한다. 원래 타동사이므로 당연히 조사는 목적격인 を를 써야겠지만 상태 표현에서는 더 이상 이 목적격조사 を를 쓸 수 없다. 반드시 が나 は만을 사용한다.

窓を開ける
창문을 열다

ドアを閉める
문을 닫다

ボタンを落とす
단추를 떨어뜨리다

電気をつける
전기를 켜다

消す 끄다, 지우다

並べる 나란히 세우다

車を止める
자동차를 세우다

名前を書く
이름을 쓰다

キムチを作る
김치를 만들다

荷物 짐

花 꽃

飾る 꾸미다, 장식하다

買う 사다

窓を開ける。 창문을 열다. → 窓が開けてあります。 창문이 열려 있습니다.

ドアを閉める。 문을 닫다. → ドアが閉めてあります。 문이 닫혀져 있습니다.

ボタンを落とす。 단추를 떨어뜨리다. → ボタンが落としてあります。
단추가 떨어져 있습니다.

電気をつける。 전기를 켜다. → 電気がつけてあります。
전기가 켜져 있습니다.

電気を消す。 전기를 끄다. → 電気が消してあります。
전기가 꺼져 있습니다.

つくえを並べる。 책상을 나란히 놓다. → つくえが並べてあります。
책상이 나란히 놓여 있습니다.

かぎをかける。 열쇠를 채우다. → かぎがかけてあります。
열쇠가 채워져 있습니다.

車を止める。 차를 세우다. → 車が止めてあります。
차가 세워져 있습니다.

名前を書く。 이름을 쓰다. → 名前が書いてあります。
이름이 쓰여져 있습니다.

キムチを作る。 김치를 만들다. → キムチが作ってあります。
김치가 만들어져 있습니다.

荷物を置く。 짐을 놓다. → 荷物が置いてあります。
짐이 놓여져 있습니다.

花を飾る。 꽃을 장식하다. → 花が飾ってあります。
꽃이 장식되어 있습니다.

チケットを買う。 표를 사다. → チケットが買ってあります。
표가 사져 있습니다. (실제의미 : 표를 사 놓았습니다)

상태 표현을 보다 보니 한 가지 의문점이 생긴다. 그냥 자동사면 자동사, 타동사면 타동사 하나로 통일해서 상태 표현을 만들면 안 될까라는 그런 의문점이다. 왜냐고? 귀찮거든. 그리고 자동사, 타동사 다 따로 외워서 써야 하는데, 그것도 골치 아프고, 그럼 자동사나 타동사 하나만 통일해 쓰면 되지 뭘 두 가지씩이나. 흠… 듣고 보니 그럴 만도 하다. 하지만, 다 그럴만한 이유가 있는 것이다.

그 이유는, 같은 상태 표현이라고 해도 자동사 상태와 타동사 상태는 실제로는 똑같은 의미가 아니란 점이다. 우리말 해석은 거의 같지만, 뉘앙스가 다르다. 즉 자동사 상태는 말 그대로 자연스러운 상태이다. 누군가 특별한 목적을 가지고 그런 상태로 해놓은 것이 아니라, 자연스럽게 그렇게 된 상태를 말한다. 이에 비해 타동사 상태는 인위적인 맛이 강한 상태라고 할 수 있다. 즉 자동사 상태와는 달리 **누군가가 어떤 목적을 가지고 일부러 그런 상태로 해놓았다는 뉘앙스를 강하게 풍기게 된다.** 다음 두 문장을 비교해보자.

窓が開いています。	창문이 열려 있습니다.	자동사 상태 표현
窓が開けてあります。	창문이 열려져 있습니다.	타동사 상태 표현

사실은 똑같이 창문이 열려 있는 상태이지만 이 두 문장이 가지는 뉘앙스는 좀 다르다. 옆에 쓰인 해석은 조금이라도 구분해 볼까 해서 '열려, 열려져'로 써 보았다. 자동사 상태는 아무 생각 없이 그냥 열려 있는 창문이다. 누가 언제 왜 무슨 목적으로 열었는지 전혀 신경 쓸 필요 없다.

예를 들어 길을 가다 어떤 건물 창문이 열려 있는 것을 보았다 하자. 뭐 특별히 생각하고 자실 게 뭐 있나? 그냥 열려 있나 보다 하면 되지 않겠나? 그야말로 아무 생각 없다. 반면에 타동사로 쓰인 상태는 누군가가 어떤 목적으로 가지고 일부러 열어 놓았고, 지금까지 그 상태가 유지되고 있다는 의미이다. 예를 들어 상당히 추운 날씨임에도 창문이 열려 있다. 물어보니 누군가 안에서 담배를 피워 환기하려고 일부러 열어놓았단다. 이 상황은 환기를 위해, 즉 어떤 목적이 있어 창문을 열어놓았고, 그 열린 상태가 유지되고 있는 것이다. 이래서 자동사와 타동사 상태는 따로 구분해 쓰고 있다. 이해하시겠나? 잘 숙지해 두기 바란다.

지금까지 타동사의 진행 표현, 자동사, 타동사의 상태 표현을 배워보았다. 이쯤에서 약간 색다른 걸 해보자. 긴장하지 마시라. 지금까지 배운 내용을 한 번 더 보는 것뿐이다. 생각해보자. 타동사의 진행 표현이란 무엇이었나?

窓を開ける
창문을 열다

ドアを閉める
문을 닫다

名前を書く
이름을 쓰다

窓を開けています。	창문을 열고 있습니다.
ドアを閉めています。	문을 닫고 있습니다.
名前を書いています。	이름을 쓰고 있습니다.

어떤 행위를 진행하고 있다는 표현이다. 그런데 그 진행이 몇천 년 몇만 년에 걸쳐서 이루어지지는 않을 것이고, 어떤 일정한 시간 동안 진행된 후, 그 진행이 끝나면 그 상태가 유지가 될 것이다. 즉 지금 창문을 열고 있다면 언젠가 창문을 여는 행위가 끝날 것이고, 그때부터는 창문이 열려 있는 상태가 유지되는 것이다. 마찬가지로 문을 닫고 있는 행위가 끝나면 그때부터는 닫혀 있는 상태가 유지되며, 칠판이나 종이에 이름을 쓰고 있고 그 동작이 완료되는 순간부터 이름이 쓰여 있는 상태가 유지될 것이다.

쉽게 말해 타동사 하나로 진행(他Ⓥている)과 상태(他Ⓥてある)를 나타낼 수 있다. 앞에서 이미 타동사의 진행 표현과 상태 표현을 배웠다. 이미 배운 내용이니 복습한다는 기분으로 다음 쪽에 있는 표를 읽어보기 바란다.

窓を開ける
창문을 열다

ドアを閉める
문을 닫다

名前を書く
이름을 쓰다

キムチを作る
김치를 만들다

チケットを買う
표를 사다

荷物を置く
짐을 두다, 놓다

花を飾る
꽃을 꾸미다, 장식하다

車を止める
자동차를 세우다,
주차하다

本を入れる
책을 넣다

シャツを洗う
셔츠를 빨다

看板を出す
간판을 내놓다

타동사 진행 표현 Ⓝを 他Ⓥている		타동사 상태 표현 Ⓝが(は) 他Ⓥてある
窓を開けています 창문을 열고 있습니다	→	窓が開けてあります 창문이 열려 있습니다
ドアを閉めています 문을 닫고 있습니다	→	ドアが閉めてあります 문이 닫혀 있습니다
名前を書いています 이름을 쓰고 있습니다	→	名前が書いてあります 이름이 쓰여 있습니다
キムチを作っています 김치를 만들고 있습니다	→	キムチが作ってあります 김치가 만들어져 있습니다
チケットを買っています 표를 사고 있습니다	→	チケットが買ってあります 표가 사져 있습니다 (표를 사 놓았습니다)
荷物を置いています 짐을 놓고 있습니다	→	荷物が置いてあります 짐이 놓여져 있습니다
花を飾っています 꽃을 장식하고 있습니다	→	花が飾ってあります 꽃이 장식되어 있습니다
車を止めています 차를 세우고 있습니다	→	車が止めてあります 차가 세워져, 주차되어 있습니다
かばんに本を入れています 가방에 책을 넣고 있습니다	→	かばんに本が入れてあります 가방에 책이 넣어져 있습니다
シャツを洗っています 셔츠를 빨고 있습니다	→	シャツが洗ってあります 셔츠가 빨아져 있습니다
看板を出しています 간판을 내놓고 있습니다	→	看板が出してあります 간판이 나와 있습니다
かぎをかけています 열쇠를 채우고 있습니다	→	かぎがかけてあります 열쇠가 채워져 있습니다

너무도 당연한 말이지만 타동사를 정확하게 쓰는 것은 물론이거니와 동사의 て형 역시 완벽히 맞아야만 한다. 아직 동사의 て형이 혼란스러운 분들은 앞으로 돌아가서 다시 한 번 정리해 두기 바란다.

03 동사의 진행, 상태 표현 요약

아래 표를 잘 외워주기 바란다. 그리고 표를 잘 살펴보면 알겠지만 자동사는 오로지 있는밖에 올 수가 없다. 하지만 타동사는 ある와 いる 둘 다 올 수가 있다. 단 ある가 오면 상태 표현이고, いる가 오면 진행 표현이 된다는 점을 명심 또 명심하자.

자동사	+	ている : 상태 표현	(자동사) 되어 있다
타동사	+	ている : 진행 표현	(타동사) 하고 있다
타동사	+	てある : 상태 표현	(타동사) 되어 있다

窓 창문
電気 전기
車 자동차
開ける 열다
止める 세우다

자동사 상태 표현 Ⓝが(は) 自Ⓥている : (Ⓝ이/가(은/는) 자동사 되어 있다)	窓が開いています	창문이 열려 있습니다
	電気がついています	전기가 켜져 있습니다
	車が止まっています	차가 서 있습니다
타동사 진행 표현 Ⓝを 他Ⓥている : (Ⓝ을/를 타동사 하고 있다)	窓を開けています	창문을 열고 있습니다
	電気をつけています	전기를 켜고 있습니다
	車を止めています	차를 세우고 있습니다
타동사 상태 표현 Ⓝが(は) 他Ⓥてある : (Ⓝ이/가(은/는) 타동사 되어 있다)	窓が開けてあります	창문이 열려져 있습니다
	電気がつけてあります	전기가 켜져 있습니다
	車が止めてあります	차가 세워져 있습니다

1 다음 일본어를 자동사로 상태표현을 만들어 보세요.

① ドア　開く ➡
　　　　　　　문이 열려 있습니다.

② 窓　閉まる ➡
　　　　　　　창문이 닫혀 있습니다.

③ 電気　つく ➡
　　　　　　　전기가 켜져 있습니다.

④ 電気　消える ➡
　　　　　　　전기가 꺼져 있습니다.

⑤ つくえ　並ぶ ➡
　　　　　　　책상이 나란히 있습니다.

⑥ 車　止まる ➡
　　　　　　　차가 서 있습니다.

2 다음 일본어를 타동사로 상태표현을 만들어 보세요.

① ドア　開ける ➡
　　　　　　　창문이 열려져 있습니다.

② 窓　閉める ➡
　　　　　　　문이 닫혀져 있습니다.

③ 電気　つける ➡
　　　　　　　전기가 켜져 있습니다.

④ 電気　消す ➡
　　　　　　　전기가 꺼져 있습니다.

⑤ つくえ　並べる ➡
　　　　　　　책상이 나란히 놓여 있습니다.

⑥ 車　止める ➡
　　　　　　　차가 세워져, 주차되어 있습니다.

3장

충고 · 조언 표현

우리말에 '~하는 편이 낫다, 좋다 / ~하지 않는 편이 낫다, 좋다'라는 표현이 있다. 좀 더 쉽게 말해 '~하는 게 낫다, 좋다 / ~안 하는 게 낫다, 좋다'란 말인데, 이것을 일본어로 만들어 보자. 그런데 이 표현을 배우려면 먼저 반드시 동사의 た형과 ない형을 알아야만 한다.

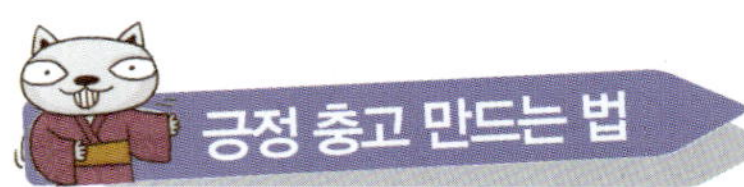

아주 간단하다. 앞서 말한 동사의 た형만 알면 90%는 먹고 들어가는 셈이다. 바꿔 말해 동사의 た형을 모르면 배우기 힘들어진다. 동사의 た형을 만들어주고, 여기에 方がいいです만 붙여주면 끝이다.

ⓥる+方がいいです → ⓥた+方がいいです → ⓥた方がいいです

보다시피 반드시 동사의 た형을 만들 줄 알아야만 한다. 동사의 た형을 만들 줄 모르면 절대로 안 되니 꼭 숙지하기 바란다.

ⓥ하는 편이 낫다, 좋다 / ⓥ하는 게 낫다, 좋다

학생들에게 이 표현을 쓴 문장을 해석시켜보니 과거형으로 해석하더라. 즉 '~했던 편이 낫다'이렇게 말이다. 주의하기 바란다. 동사의 た형을 썼다고 해서, 문장을 과거로 해석해서는 안 된다. 반드시 앞으로의 일로 해석해야 한다.

203_01.mp3

まいにち
毎日 매일
うんどう
運動 운동
じしょ
辞書 사전
しら
調べる 조사하다
びょういん
病院 병원
い
行く 가다
な まえ か
名前を書く
이름을 쓰다
べんきょう
勉強 공부
ひと
ほかの人 다른 사람
たの
頼む 부탁하다
しょくじ
食事 식사

Vる＋方ほうがいいです → Vたほう＋方がいいです → Vたほう方がいいです

毎日運動した方がいいです。　매일 운동하는 편이 좋습니다.

辞書で調べた方がいいです。　사전에서 찾아보는 편이 좋습니다.

はやく病院へ行った方がいいです。　빨리 병원에 가는 편이 좋습니다.

名前を書いておいた方がいいです。　이름을 써 놓는 편이 좋습니다.

もっと勉強した方がいいです。　더욱 공부하는 편이 좋습니다.

ほかの人に頼んだ方がいいです。　다른 사람에게 부탁하는 편이 좋습니다.

食事をちゃんととった方がいいです。　식사를 제대로 하는 편이 좋습니다.

반드시 동사의 た형을 알아야만 한다. 그리고 다시 말하지만 た형이라고 해서 절대로 과거로 해석하지 말기 바란다. 이 표현은 과거가 아니라 앞으로 어떤 행동을 하라고 조언하는 표현이다.

역시 간단하다. 동사의 ない형만 알면 역시 90%는 먹고 들어간다. 동사의 ない형을 만들어주고, 여기에 方(ほう)がいいです만 붙여주면 끝이다.

Ⓥる+方(ほう)がいいです → Ⓥない+方(ほう)がいいです → Ⓥない方(ほう)がいいです

반드시 동사의 ない형을 만들 줄 알아야만 한다. 동사의 ない형을 만들 줄 모르면 절대로 안 되니 꼭 숙지하기 바란다.

Ⓥ하지 않는 편이 낫다, 좋다 / Ⓥ안 하는게 낫다, 좋다

긍정의 충고와는 달리 부정일 때는 과거형을 쓰지 않는다. 즉 긍정일 때는 た형을 써서 '~하는 편이 좋다'를 만들었다. 이러다 보니 부정 충고도 과거를 쓴다고 생각하는 사람이 적지 않다. 하지만 부정 충고는 절대로 과거형인 なかった 를 쓰지 않는다. 부정일 때는 なかった형을 쓰지 않고 그냥 ない형만을 쓴다. 절대로 なかった를 쓰지 말기 바란다.

203_02.mp3

甘いものを食べる
단것을 먹다

お酒を飲む
술을 마시다

テレビを見る
텔레비전을 보다

タバコを吸う
담배를 피우다

変える 바꾸다

健康 건강

車 자동차

乗る 타다

Ⓥる＋方がいいです → Ⓥない＋方がいいです → Ⓥない方がいいです

甘いものは食べない方がいいです。 단것은 먹지 않는 편이 좋습니다.

お酒は飲まない方がいいです。 술은 마시지 않는 편이 좋습니다.

テレビを見ない方がいいです。 텔레비전은 보지 않는 편이 좋습니다.

タバコは吸わない方がいいです。 담배를 피우지 않는 편이 좋습니다.

ルールを変えない方がいいです。 룰을 바꾸지 않는 편이 좋습니다.

けんかはしない方がいいです。 싸움은 하지 않는 편이 좋습니다.

健康のために、車に乗らない方がいいです。
건강을 위해 차를 타지 않는 편이 좋습니다.

반드시 동사의 ない형을 알아야만 하고, 절대로 과거형 なかった를 쓰면 안 된다.

충고 · 조언 표현

1 다음 문장을 일본어로 만들어 보세요.

① 많이 걷는 편이 좋습니다. ➡ ________________________

② 약을 먹는 편이 좋습니다. ➡ ________________________

③ 쉬는 편이 좋습니다. ➡ ________________________

④ 술은 끊는 편이 좋습니다. ➡ ________________________

⑤ 빨리 병원에 가는 편이 좋겠습니다. ➡ ________________________

⑥ 운동하는 편이 좋겠습니다. ➡ ________________________

⑦ 담배는 피우지 않는 편이 좋습니다. ➡ ________________________

⑧ 가지 않는 편이 좋습니다. ➡ ________________________

⑨ 부탁하지 않는 편이 좋습니다. ➡ ________________________

⑩ 먹지 않는 편이 좋습니다. ➡ ________________________

⑪ 술은 마시지 않는 편이 좋습니다. ➡ ________________________

⑫ 텔레비전을 보지 않는 편이 좋습니다. ➡ ________________________

4 장

의지형

동사의 의지형

우리말에 '~하자, 해야지'라는 표현이 있다. 예를 들어 '밥 먹자, 밥 먹어야지, 그만 자자, 자야지, 오늘도 작업해야지' 이처럼 말하는 사람의 의지를 나타내는 것, 이것을 의지형이라고 한다. 동사의 의지형은 동사의 종류에 따라 조금씩 다르니 잘 외워주기 바란다.

불규칙동사는 する, 来る 2가지뿐이다. 불규칙은 규칙이 없으니 그대로 외우자.

する	→	しよう 하자, 해야지
来る	→	来(こ)よう 오자, 와야지

표를 보면 来(こ)よう가 보일 것이다. 공부하다 보면 징크스라는 게 있다. 이 단어도 그 중 하나이다. 불규칙동사 くる의 의지형은 来(こ)よう 오자, 와야지이다. 그런데 수업시간엔 잘 알아듣는 듯 하다가도 막상 시험을 보면 이렇게 써놓는다. くよう, きよう라고 말이다. 절대로 くよう, きよう라고 하지 말기 바란다. 불규칙동사 くる의 의지형은 来(こ)よう라고 해야 한다.

明日 あした 내일
来る く 오다
勉強 べんきょう 공부

明日また来(こ)よう。　　　내일 또 오자(와야지).

勉強しよう。　　　공부하자(해야지).

来る의 의지형이 뭐라고? 그렇지. 来(こ)よう 오자, 와야지이다. 명심 또 명심하자.

1단동사의 어미는 る로 끝나는데, 이 어미 る를 떼고, 즉 1단동사 어간에 よう를 접속하면 완성이다.

1ⓥる + よう → 1ⓥ어간 + よう → 1ⓥよう

み**る** + よう	→ み + よう	→ み**よう**	보자(봐야지)
ね**る** + よう	→ ね + よう	→ ね**よう**	자자(자야지)
おき**る** + よう	→ おき + よう	→ おき**よう**	일어나자(일어나야지)
たべ**る** + よう	→ たべ + よう	→ たべ**よう**	먹자(먹어야지)

お腹がすく 배가 고프다	お腹すいた。何か食べ**よう**。	배고프다. 뭐 좀 먹자(먹어야지).
何か 무엇인가	もう12時だ。はやく寝**よう**。	벌써 12시다. 어서 자자(자야지).
寝る 자다	お金を借り**よう**。	돈을 빌리자(빌려야지).
お金 돈	もう少し考えてみ**よう**。	조금 더 생각해 보자(봐야지).
借りる 빌리다	彼女とは別れ**よう**。	그녀와는 헤어지자(헤어져야지).
少し 조금, 약간	毎朝6時に起き**よう**。	매일 아침 6시에 일어나자(일어나야지).
考える 생각하다	彼女が来るまで、ここにい**よう**。	그녀가 올 때까지 여기에 있자(있어야지).
彼女 그녀		
別れる 헤어지다		
毎朝 매일 아침		
起きる 일어나다		
来る 오다		

5단동사의 어미는 う단으로 끝난다. 5단동사 의지형은 우선 어미 う단을 お단으로 바꾸고 う를 접속하여 완성한다.

5Ⓥう단 + う → 5Ⓥお단 + う → 5Ⓥお단 う

いく + う → いこ + う → いこう　　가자(가야지)
のむ + う → のも + う → のもう　　마시자(마셔야지)
はなす + う → はなそ + う → はなそう　　말하자(말해야지)
かえる + う → かえろ + う → かえろう　　돌아가자(돌아가야지)

焼く 굽다
お風呂に入る 목욕하다
帰る 돌아오다(가다)
仕事 일
終わる 끝나다
飲む 마시다
京都 교토
友達 친구
遊ぶ 놀다
彼女 그녀
来る 오다
待つ 기다리다

삼겹살을 焼こう。　　삼겹살을 굽자(구워야지).
お風呂に入ろう。　　목욕을 하자(해야지).
さあ、そろそろ帰ろう。　　자, 슬슬 돌아가자(돌아가야지).
仕事終わったら。いっぱい飲もう。　　일 끝나면, 한잔 마시자(마셔야지).
また京都行こう。　　또 교토 가자(가야지).
友達と遊ぼう。　　친구와 놀자(놀아야지).
彼女が来るまで、ここで待とう。　　그녀가 올 때까지 여기서 기다리자(기다려야지).

> 의지형 + と思^{おも}う　ⓥ하려고 한다, ⓥ할 생각이다

- **용법** : 앞에서 동사의 의지형을 배워보았다. 물론 이 의지형 자체도 많이 쓰이 지만, 동사 의지형 + と思^{おも}う는 일상회화 속에서 자주 사용된다. 의지형 을 그대로 두고 여기에 と思^{おも}う만 접속해 주면 된다.
- **의미** : 'ⓥ하려고 한다, ⓥ할 생각이다'

한 가지 주의할 점은 해석이다. 위에서 의지형 해석을 보면 'ⓥ하자, ⓥ해야지'로 해석했다. 여기에 と思^{おも}う를 접속하여 직역하면 'ⓥ하자라고 생각한다' 또는 'ⓥ 해야지라고 생각한다'가 될 것이다. 무슨 소린지는 알겠는데 우리말에 이런 표현 을 쓰는 사람은 아마 없을 것이다.

오늘도 작업하자라고 생각한다 ? 작업해야지라고 생각한다?

참으로 어색함을 금할 수 없는 말이다. 이런 말은 우리가 쓰지 않는 표현이다. 이 동사 의지형 + と思^{おも}う는 'ⓥ하려고 한다, ⓥ할 생각이다'로 해석한다. 일본인들이 일상회화 속에서 즐겨 쓰는 표현 중 하나이니 잘 기억해 두기 바란다.

行<ruby>い</ruby>く	가다
思<ruby>おも</ruby>う	생각하다
家<ruby>いえ</ruby>	집
帰<ruby>かえ</ruby>る	돌아오다(가다)
日本<ruby>にほん</ruby>	일본
井上<ruby>いのうえ</ruby>	이노우에
寄<ruby>よ</ruby>る	들르다
将来<ruby>しょうらい</ruby>	장래
医者<ruby>いしゃ</ruby>	의사
来年<ruby>らいねん</ruby>	내년
結婚<ruby>けっこん</ruby>	결혼
ご飯<ruby>はん</ruby>	밥
後<ruby>あと</ruby>で	뒤, 후
勉強<ruby>べんきょう</ruby>	공부
食<ruby>た</ruby>べる	먹다
彼女<ruby>かのじょ</ruby>	그녀
来<ruby>く</ruby>る	오다
待<ruby>ま</ruby>つ	기다리다
別<ruby>わか</ruby>れる	헤어지다

私もいっしょに行こうと思っています。　　　나도 같이 갈 생각입니다.

７時になったら、家へ帰ろうと思っています。　7시가 되면, 집에 가려고 합니다.

日本へ行ったら、井上さんの家に寄ろうと思っています。

일본에 가면 이노우에 씨 집에 들를 생각입니다.

私は将来、医者になろうと思います。　　　나는 장래 의사가 될 생각입니다.

来年、結婚しようと思っています。　　　　내년에 결혼하려고 합니다.

ご飯は勉強した後で、食べようと思っています。

밥은 공부한 다음에 먹으려고 합니다.

彼女が来るまで待とうと思います。　　　그녀가 올 때까지 기다릴 생각입니다.

日本に５年ぐらいいようと思っています。　일본에 5년 정도 있을 생각입니다.

彼女とは別れようと思っています。　　　그녀와는 헤어지려고 합니다.

의지형 + とする　Ⓥ하려고 한다

- 용법 : 방금 위에서 본 동사 의지형 + と思<ruby>おも</ruby>う도 많이 쓰이지만, 그에 못지않게 동사 의지형 + とする도 많이 쓰인다. 우선 동사를 의지형으로 만든 다음 とする 만 접속해 주면 된다. 역시 어렵지 않다.
- 의미 : 'Ⓥ하려고 한다'

이 녀석도 해석에 주의해 주기 바란다. 의지형 해석은 'Ⓥ하자, 해야지'로 했다. 여기에 とする를 접속하여 직역하면 'Ⓥ하자라고 한다' 또는 'Ⓥ해야지라고 한다'가 될 것이다.

이런 문장 어떤가? '오늘도 작업하자라고 한다', '작업해야지라고 한다' 역시 어색함에 무릎을 꿇는다. 역시 우리말에 이런 표현을 쓰는 사람은 아마 없을 것이다. 이 동사 의지형 + とする는 'Ⓥ하려고 한다'로 해석한다. 이 표현 역시 일상회화에서 잘 쓰이는 표현 중 하나이니 잘 기억해 두기 바란다.

駅を出ようとしたら、雨が降ってきました。

역을 나오려고 했더니, 비가 오기 시작했습니다.

今度の夏休みに田舎へ帰ろうとしました。

이번 여름휴가 때 고향에 가려고 했습니다.

お風呂に入ろうとしたが、水が出なくてやめました。

목욕을 하려고 했으나, 물이 안 나와서 관뒀습니다.

明日行こうとしたが、用事ができて行けなくなった。

내일 가려고 했으나, 볼일이 생겨서 갈 수 없게 되었다.

辞書を買おうとしましたが、お金がなくてやめました。

사전을 사려고 했습니다만, 돈이 없어 관뒀습니다.

警察は被害者のカードを使おうとした男を逮捕した。

경찰은 피해자의 카드를 사용하려고 한 남자를 체포했다.

Ⓥるつもりだ / Ⓥないつもりだ

Ⓥ할 생각(예정)이다 / Ⓥ안 할 생각(예정)이다

- 용법 : 동사의 현재긍정형 또는 부정형 뒤에 つもりだ를 접속하면 완성이다.
  이 표현 역시 일상생활 속에서 즐겨 쓰이는 표현 중 하나이니 잘 기억해
  두기 바란다.
- 의미 : Ⓥるつもりだ　　Ⓥ할 생각(예정)이다

  Ⓥないつもりだ　　Ⓥ안 할 생각(예정)이다

明日山へ行くつもりです。　　　　　　　내일 산에 갈 예정입니다.

ダイエットのために、夕ご飯は食べないつもりです。

다이어트를 위해 저녁을 먹지 않을 생각입니다.

来年の春ごろ、結婚するつもりです。　　　내년 봄쯤 결혼할 예정입니다.

今年の夏休みはどこへも行かないつもりです。

올 여름휴가 때는 아무데도 안 갈 생각입니다.

日本 일본
友達 친구
来る 오다
案内 안내
タバコを吸う
담배를 피우다
大学に入る
대학에 들어가다
事務室 사무실
行く 가다

日本から友達が来たら、ソウルを案内してあげる**つもりだ**。

일본에서 친구가 오면 서울을 안내해 줄 생각이다.

タバコはもう吸わない**つもりです**。

담배는 이제 피우지 않을 생각입니다.

日本へ行って大学に入る**つもりです**。

일본에 가서 대학에 들어갈 생각입니다.

A : これから事務室へ行きますか。

A : 이제 사무실에 갈 겁니까?

B : はい、その**つもりです**。

B : 네, 그럴 생각입니다.

유의어로 予定だ가 있으나 이 표현은 つもりだ에 비해 보다 구체적이고 확실하다고 볼 수 있다. 즉, つもりだ는 본인의 희망은 그러한데 확실하게 정해진 건 없고, 꼭 그렇게 되리는 보장도 거의 없다. 하지만 予定だ는 つもりだ에 비해 좀 더 가능성이 높으며 보다 구체적인 실행이 어느 정도 보장되는 표현이다.

今年 올해
結婚 결혼
予定 예정

① 今年結婚する**つもり**です。　　올해 결혼할 생각입니다.

② 今年結婚する**予定**です。　　올해 결혼할 예정입니다.

이 두 문장을 비교해보자. 우선 ①번 문장. 올해로 32살이 된 우리의 장삼난 씨. 결혼하고 싶은 마음은 굴뚝 같은데 사귀는 남자도 없고, 모아놓은 돈도 없다. 요즘 남자들은 돈 못버는 여자들 싫어한다는데, 직장도 그저 그런 너무나도 평범한 노처녀이다. 이제 나이도 꽉 찼고 시집은 가야겠는데, 하! 답답하네. 그래 결심했어. 올해는 무슨 일이 있어도 시집가야지. 암 가고 말고. 이렇게 굳게 결심했다. 이럴 때 쓸 수 있는 게 바로 ①번 문장이다. 이 문장은 어디까지나 본인의 희망이 그렇다는 말이지, 정해진 건 거의 없다고 봐도 좋다.

반면에 ②번 문장.

역시 올새 32살이 된 우리의 박호순 씨. 사랑하는 애인 오바람 씨와 올 가을에 식을 올리기로 약속을 했다. 이미 양가의 허락도 받아놓은 상태이며, 요새는 혼수 보러 다니는 재미로 산다. 가구도 고르고, 가전제품도 고르고, 그리고 신혼집도 예쁘게 꾸며놓고, 이번 주 토요일엔 식장도 예약하러 간다. 이쯤 되면 무슨 천재지변이나 엄청난 사건이 없는 한, 예를 들어 알고 보니 오바람 씨가 여자였다든가, 결혼식장이 폭파되었다든가, 이쯤 되면 결혼식을 예정대로 할 수 없겠지만 뭐 이런 일이 설마 흔하게 있을 리는 만무하지 않겠는가? 이처럼 특별한 예외사정이 없는 한 예정대로 하는 것. 이게 ②번 문장이다.

1 다음 문장을 일본어로 만들어 보세요.

① 빨리 가야지. ➡ ___________________

② 집에 돌아가야지. ➡ ___________________

③ 공부해야지. ➡ ___________________

④ 아침 7시에 일어나야지. ➡ ___________________

⑤ 친구와 놀아야지. ➡ ___________________

⑥ 영화를 봐야지. ➡ ___________________

⑦ 오늘은 일찍 자야지. ➡ ___________________

⑧ 선생님께 이야기 해야지. ➡ ___________________

⑨ 내일은 일찍 와야지. ➡ ___________________

⑩ 고기를 구워야지. ➡ ___________________

⑪ 내년에 결혼할 생각입니다 . ➡ ___________________

⑫ 밥을 먹을 생각입니다. ➡ ___________________

⑬ 나는 의사가 될 생각입니다. ➡ ___________________

⑭ 7시쯤에 돌아갈 생각입니다. ➡ ___________________

⑮ 내년에도 일본에 올 생각입니다. ➡ ___________________

⑯ 친구를 만나려고 했습니다. ➡ ___________________

⑰ 역을 나오려고 했습니다. ➡ ___________________

⑱ 목욕을 하려고 했습니다. ➡ ___________________

⑲ 고향에 돌아가려고 했습니다. ➡ ___________________

⑳ 다나카 씨 집에 들르려고 했습니다. ➡ ___________________

5장

희망형

01 동사의 희망형

205_01.mp3

우리말에 'Ⓥ하고 싶다'라는 표현이 있다. '작업하고 싶다, 한 건 올리고 싶다, 폭탄은 만나고 싶지 않다…' 이것을 일본어에서는 희망형이라고 한다. 동사의 희망형을 만들 때에는 우선 동사의 종류에 관계없이 주어진 동사를 무조건 ます형으로 만들고 여기에 たい 혹은 たがる를 접속하여 만든다.

어? 희망형이 그럼 2개란 말? 맞다 2개인데 용법이 좀 다르다. たい는 나와 너의 희망(1, 2인칭)에만 쓰고, たがる는 나와 네가 아닌 3인칭에 쓰는 희망형이다.

Ⓥ ます형 + たい   Ⓥ하고 싶다

- 의미 : 「Ⓥ하고 싶다」란 의미로 1, 2인칭의 희망, 즉 나와 너의 희망일 때만 쓰며, 제 3자의 희망일 때는 쓰지 않는다.
- 접속 : Ⓥ ます형 + たい
- 활용 : たい를 보면 어미가 い로 끝나있다. 즉 い형용사 활용을 한다. 어렵게 생각하지 말고 여러분이 배운 형용사 활용을 그대로 사용하면 된다.

현재긍정	パンが食べたいです	빵을 먹고 싶습니다
현재부정	パンは食べたくありません / 食べたくないです	빵은 먹고 싶지 않습니다
과거긍정	パンが食べたかったです	빵을 먹고 싶었습니다
과거부정	パンは食べたくありませんでした / 食べたくなかったです	빵은 먹고 싶지 않았습니다

> 주의　목적격 조사 を가 올 경우에는 を를 が로 바꿔 줄 것.

食べる　먹다
水を飲む
물을 마시다
飛行機に乗る
비행기에 타다
京都へ行く
교토에 가다

パンを食べる	→	パンが食べたいです	빵을 먹고 싶습니다
水を飲む	→	水が飲みたいです	물을 마시고 싶습니다
飛行機に乗る	→	飛行機に乗りたいです	비행기에 타고 싶습니다
京都へ行く	→	京都へ行きたいです	교토에 가고 싶습니다

방금 위 주의에서 말했지만, 목적격 조사 を가 올 경우에는 が로 바꿔 주지만 그 외 조사는 바꿔줄 필요가 없다. 그리고 해석할 때 조사가 が가 쓰였다고 해서 우리말 주격 '가, 이'로 해석해서는 안 된다. 해석은 목적격 그대로 '을, 를'로 한다.

예)　A : Bさん、あなたは何が食べたいですか。　　B씨, 당신은 무엇을 먹고 싶습니까?

　　　B : 私はすきやきが食べたいです。　　저는 스키야키를 먹고 싶습니다.

예)　A : Bさん、あなたは何が食べたいですか。　　B씨, 당신은 무엇을 먹고 싶습니까?

　　　B : 私は何も食べたくありません。　　저는 아무것도 먹고 싶지 않습니다.

보다시피 1, 2인칭, 즉 나와 너의 희망일 때는 たい를 쓴다.

疲れる 피곤하다
家へ帰る 집에 돌아오다(가다)
休む 쉬다
行く 가다
遊ぶ 놀다
今日 오늘
誰 누구
会う 만나다
シャワーを浴びる 샤워를 하다
後 후, 뒤
冷たい 차갑다, 시원하다
ビールを飲む 맥주를 마시다
日本 일본
間に 동안, 사이
富士山に登る 후지산에 오르다
一番 제일
人 사람
昨日 어제

私はとても疲れました。はやく家へ帰って休みたいです。
나는 매우 피곤합니다. 빨리 집에 가 쉬고 싶습니다.

トイレへ行きたければ、行ってもいいです。 화장실에 가고 싶으면, 가도 좋습니다.

そんなに遊んだのに、また遊びたいですか。 그렇게 놀았는데, 또 놀고 싶습니까?

今日は誰にも会いたくありません。 오늘은 아무도 만나고 싶지 않습니다.

シャワーを浴びた後は、冷たいビールが飲みたくなる。
샤워를 한 후에는 시원한 맥주가 마시고 싶어진다.

日本にいる間に、富士山に登りたかったです。
일본에 있는 동안에 후지산에 올라보고 싶었습니다.

一番会いたかった人です。 제일 만나고 싶었던 사람입니다.

昨日はどこへも行きたくありませんでした。 어제는 아무데도 가고 싶지 않았습니다.

 Ⓥます형 + たがる　Ⓥ하고 싶어하다

- 의미 :「Ⓥ하고 싶어하다」란 의미로 たい와는 달리 3인칭의 희망, 즉 나와 네가 아닌 제 3자의 희망일 때만 써야 한다.
- 접속 : Ⓥます형 + たがる
- 활용 : たがる를 보면 어미가 る로 끝나있다. 즉 동사 활용을 한다. 어렵게 생각하지 말고 여러분이 배운동사 활용을 그대로 사용하면 된다. 일반적으로는 Ⓥます형たがっている의 형태로 쓰인다.

食べる 먹다

현재긍정	パンを食べたがっています	빵을 먹고 싶어합니다
현재부정	パンは食べたがっていません	빵은 먹고 싶어하지 않습니다
과거긍정	パンを食べたがっていました	빵을 먹고 싶어했습니다
과거부정	パンは食べたがっていませんでした	빵은 먹고 싶어하지 않았습니다

 **주의** 목적격 조사 를/을 가로 바꿀 필요 없다. 그대로 를/을 써주며, 나머지 조사들도 손댈 필요 없다.

パンを食べる →	パンを食べたがっています	빵을 먹고 싶어합니다
水を飲む →	水を飲みたがっています	물을 마시고 싶어합니다
飛行機に乗る →	飛行機に乗りたがっています	비행기에 타고 싶어합니다
京都へ行く →	京都へ行きたがっています	교토에 가고 싶어합니다

위에서도 말했지만 목적격 조사 를/을 굳이 가로 바꿀 필요 없다. 같은 희망형이라도 たい일 때만 목적격 조사 를/을 가로 바꾸지 たがる에서는 바꿔줄 필요 없다. 물론 목적격 조사 를/을 아닌 다른 조사는 말할 것도 없이 절대 손대지 말 것.

예) A : Cさんは何を食べたがっていますか。　　C 씨는 무엇을 먹고 싶어합니까?

　　B : Cさんはすき焼きを食べたがっています。　C 씨는 스키야키를 먹고 싶어합니다.

예) A : Cさんは何を食べたがっていますか。　　C 씨는 무엇을 먹고 싶어합니까?

　　B : Cさんは何も食べたがっていません。　　C 씨는 아무것도 먹고 싶어하지 않습니다.

* 보다시피 3인칭, 즉 나와 네가 아닌 제 3자의 희망일 때는 たがる를 쓴다.

みんな疲れて、休みたがっています。　　　　모두 피곤해서, 쉬고 싶어합니다.

金さんはトイレへ行きたがっています。　　　김 씨는 화장실에 가고 싶어합니다.

子供たちは、プレイステーションをやりたがっています。

아이들은 플레이 스테이션을 하고 싶어합니다.

田村さんは、お酒は飲みたがっていません。

타무라 씨는 술은 마시고 싶어하지 않습니다.

みんな富士山に登りたがっていました。　　　모두 후지산에 올라가고 싶어했습니다.

病気の兄は何も食べたがっていませんでした。

아픈 형은 아무것도 먹고 싶어하지 않았습니다.

식べる 먹다
水を飲む 물을 마시다
飛行機に乗る 비행기에 타다
京都へ行く 교토에 가다

疲れる 피곤하다
休む 쉬다
子供 어린이(아이)
お酒を飲む 술을 마시다
富士山に登る 후지산에 오르다
病気 병
兄 형
何も 아무것도
食べる 먹다

1 다음 문장을 일본어로 만들어 보세요.

① 저는 쉬고 싶습니다.

➡ ____

② 저는 교토에 가고 싶습니다.

➡ ____

③ 당신은 무엇을 마시고 싶습니까?

➡ ____

④ 저는 산에는 오르고 싶지 않습니다.

➡ ____

⑤ 저는 고기는 먹고 싶지 않습니다.

➡ ____

⑥ 저는 쉬고 싶습니다.

➡ ____

⑦ 저는 바다에 가고 싶었습니다.

➡ ____

⑧ 저는 아무도 만나고 싶지 않았습니다.

➡ ____

⑨ 저는 아무데도 가고 싶지 않았습니다.

➡ ____

⑩ 다나카 씨는 쉬고 싶어합니다.

➡ ______________________________

⑪ 그는 고기를 먹고 싶어합니다.

➡ ______________________________

⑫ 형은 맥주를 마시고 싶어했습니다.

➡ ______________________________

⑬ 그녀는 아무도 만나고 싶어하지 않습니다.

➡ ______________________________

⑭ 요시다 씨는 생선을 먹고 싶어하지 않습니다.

➡ ______________________________

⑮ 그녀는 동경에 가고 싶어 했습니다.

➡ ______________________________

⑯ 그는 고향에 돌아가고 싶어 했습니다.

➡ ______________________________

⑰ 그녀는 아무것도 먹고 싶어하지 않았습니다.

➡ ______________________________

⑱ 그는 아무데도 가고 싶어하지 않았습니다.

➡ ______________________________

02 ほしい・ほしがる

우리말에 '갖고 싶다, 원하다'라는 표현이 있다. 이것을 일본어에서는 ほしい와 ほしがる를 써서 나타낸다. 어? 이것도 2개네? 2개인데 역시 용법이 좀 다르다. ほしい는 1, 2인칭이 갖고 싶을 때 쓰는 표현이고, ほしがる는 나와 네가 아닌 3인칭에 쓰는 표현이다.

 **ほしい**　Ⓝ을/를 갖고 싶다, 원한다

- 의미 : 「갖고 싶다, 원하다」란 의미로 나와 너, 즉 1, 2인칭일 때만 쓰며, 3인칭일 때는 쓰지 않는다.
- 접속 : Ⓝが ほしい (절대로 を를 쓰지 않는다)
- 활용 : ほしい는 어미가 い로 끝나있다. 따라서 형용사 활용을 한다.

현재긍정	私は車がほしいです	나는 차를 갖고 싶습니다
현재부정	私は車はほしくありません ほしくないです	나는 차는 갖고 싶지 않습니다
과거긍정	私は車がほしかったです	나는 차를 갖고 싶었습니다
과거부정	私は車はほしくありませんでした ほしくなかったです	나는 차는 갖고 싶지 않았습니다

 **주의**　목적격조사 を는 절대로 쓸 수 없다. 반드시 が를 써야 한다. 하지만, 해석은 '~을/를'로 해야 한다.

예)　**A** : Bさん、**あなた**は何**が**ほしいですか。　　B 씨, 당신은 무엇을 갖고 싶습니까?

　　B : **私**は車**が**ほしいです。　　저는 차를 갖고 싶습니다.

예)　**A** : Bさん、**あなた**は何**が**ほしいですか。　　B 씨, 당신은 무엇을 갖고 싶습니까?

　　B : **私**は何も**ほしくありません**。　　저는 아무것도 갖고 싶지 않습니다.

보다시피 1, 2인칭, 즉 너와 나일 때는 ほしい를 쓴다.

お金（かね） 돈
田中（た なか） 다나카
後で（あと） 나중에(다음에)
言う（い） 말하다
冷たい（つめ）
차갑다, 시원하다
車（くるま） 자동차

私はお金が**ほしい**です。	나는 돈을 원합니다.
田中さんは何が**ほしい**ですか。	다나카 씨는 무엇을 갖고 싶습니까?
私は何も**ほしくありません**。	저는 아무것도 원하지 않습니다.
何か**ほしい**ものでもありますか。	무엇인가 갖고 싶은 거라도 있습니까?
後で**ほしくなったら**、いつでも言ってください。	나중에 갖고 싶어지거든, 언제든지 말하세요.
冷たいビールが**ほしかった**です。	시원한 맥주를 마시고 싶었습니다.
車は**ほしくなかった**です。	자동차는 갖고 싶지 않았습니다.
何も**ほしくありません**でした。	아무것도 원하지 않았습니다.

　**ほしがる**　Ⓝ을/를 갖고 싶어하다, 원하고 있다

- 의미 : 「갖고 싶어하다, 원하고 있다」란 의미로 ほしい와 달리 3인칭일 때만 쓴다.
- 접속 : Ⓝを ほしがる
- 활용 : ほしがる를 보면 어미가 る로 끝나있다. 따라서 동사 활용을 한다. 일반적으로는 ほしがっている의 형태로 쓰인다.

현재긍정	林さんは車をほしがっています	하야시 씨는 차를 갖고 싶어합니다
현재부정	林さんは車はほしがっていません	하야시 씨는 차는 갖고 싶어하지 않습니다
과거긍정	林さんは車をほしがっていました	하야시 씨는 차를 갖고 싶어했습니다
과거부정	林さんは車はほしがっていませんでした	하야시 씨는 차는 갖고 싶어하지 않았습니다

 **주의** 조사 を를 바꿀 필요 없다.

예)　**A**: Cさんは何をほしがっていますか。　　C 씨는 무엇을 갖고 싶어합니까?

　　B: Cさんは車をほしがっています。　　C 씨는 자동차를 갖고 싶어합니다.

예)　**A**: Cさんは何をほしがっていますか。　　C 씨는 무엇을 갖고 싶어합니까?

　　B: Cさんは何もほしがっていません。　　C 씨는 아무것도 갖고 싶어하지 않습니다.

* 3인칭, 즉 제3자일 때는 ほしがる를 쓴다.

まつうら
松浦 마츠우라
あま
甘いもの 단것
ゆ み こ
由美子 유미코
ふく
服 옷
おお
多い 많다
た なか
田中 다나카
かれ
彼 그
て　　い
手に入れる
입수하다, 손에 넣다

松浦さんは甘いものをほしがっています。

마츠우라 씨는 단것을 먹고 싶어합니다(원합니다).

由美子さんはきれいな服をほしがっています。

유미코 씨는 예쁜 옷을 갖고 싶어합니다.

ノートブックをほしがっている人は多いです。

노트북을 갖고 싶어하는 사람은 많습니다.

田中さんはテレビはほしがっていません。

다나카 씨는 텔레비전은 갖고 싶어하지 않습니다.

彼はほしがっていたステレオを手に入れました。

그는 갖고 싶어했던 스테레오를 손에 넣었습니다.

中村さんはパソコンはほしがっていませんでした。

나카무라 씨는 컴퓨터는 갖고 싶어하지 않았습니다.

1 다음 문장을 일본어로 만들어 보세요.

① 저는 차를 원합니다.

➡ _______________________________

② 저는 돈을 원합니다.

➡ _______________________________

③ 당신은 무엇을 원합니까?

➡ _______________________________

④ 저는 아무것도 원하지 않습니다.

➡ _______________________________

⑤ 저는 돈은 원하지 않습니다.

➡ _______________________________

⑥ 저는 옷을 갖고 싶었습니다.

➡ _______________________________

⑦ 저는 차를 원했습니다.

➡ _______________________________

⑧ 저는 아무것도 원하지 않았습니다.

➡ _______________________________

⑨ 저는 돈은 갖고 싶지 않았습니다.

➡ _______________________________

⑩ 다나카 씨는 차를 원하고 있습니다.

➡ ______________________________

⑪ 그녀는 과자를 원하고 있습니다.

➡ ______________________________

⑫ 형은 컴퓨터를 갖고 싶어합니다.

➡ ______________________________

⑬ 그는 아무것도 원하고 있지 않습니다.

➡ ______________________________

⑭ 요시다 씨는 돈을 원하고 있지 않습니다.

➡ ______________________________

⑮ 그는 차를 갖고 싶어 했습니다.

➡ ______________________________

⑯ 그녀는 옷을 갖고 싶어 했습니다.

➡ ______________________________

⑰ 형은 아무것도 갖고 싶어하지 않았습니다.

➡ ______________________________

⑱ 노무라 씨는 돈을 원하고 있지 않았습니다.

➡ ______________________________

6장

전문 · 양태용법

01 보통체

そうだ에는 2가지 용법이 있다.

- 전문 (伝聞) : '~라고 한다' 들은 사실을 객관적으로 전달 할 때
- 양태 (様態) : '~할 것 같다, ~일 것 같다' 오감으로 얻은 지식으로 어떤 판단을 내릴 때

そうだ에 2가지 용법이 있다고 긴장할 필요 없다. 지금부터 말하는 구별하는 방법만 잘 숙지하면 된다. 그런데, 여기서 태클이 들어온다. そうだ의 전문용법을 배우기 위해서 먼저 반드시 알아두어야 할 것이 있다. 보통체란 녀석이다. 이 보통체는 지금부터 배우려고 하는 そうだ의 전문용법에서도 물론 필요하지만, 앞으로 여러분이 배워야 할 많은 문법들이 있는데, 그 상당수가 바로 이 보통체에 접속을 한다. 꼭 필요한 아주 중요한 사항이니 잘 읽어두기 바란다.

━● 보통체란 무엇인가? ●━

보통체는 흔히 종지형 혹은 Plain form이라고 부르는 경우도 있는데 이 책에서는 보통체라고 통일하여 부르겠다. 뭐라고 부르건 간에 그 이름이 중요한 것은 아니다. 중요한 건 알맹이다. 보통체에 대해 어렵게 생각할 필요 없다. 간단히 말해 야자, 즉 반말을 만든다고 생각하기 바란다. 그리고 반말을 만들되 반드시 문장이 끝나는 형태로 만들어야 한다. 즉 우리말로 치자면 '~(이)다, ~(하)다'로 끝나야 한다. 반말? 일본어에도 반말이 있나? 당연하다. 일본어에도 반말은 엄연히 존재한다. 여러분은 지금까지 초급문법을 배우면서 품사에 따라 **です・ます**를 붙여 '~입니다・합니다' 라는 표현을 만들어 왔는데, 이 **です・ます**만 떼어내면 반말이 되고, 곧 보통체가 되는 것이다.

다음은 품사별 보통체 만드는 법이다. 잘 외워놓으시기 바란다. 여러분의 뼈가 되고 살이 되어 나중에 크게 도움을 줄 것이다. 다시 한 번 강조해 두겠다. 이 보통체는 지금부터 공부하는 そうだ 의 전문 용법에서도 물론 필요하지만, 앞으로 여러분이 배워야 할 많은 문법에서도 이 보통체가 크게 활약하게 될 것이다. 정말 꼭 필요한 아주 중요한 사항이니 잘 읽고 외워두기 바란다.

위에서 です・ます만 떼어주면 보통체를 만들 수 있다고 했는데, 그렇다면 명사도 です만 떼내면 보통체를 만들 수 있어야 한다. 하지만 명사 보통체는 좀 조심해야 한다. 아래 문장을 보자.

学生です　　　　**日本人です**　　　　**つくえです**

만약 여기서 です를 떼어내면 어떻게 될까?

学生　　　　**日本人**　　　　**つくえ**

이렇게 남게 될 것이다. 그야말로 순수한 명사만 남아있게 된다. 이럴 경우는 보통체로 보지 않는다. 결론을 말해, 명사는 어떤 경우라도 명사 혼자서는 보통체가 될 수 없다. 반드시 외부인사 だ가 와줘야 한다.

学生　　　　**日本人**　　　　**つくえ**

이렇게 되면 보통체가 아니다. 인정할 수 없다.

学生だ　　　　**日本人だ**　　　　**つくえだ**
학생이다　　　　일본인이다　　　　책상이다

이렇게 외부인사 だ가 반드시 와야 한다. 이렇게 되야 보통체로 인정할 수 있다.

현재긍정	Ⓝだ	Ⓝ이다
현재부정	Ⓝでは(じゃ)ない	Ⓝ가(이) 아니다
과거긍정	Ⓝだった	Ⓝ였다
과거부정	Ⓝでは(じゃ)なかった	Ⓝ가(이) 아니었다

이렇게 된다. 실제 명사를 써서 다시 정리해 보자.

현재긍정	学生だ	학생이다
현재부정	学生では(じゃ)ない	학생이 아니다
과거긍정	学生だった	학생이었다
과거부정	学生では(じゃ)なかった	학생이 아니었다

이렇게 되야만 명사의 보통체가 되는 것이다. 다시 한 번 말하겠다. 명사는 혼자서는 보통체가 될 수 없다. 반드시 외부인사 *だ*가 와줘야 한다.

な 형용사 역시 です를 떼어주면 간단히 보통체가 된다. 위에서 명사 보통체를 만들 때 혼자서는 보통체가 될 수 없고 외부인사 *だ*가 필요하다고 했다. 그런데 な 형용사에도 *だ*가 보인다. 하지만 명사의 *だ*와는 다르다. 명사는 처음부터 *だ*없이 태어났다. 하지만 な 형용사는 다르다.

な 형용사는 태어날 때부터 어미라는 형태로 *だ*를 가지고 태어났다. 즉 똑같이 です를 떼어내어도 な 형용사는 태어날 때부터 가지고 있던 어미 *だ*가 남아 그대로 보통체를 만들 수 있다. 그 반면에 명사는 です를 떼어나면 아무것도 남지 않는다.

그래서 할 수 없이 외부에서 だ를 불러와 보통체를 만들어 주는 것이다. 명사의
だ와 な형용사의 だ는 성격이 다르다.

현재긍정	な④だ	な④하다
현재부정	な④では(じゃ)ない	な④하지 않다
과거긍정	な④だった	な④하였다
과거부정	な④では(じゃ)なかった	な④하지 않았다

이렇게 된다. 실제 な형용사를 써서 다시 정리해 보자.

현재긍정	きれいだ	예쁘다
현재부정	きれいでは(じゃ)ない	예쁘지 않다
과거긍정	きれいだった	예뻤다
과거부정	きれいでは(じゃ)なかった	예쁘지 않았다

현재긍정	しずかだ	조용하다
현재부정	しずかでは(じゃ)ない	조용하지 않다
과거긍정	しずかだった	조용했다
과거부정	しずかでは(じゃ)なかった	조용하지 않았다

역시 です만 떼어주면 반말이 되며 간단히 보통체를 만들 수 있다. い형용사는 명사나 な형용사 보통체를 만들 때보다 더 쉬울 것이다. 명사와 な형용사에서는 だ 때문에 조금 생각해 볼 문제가 있었는데, い형용사는 전혀 그럴 필요 없이 그저 です만 떼주고 붙여주기만 하면 된다.

현재긍정	い(A)い	い(A)하다
현재부정	い(A)くない	い(A)하지 않다
과거긍정	い(A)かった	い(A)하였다
과거부정	い(A)くなかった	い(A)하지 않았다

이렇게 된다. 실제 い형용사를 써서 다시 정리해 보자.

현재긍정	おいしい	맛있다
현재부정	おいしくない	맛있지 않다
과거긍정	おいしかった	맛있었다
과거부정	おいしくなかった	맛있지 않았다

현재긍정	あつい	덥다
현재부정	あつくない	덥지 않다
과거긍정	あつかった	더웠다
과거부정	あつくなかった	덥지 않았다

현재긍정	いい	좋다
현재부정	よくない	좋지 않다
과거긍정	よかった	좋았다
과거부정	よくなかった	좋지 않았다

동사는 ます를 떼어내고 반말로 만들면 보통체가 된다. 즉 우리말로 '합니다'의 반말은 무엇인가? 당연히 '하다'가 되지 않겠는가? 이런 요령으로 일본어도 만들어 주면 된다.

	ます가 붙은 정중표현	ます를 뗀 반말표현
현재긍정	Ⓥます Ⓥ합니다 · Ⓥ하겠습니다	Ⓥる Ⓥ하다 · Ⓥ하겠다
현재부정	Ⓥません Ⓥ하지 않겠습니다	Ⓥない Ⓥ하지 않겠다
과거긍정	Ⓥました Ⓥ했습니다	Ⓥた Ⓥ했다
과거부정	Ⓥませんでした Ⓥ하지 않았습니다	Ⓥなかった Ⓥ하지 않았다

우선 제일 쉬운 する로 연습해보자.

	ます가 붙은 정중표현	ます를 뗀 반말표현
현재긍정	します 합니다	する 하다
현재부정	しません 하지 않겠습니다	しない 하지 않겠다
과거긍정	しました 했습니다	した 했다
과거부정	しませんでした 하지 않았습니다	しなかった 하지 않았다

동사의 보통체를 정리해보면 아래와 같다.

현재긍정	Ⓥる	Ⓥ하다
현재부정	Ⓥない	Ⓥ하지 않다
과거긍정	Ⓥた	Ⓥ했다
과거부정	Ⓥなかった	Ⓥ하지 않았다

동사의 시제와 활용을 공부할 때 て형, た형, ない형이 무지무지 중요하다고 여러 차례 강조했었다. 이 중 た형, ない형을 모르면 동사의 보통체를 만들 수 없다. 이해하시겠나? 왜 그렇게도 て형, た형, ない형을 목이 터져라 강조했는지….
그럼 다른 동사들로 다시 정리해 보자.

현재긍정	いく	가다
현재부정	いかない	가지 않다
과거긍정	いった	갔다
과거부정	いかなかった	가지 않았다

현재긍정	のむ	마시다
현재부정	のまない	마시지 않다
과거긍정	のんだ	마셨다
과거부정	のまなかった	마시지 않았다

현재긍정	みる	보다
현재부정	みない	보지 않다
과거긍정	みた	보았다
과거부정	みなかった	보지 않았다

현재긍정	する	하다
현재부정	しない	하지 않다
과거긍정	した	했다
과거부정	しなかった	하지 않았다

현재긍정	くる	오다
현재부정	こない	오지 않다
과거긍정	きた	왔다
과거부정	こなかった	오지 않았다

이처럼 ます・ません・ました・ませんでした를 빼주고 반말을 만들어야 동사의 보통체를 만들 수 있다.

지금까지 각 품사의 보통체 만드는 법을 살펴보았다. 이 보통체를 반드시 알아야만 そうだ의 전문용법을 공부할 수 있으니, 잘 숙지해 두시기 바란다.

전문(伝聞)의 한자를 가만히 보자. 뭐라고 쓰여있나?

말 그대로 들은 사실을 전한다는 뜻이다. 즉 내가 처음부터 알고 있던 정보가 아니라 남에게 들은 이야기, 책이나 신문 라디오, 옆집 아주머니, 텔레비전, 인터넷 등등에서 보고 들은 정보를 남에게 그대로 전할 때 사용하는 문법이다. 예를 들어 인터넷을 보다가 영화배우 박말자 씨가 재벌 2세와 결혼한다는 소식을 보았다. 친구들과 만나서 이 소식을 전한다고 가정해보자.

'야 너희들 들었어? 박말자가 재벌 2세랑 결혼한대!'
아마 대개는 이런 식으로 말할 것이다. 바로 이 부분, '결혼한대!' 이 사람은 지금 외부에서 얻은 정보를 그대로 전하고 있다. 다음 문장을 보자.

'박말자가 이혼했대'
'박말자가 보톡스 맞았대'
당연한 말이지만 여기에 개인의 감정이나 사적인 추측 등은 들어가지 않는다. 그냥 보고 들은 사실만을 객관적으로 전하고 있다. 이처럼 외부에서 얻은 정보나 소식 등을 있는 그대로 전달하는 것, 이것이 전문표현이다

そうだ의 전문용법정리

- 의미 : '~라고 한다, ~랍니다'(화자의 주관적인 감정은 배제되고, 들은 사실만
을 객관적으로 전할 때)
- 접속 : 모든 품사의 보통체(종지형, Plain form이라고도 한다)에 접속한다.
- 활용 : な형용사 활용

そうだ의 전문표현은 반드시 보통체에 접속해야 한다. 특히 명사의 현재긍정형
은 반드시 だ가 와줘야 한다. 이 점을 주의하면서 다음을 보자.

현재긍정	Ⓝだそうだ	Ⓝ라고 한다
현재부정	Ⓝでは(じゃ)ないそうだ	Ⓝ가(이) 아니라고 한다
과거긍정	Ⓝだったそうだ	Ⓝ였다고 한다
과거부정	Ⓝでは(じゃ)なかったそうだ	Ⓝ가(이) 아니었다고 한다

이렇게 된다. 실제 명사를 써서 다시 정리해 보자.

현재긍정	学生だそうだ	학생이라고 한다
현재부정	学生では(じゃ)ないそうだ	학생이 아니라고 한다
과거긍정	学生だったそうだ	학생이었다고 한다
과거부정	学生では(じゃ)なかったそうだ	학생이 아니었다고 한다

学生(がくせい) 학생

学生だそうです에서 だ를 주목하자. 반드시 だ가 와줘야 한다고 했다. 그럼 만
약 이 だ가 없으면 어떻게 해석해야 할까? 간단하다. 문법에 맞지 않는 문장이므
로 해석이 안 된다.

각종 일본어시험에 잘 나오는데 나올 문제는 뻔하다. 아래 문제를 보자.

田中さんの息子さんは大学生 ________ です。　다나카 씨의 아들은 대학생이라고 합니다.

　　① そう　　　　　　② だそう　　　　　　③ なそう　　　　　④ のそう

답은 물론 ② だそう 이다. 학생들이 가장 많이 택하는 오답은 ① そう 이다. 다시 한 번 말하지만 명사의 현재긍정형은 혼자 보통체가 될 수 없다. 즉 大学生そう です는 문법적으로 잘못된 문장이며 大学生だ そう です가 정확한 문장이다.

彼女はタレントだそうです。　　　그녀는 탤런트라고 합니다.

彼は会社員だそうです。　　　그는 회사원이랍니다.

あの人はフランス人だそうだ。　　저 사람은 프랑스사람이라고 한다.

彼は日本人ではないそうです。　　그는 일본사람이 아니라고 합니다.

金さんは高校生じゃないそうだ。　김 씨는 고등학생이 아니란다.

鈴木さんは、歌手だったそうです。　스즈키 씨는 가수였다고 합니다.

彼女の誕生日はおとといだったそうだ。　그녀의 생일은 그저께였다고 한다.

朴さんが日本へ行くのは先月ではなかったそうです。

박 씨가 일본에 가는 것은 지난달이 아니었답니다.

忘年会は昨日じゃなかったそうです。　　송년회는 어제가 아니었다고 합니다.

역시 마찬가지다. そうだ의 전문표현은 반드시 보통체에 접속한다.

현재긍정	なⒶだそうだ	なⒶ하다고 한다
현재부정	なⒶでは(じゃ)ないそうだ	なⒶ하지 않다고 한다
과거긍정	なⒶだったそうだ	なⒶ하였다고 한다
과거부정	なⒶでは(じゃ)なかったそうだ	なⒶ하지 않았다고 한다

이렇게 된다. 실제 な 형용사를 써서 다시 정리해 보자.

息子 아들
大学生 대학생

彼女 그녀
彼 그
会社員 회사원
フランス人 프랑스인
日本人 일본인
高校生 고등학생
鈴木 스즈키
歌手 가수
誕生日 생일
日本へ行く 일본에 가다
先月 지난달
忘年会 송년회
昨日 어제

현재긍정	きれいだそうだ	예쁘다고 한다
현재부정	きれいでは(じゃ)ないそうだ	예쁘지 않다고 한다
과거긍정	きれいだったそうだ	예뻤다고 한다
과거부정	きれいでは(じゃ)なかったそうだ	예쁘지 않았다고 한다

현재긍정	しずかだそうだ	조용하다고 한다
현재부정	しずかでは(じゃ)ないそうだ	조용하지 않다고 한다
과거긍정	しずかだったそうだ	조용했다고 한다
과거부정	しずかでは(じゃ)なかったそうだ	조용하지 않았다고 한다

* 전문용법이므로 당연히 な형용사도 보통체가 와야 한다.

田中 다나카
彼女 그녀(여자친구)
彼 그
この辺 이 근방(근처)
日本語 일본어
上手だ 잘하다, 능숙하다
昔 옛날
町 동네
今 지금
下手だ 서투르다
前 전
肉 고기
英語 영어

田中さんの彼女はとてもきれいだそうです。
다나카 씨의 여자친구는 아주 예쁘답니다.

彼はとてもまじめだそうだ。　　그는 매우 성실하다고 한다.

この辺はとてもしずかだそうです。　　이 근방은 아주 조용하다고 합니다.

彼はあまりまじめではないそうです。　　그는 그다지 성실하지 않답니다.

金さんは日本語が上手じゃないそうだ。　　김 씨는 일본어를 잘하지 못한댄다.

昔、この町はとてもにぎやかだったそうです。
옛날, 이 마을은 아주 번화했답니다.

今は上手だが、前は日本語が下手だったそうです。
지금은 잘하지만, 전에는 일본어를 못했답니다.

前は肉が好きではなかったそうです。　　전에는 고기를 좋아하지 않았답니다.

英語が上手じゃなかったそうです。　　영어를 잘하지 못했다고 합니다.

역시 마찬가지다. そうだ의 전문표현은 반드시 보통체에 접속한다.

현재긍정	い Ⓐ いそうだ	い Ⓐ하다고 한다
현재부정	い Ⓐ くないそうだ	い Ⓐ하지 않다고 한다
과거긍정	い Ⓐ かったそうだ	い Ⓐ하였다고 한다
과거부정	い Ⓐ くなかったそうだ	い Ⓐ하지 않았다고 한다

이렇게 된다. 실제 い형용사를 써서 다시 정리해 보자.

현재긍정	おいしいそうだ	맛있다고 한다
현재부정	おいしくないそうだ	맛있지 않다고 한다
과거긍정	おいしかったそうだ	맛있었다고 한다
과거부정	おいしくなかったそうだ	맛있지 않다고 한다

현재긍정	あついそうだ	덥다고 한다
현재부정	あつくないそうだ	덥지 않다고 한다
과거긍정	あつかったそうだ	더웠다고 한다
과거부정	あつくなかったそうだ	덥지 않았다고 한다

현재긍정	いいそうだ	좋다고 한다
현재부정	よくないそうだ	좋지 않다고 한다
과거긍정	よかったそうだ	좋았다고 한다
과거부정	よくなかったそうだ	좋지 않았다고 한다

* 전문용법이므로 당연히 い형용사도 보통체가 와줘야 한다.

みせ
店 가게
ほんとう
本当 정말
てん き よ ほう
天気予報 일기예보
あした
明日 내일
あつ
暑い 덥다
たか
高い 비싸다
さむ
寒い 춥다
きのう
昨日 어제
た
食べる 먹다
や
すき焼き 스키야키
ゆう
夕べ 어젯밤
たの
楽しい 즐겁다
ともだち
友達 친구
けっ か
結果 결과
さん か しゃ
参加者 참가자
おお
多い 많다

この店のケーキはとてもおいしいそうです。　이 가게 케이크는 아주 맛있답니다.

あのレストランのカレーは本当にまずいそうだ。

저 레스토랑의 카레는 정말 맛없다고 한다.

天気予報によると明日は暑いそうです。　일기예보에 의하면 내일은 덥다고 합니다.

このカメラはあまり高くないそうです。　이 카메라는 그다지 비싸지 않답니다.

明日はあまり寒くないそうだ。　내일은 그다지 춥지 않단다.

昨日食べたすき焼きはおいしかったそうです。

어제 먹은 스키야키는 맛있었다고 합니다.

夕べのパーティーはとても楽しかったそうです。

어젯밤 파티는 정말로 재미있었답니다.

友達のテストの結果はあまりよくなかったそうだ。

친구의 시험 결과는 별로 좋지 못하다고 한다.

クラス会の参加者はそんなに多くなかったそうです。

동창회 참가자는 그다지 많지 않았답니다.

역시 마찬가지다. そうだ의 전문표현은 반드시 보통체에 접속한다.

현재긍정	Ⓥるそうだ	Ⓥ한다고 한다
현재부정	Ⓥないそうだ	Ⓥ하지 않는다고 한다
과거긍정	Ⓥたそうだ	Ⓥ했다고 한다
과거부정	Ⓥなかったそうだ	Ⓥ하지 않았다고 한다

그럼 실제 동사들로 다시 정리해 보자.

현재긍정	いくそうだ	간다고 한다
현재부정	いかないそうだ	가지 않는다고 한다
과거긍정	いったそうだ	갔다고 한다
과거부정	いかなかったそうだ	가지 않았다고 한다

현재긍정	みるそうだ	본다고 한다
현재부정	みないそうだ	보지 않는다고 한다
과거긍정	みたそうだ	보았다고 한다
과거부정	みなかったそうだ	보지 않았다고 한다

현재긍정	するそうだ	한다고 한다
현재부정	しないそうだ	하지 않는다고 한다
과거긍정	したそうだ	했다고 한다
과거부정	しなかったそうだ	하지 않았다고 한다

현재긍정	くるそうだ	온다고 한다
현재부정	こないそうだ	오지 않는다고 한다
과거긍정	きたそうだ	왔다고 한다
과거부정	こなかったそうだ	오지 않았다고 한다

* 전문용법이므로 당연히 동사도 보통체가 와야 한다.

彼女は明日日本へ行くそうだ。

그녀는 내일 일본에 간답니다.

来月から仕事を始めるそうです。

다음 달부터 일을 시작한다고 한다.

天気予報によると明日は雪が降るそうです。

일기예보에 의하면 내일은 눈이 온답니다.

彼は今年のお正月には田舎へ帰らないそうです。

그는 올 설날에는 고향에 돌아가지 않는답니다.

彼女は10キロやせるまで、夕ご飯は食べないそうです。

그녀는 10킬로그램 뺄 때까지, 저녁을 안 먹겠답니다.

友達によると、テストはもう終わったそうだ。

친구에 의하면, 시험은 이미 끝났다고 한다.

彼女 그녀

日本に行く 일본에 가다

明日 내일

来月 다음 달

仕事 일

始める 시작하다

天気予報 일기예보

雪が降る 눈이 내리다

今年 올해

お正月 설

田舎 시골

帰る 돌아오다(가다)

夕ご飯 저녁식사

食べる 먹다

友達 친구

終わる 끝나다

夫婦 부부
先月 지난달
離婚 이혼
結局 결국
昨日 어제
会 모임
誰も 아무도
来る 오다
彼 그
出す 내다, 제출하다

あの夫婦は、もう先月離婚したそうです。

저 부부는, 이미 지난달에 이혼했답니다.

結局昨日の会には誰も来なかったそうです。

결국 어제 모임에는 아무도 안 왔다고 합니다.

彼はレポートを出さなかったそうです。

그는 리포트를 내지 않았답니다.

보통체를 모르면 そうだ의 전문용법은 전혀 손댈 수가 없다. そうだ의 전문용법도 물론 중요하지만, 그에 못지 않게, 아니 그 이상으로 보통체도 너무너무 중요한 사항이니 잘 외워 두시기 바란다. 반드시 보통체를 숙지하고 완전히 외우고 있어야 한다.

● 제2부 뛰어넘기 편

1 다음 문장을 일본어로 만들어 보세요.

① 그는 학생이라고 합니다. ➡ __________________________

② 그는 학생이 아니라고 합니다. ➡ __________________________

③ 그는 학생이었다고 합니다. ➡ __________________________

④ 그는 학생이 아니었다고 합니다. ➡ __________________________

⑤ 조용하다고 합니다. ➡ __________________________

⑥ 조용하지 않다고 합니다. ➡ __________________________

⑦ 조용했다고 합니다. ➡ __________________________

⑧ 조용하지 않았다고 합니다. ➡ __________________________

⑨ 좋다고 합니다. ➡ __________________________

⑩ 좋지 않다고 합니다. ➡ __________________________

⑪ 좋았다고 합니다. ➡ __________________________

⑫ 좋지 않았다고 합니다. ➡ __________________________

⑬ 간다고 합니다. ➡ __________________________

⑭ 안 간다고 합니다 ➡ __________________________

⑮ 갔다고 합니다. ➡ __________________________

⑯ 안 갔다고 합니다. ➡ __________________________

そうだ의 양태용법정리

- 의미 : '~할 것 같다, ~일 것 같다, ~인 것 같다, ~인 듯 싶다' 해석만 보고 이 そうだ의 양태용법을 ようだ, らしい와 같은 추측표현으로 생각하는 학생들이 적지 않다. 하지만 そうだ의 양태용법은 ようだ, らしい에 비해 차원이 떨어지는, 단순히 사람의 느낌 및 직감만을 표현하는 용법이다. ようだ, らしい는 추측표현이지만, そうだ의 양태용법은 추측표현이 아니라, 보거나 듣거나 냄새를 맡거나 만져보거나 맛보거나 해서 즉각 느끼는 순간적인 기분을 뜻한다. 예를 들면 잔뜩 찌푸린 하늘을 보면서 '비가 올 것 같은데……' 하고 혼자 중얼거린 적이 있을 것이다. 즉 주어진 정보나 근거를 바탕으로 내 머리 속에서 이런 저런 계산(이것이 **바로 ようだ、らしい의 추측표현**)을 해보는 게 아니라, 순간적인, 그야말로 즉흥적으로 느껴진 기분, 직감, 느낌을 표현하는 것이다.

- 접속 :

<table>
<tr><td>な형용사</td><td>→</td><td>なⒶ어간 + そうだ (きれいそうだ、しずかそうだ)</td></tr>
<tr><td>い형용사</td><td>→</td><td>いⒶ어간 + そうだ (おいしそうだ、あつそうだ)</td></tr>
<tr><td>동사</td><td>→</td><td>Ⓥます형 + そうだ (雨が降りそうだ、落ちそうだ)</td></tr>
</table>

* 명사는 해당사항 없다.

- 활용 : な형용사 활용

자, 그럼 이제부터는 본격적으로 각 품사별 양태용법을 알아보도록 하자.

 206_03.mp3

い형용사

い형용사 어간에 そうだ만 접속하면 완성된다. 즉 어미 い를 떼어내고 そうだ를
접속한다.

■ 긍정형

• 의미 : 「いⒶ할 것 같다, いⒶ한 것 같다」

• 접속 : いⒶ어간 ＋ そうだ

 いⒶい ＋ そうだ → いⒶ어간 ＋ そうだ → いⒶ어간そうだ

あつい 덥다
おもい 무겁다
たかい 비싸다, 높다
おいしい 맛있다

あつい ＋ そうだ → あつ ＋ そうだ → あつそうだ	더운 것 같다
おもい ＋ そうだ → おも ＋ そうだ → おもそうだ	무거울 것 같다
たかい ＋ そうだ → たか ＋ そうだ → たかそうだ	비싼 것 같다
おいしい ＋ そうだ → おいし ＋ そうだ → おいしそうだ	맛있을 것 같다

い형용사의 양태용법은 어미 い를 빼고 남는 어간에 そうだ를 접속하고 있다.

今年_{ことし} 올해
夏_{なつ} 여름
荷物_{にもつ} 짐
彼女_{かのじょ} 그녀
食べる_た 먹다

今年の夏はあつそうです。	올 여름은 더울 것 같습니다.
この荷物はおもそうです。	이 짐은 무거울 것 같습니다.
このカメラはたかそうです。	이 카메라는 비쌀 것 같습니다.
そのキムチはおいしそうです。	그 김치는 맛있을 것 같습니다.
彼女はとてもやさしそうです。	그녀는 매우 착해 보입니다.
おいしそうに食べています。	맛있는 듯이 먹고 있습니다.
とてもたかそうなパソコン。	매우 비싸 보이는 컴퓨터.

天気_{てんき} 날씨
何も_{なに} 아무것도
本屋_{ほんや} 서점

い형용사의 양태용법 주의 단어

い형용사의 양태용법에서 주의할 단어는 딱 2가지
    ない (없다, 아니다)　　　　　　いい (좋다)
위에서 배운 대로 어미 い를 떼고 어간에 そうだ의 양태용법을 접속한다면 이렇게 될 것이다.
    ない → なそうだ (×)　　　いい → いそうだ (×)

하지만 이 두 단어는 예외로 반드시 다음과 같이 되어야 한다.
    ない + そうだ → なさ + そうだ → なさそうだ　　없는 것 같다, 아닌 것 같다.
    いい + そうだ → よさ + そうだ → よさそうだ　　좋은 것 같다.

이 두 녀석은 각별히 주의하기 바란다.

このテレビはよさそうです。	이 텔레비전은 좋을 것 같습니다.
天気がよさそうです。	날씨가 좋은 것 같습니다.
ここには何もなさそうです。	여기에는 아무것도 없는 것 같습니다.
ここは本屋ではなさそうです。	이곳은 서점이 아닌 것 같습니다.

- 의미 : 「い Ⓐ하지 않을 것 같다, い Ⓐ할 것 같지않다, い Ⓐ한 것 같지않다」
- 접속 : い Ⓐくなさそうだ

い형용사의 양태용법 부정형은 우선 い형용사를 부정형으로 바꿔야 한다. 그리고 이 い형용사 부정문에 そうだ를 접속하는 데, 이때 ない는 なさ로 변신하게 된다.

い Ⓐい → い Ⓐくない + そうだ → い Ⓐくなさそうだ

あつい	→	あつくない + そうだ	
	→	あつくなさそうだ	덥지 않은 것 같다
おもい	→	おもくない + そうだ	
	→	おもくなさそうだ	무겁지 않을 것 같다
たかい	→	たかくない + そうだ	
	→	たかくなさそうだ	비싸지 않은 것 같다
おいしい	→	おいしくない + そうだ	
	→	おいしくなさそうだ	맛있지 않을 것 같다

い형용사를 부정형으로 바꾸고 そうだ를 접속하되, 반드시 ない는 なさ로 바꿔 Ⓐくなさそうだ가 완성된다. 헷갈리는 분들은 무조건 い형용사 어미 い를 빼고 남는 어간에 くなさそうだ를 접속한다고 외우자.

今年 올해
夏 여름
荷物 짐
彼女 그녀
体 몸
調子 상태

今年の夏はあつくなさそうです。　　올 여름은 더울 것 같지 않습니다.

この荷物はおもくなさそうです。　　이 짐은 무겁지 않을 것 같습니다.

このカメラはたかくなさそうです。　　이 카메라는 비쌀 것 같지 않습니다.

そのキムチはおいしくなさそうです。　　그 김치는 맛있는 것 같지 않습니다.

彼女はあまりやさしくなさそうです。　　그녀는 별로 착해 보이지 않습니다.

この本はそんなにおもしろくなさそうです。

이 책은 그다지 재미있는 것 같지 않습니다.

あまり体の調子がよくなさそうです。　　그다지 몸 상태가 좋아 보이지 않습니다.

긍정형 : い④어간 + そうだ　　い④할 것 같다, い④한 것 같다

부정형 : い④어간 く + な**さ**そうだ　い④하지 않을 것 같다, い④한 것 같지 않다

마지막으로 긍정형과 부정형을 다시 비교해 보자.

今年 올해
夏 여름
荷物 짐

긍정형 今年の夏は**あつ**そうです。　　올 여름은 더울 것 같습니다.

부정형 今年の夏は**あつ**くなさそうです。　올 여름은 더울 것 같지 않습니다.

긍정형 この荷物は**おも**そうです。　　이 짐은 무거울 것 같습니다.

부정형 この荷物は**おも**くなさそうです。　이 짐은 무겁지 않을 것 같습니다.

긍정형 このカメラは**たか**そうです。　　이 카메라는 비싸 보입니다.

부정형 このカメラは**たか**くなさそうです。　이 카메라는 비싸 보이지 않습니다.

긍정형 そのキムチは**おいし**そうです。　　그 김치는 맛있을 것 같습니다.

부정형 そのキムチは**おいし**くなさそうです。　그 김치는 맛있을 것 같지 않습니다.

긍정형 このテレビは**よさ**そうです。　　이 텔레비전은 좋을 것 같습니다.

부정형 このテレビは**よ**くなさそうです。　이 텔레비전은 좋지 않은 것 같습니다.

역시 특히 부정형에 신경 많이 쓰기 바란다. ④くな**さ**そうだ를 100번쯤 읽어 보자.

な형용사 어간에 そうだ만 접속하면 완성된다. 즉 어미 だ를 떼어내고 そうだ를 접속한다.

■ 긍정형

• 의미 : 「な④할 것 같다, な④한 것 같다」

• 접속 : な④어간 + そうだ

な④だ + そうだ → な④어간 + そうだ → な④어간そうだ

親切だ 친절하다

しずか**だ** + そうだ	→	しずか + そうだ	
	→	しずかそうだ	조용할 것 같다
にぎやか**だ** + そうだ	→	にぎやか + そうだ	
	→	にぎやかそうだ	번화한 것 같다
きれい**だ** + そうだ	→	きれい + そうだ	
	→	きれいそうだ	예쁜 것 같다
親切**だ** + そうだ	→	親切 + そうだ	
	→	親切そうだ	친절할 것 같다

な형용사의 양태용법은 어미 だ를 빼고 남는 어간에 そうだ를 접속하고 있다.

彼女 그녀
親切だ 친절하다
彼 그

彼女はとても**きれい**そうです。	그녀는 매우 예쁜 것 같습니다.
あそこは**しずか**そうです。	저곳은 조용한 것 같습니다.
ここは**にぎやか**そうです。	여기는 번화한 것 같습니다.
そのおばさんは**親切**そうです。	그 아주머니는 친절한 것 같습니다.
彼はとても**まじめ**そうです。	그는 매우 성실한 것 같습니다.

あそこにまじめそうな学生が立っています。

저곳에 성실해 보이는 학생이 서 있습니다.

あの人は丈夫そうに見えます。　　　저 사람은 튼튼해 보입니다.

■ **부정형**

• 의미 :「な Ⓐ 하지 않을 것 같다, な Ⓐ 할 것 같지않다, な Ⓐ 한 것 같지않다」

• 접속 : な Ⓐ ではなさそうだ

な형용사의 양태용법 부정형은 우선 な형용사를 부정형으로 바꿔야 한다. 그리고 이 な형용사 부정문에 そうだ를 접속하는데, 이때 ない는 なさ로 변신하게 된다.

な Ⓐ だ　→　な Ⓐ ではない ＋ そうだ　→　な Ⓐ ではな**さ**そうだ

しずかだ	→	しずかではない ＋ そうだ	
	→	しずかではなさそうだ	조용하지 않은 것 같다
にぎやかだ	→	にぎやかではない ＋ そうだ	
	→	にぎやかではなさそうだ	번화하지 않은 것 같다
きれいだ	→	きれいではない ＋ そうだ	
	→	きれいではなさそうだ	예쁘지 않은 것 같다
親切だ	→	親切ではない ＋ そうだ	
	→	親切ではなさそうだ	친절하지 않은 것 같다

회화체에서는 な Ⓐ ではなさそうだ 대신 な Ⓐ じゃなさそうだ도 잘 사용하니 같이 기억해두자. な형용사를 부정형으로 바꾸고 そうだ를 접속하되, 반드시 ない는 なさ로 바꿔 な Ⓐ ではなさそうだ 가 완성되도록 한다. 혹시 헷갈리는 분들은 무조건 な형용사 어미 だ를 빼고 어간에 では(じゃ)なさそうだ를 접속한다고 외워버리자.

彼女 그녀
親切だ 친절하다
彼 그
英語 영어
上手だ 잘하다, 능숙하다
体 몸
丈夫だ 튼튼하다

彼女はあまりきれいではなさそうです。　그녀는 그다지 예쁜 것 같지 않습니다.

あそこはしずかじゃなさそうです。　저 곳은 조용하지 않을 것 같습니다.

ここはにぎやかではなさそうです。　여기는 번화하지 않을 것 같습니다.

そのおばさんは親切じゃなさそうです。　그 아주머니는 친절하지 않은 것 같습니다.

彼はあまりまじめではなさそうです。　그는 별로 성실해 보이지 않습니다.

そんなに英語が上手じゃなさそうです。　그렇게 영어를 잘하는 것 같지 않습니다.

あまり体が丈夫ではなさそうです。　그다지 몸이 튼튼한 것 같지 않습니다.

な형용사의 양태용법 총정리 : 긍정형과 부정형 비교확인

긍정형 : な(A)어간 + そうだ　　　な(A)할 것 같다, な(A)한 것 같다

부정형 : な(A)では(じゃ) + なさそうだ　　な(A)하지 않을 것 같다, な(A)한 것 같지 않다

마지막으로 긍정형과 부정형을 다시 한 번 비교해 보자.

彼女 그녀

긍정형 彼女はとてもきれいそうです。　그녀는 매우 예쁜 것 같습니다.

부정형 彼女はあまりきれいではなさそうです。　그녀는 그다지 예쁜 것 같지 않습니다.

긍정형 あそこはしずかそうです。　저 곳은 조용할 것 같습니다.

부정형 あそこはしずかじゃなさそうです。　저 곳은 조용하지 않을 것 같습니다.

긍정형 ここはにぎやかそうです。　여기는 번화한 것 같습니다.

부정형 ここはにぎやかではなさそうです。　여기는 번화하지 않을 것 같습니다.

역시 특히 부정형에 신경 많이 쓰기 바란다. な(A)では(じゃ)なさそうだ를 100번쯤 읽어보자.

이미 동사의 ます형 만드는 법은 잘 알고 있을 것이다. 이 ます형에 そうだ를 접속하면 된다.

■ 긍정형

- 의미 : 「Ⓥ할 것 같다」
- 접속 : Ⓥます형 + そうだ

Ⓥる + そうだ → Ⓥます형 + そうだ → Ⓥます형そうだ

あめ ふ
雨が降る 비가 내리다
か ぜ
風邪をひく
감기에 걸리다
お
落ちる 떨어지다
消える (불이)꺼지다

雨が降る + そうだ → 雨が降り + そうだ
→ 雨が降りそうだ   비가 올 것 같다

風邪をひく + そうだ → 風邪をひき + そうだ
→ 風邪をひきそうだ   감기 걸릴 것 같다

落ちる + そうだ → 落ち + そうだ
→ 落ちそうだ   떨어질 것 같다

消える + そうだ → 消え + そうだ
→ 消えそうだ   (불이) 꺼질 것 같다

동사를 ます형으로 바꾸고 여기에 そうだ를 접속하면 완성된다. 다음 예문을 보자.

あめ
雨 비
いし
石 돌
き
木 나무
お
終わる 끝나다

ろうそくが消えそうです。   촛불이 꺼질 것 같습니다.

あしたは晴れそうです。   내일은 개일 것 같습니다.

雨が降りそうです。   비가 올 것 같습니다.

石が落ちそうです。   돌이 떨어질 것 같습니다.

木が倒れそうです。   나무가 쓰러질 것 같습니다.

ボタンがとれそうです。   단추가 떨어질 것 같습니다.

いすが壊れそうです。   의자가 부서질것 같습니다.

いつごろ終わりそうですか。   언제쯤 끝날 것 같습니까?

- 의미 : 「Ⓥ할 것 같지 않다, Ⓥ하지 않을 것 같다」
- 접속 : Ⓥ**ます형** + そうにない(そうもない)

> Ⓥる + そうにない(そうもない) → Ⓥ**ます형** + そうにない(そうもない)
> → Ⓥ**ます형**そうにない(そうもない)

雨が降る
비가 내리다

落ちる 떨어지다
消える (불이)꺼지다
晴れる 개이다, 맑다

雨が降る + そうにない → 雨が降り + そうにない
　　　　　　　　　　　　　→ 雨が降りそうにない　　비가 올 것 같지 않다

落ちる + そうもない → 落ち + そうもない
　　　　　　　　　　　→ 落ちそうもない　　떨어질 것 같지 않다

消える + そうにない → 消え + そうにない
　　　　　　　　　　　→ 消えそうにない　　(불이) 꺼지지 않을 것 같다

晴れる + そうもない → 晴れ + そうもない
　　　　　　　　　　　→ 晴れそうもない　　(날씨가) 개일 것 같지 않다

긍정형과 마찬가지로 우선 동사를 ます형으로 바꾸고 そうにない 또는 そうもない를 접속한다. 둘 중 어느 쪽이 와도 상관없다. 둘 다 맞으며 해석도 같다. 어느 쪽을 쓸까 고민하지 마시기 바란다. 둘 중 맘에 드는 거 쓰면 된다.

消える (불이)꺼지다
明日 내일
晴れる 개이다, 맑다
雨が降る
비가 내리다
石 돌
落ちる 떨어지다
木 나무
倒れる 쓰러지다

ろうそくは消えそうにありません (消えそうもありません)。
촛불은 꺼질 것 같지 않습니다.

明日は晴れそうにありません (晴れそうもありません)。
내일은 개이지 않을 것 같습니다.

雨は降りそうにありません (降りそうもありません)。
비는 올 것 같지 않습니다.

石は落ちそうにありません (落ちそうもありません)。
돌은 떨어질 것 같지 않습니다.

木は倒れそうにありません (倒れそうもありません)。
나무는 쓰러질 것 같지 않습니다.

壊す　부수다
明日　내일
終わる　끝나다

ボタンはとれ**そうにありません** (とれ**そうもありません**)。
단추는 떨어지지 않을 것 같습니다.

いすは壊れ**そうにありません** (壊れ**そうもありません**)。
의자는 부서질 것 같지 않습니다.

明日までには終わり**そうにありません** (終わり**そうもありません**)。
내일까지는 끝날 것 같지 않습니다.

동사의 양태용법 총정리 : 긍정형과 부정형 비교확인

긍정형 : Ⓥ ます형 ＋ そうだ　　　　　Ⓥ할 것 같다

부정형 : Ⓥ ます형 ＋ そうにない (そうもない)

　　　　Ⓥ할 것 같지 않다 / Ⓥ하지 않을 것 같다

마지막으로 긍정형과 부정형을 다시 비교해 보자.

消える　(불이)꺼지다
明日　내일
晴れる　개이다, 맑다

긍정형 ろうそくが消えそうです。　　　촛불이 꺼질 것 같습니다.

부정형 ろうそくは消えそうにありません (消えそうもありません)。
　　　　　　　　　　　　　　촛불은 꺼질 것 같지 않습니다.

긍정형 明日は晴れそうです。　　　내일은 개일 것 같습니다.

부정형 明日は晴れそうにありません (晴れそうもありません)。
　　　　　　　　　　　　　내일은 개이지 않을 것 같습니다.

ない대신 ないです나 ありません 사용가능!

～そうにない, ～そうもない가 기본문형인데, ない는 반말이다. 따라서 ない 대신에 ないです나 あ
りません을 사용할 수도 있다. 즉,
　　　Ⓥ ます형 そうにないです　　　Ⓥ ます형 そうもないです
　　　Ⓥ ます형 そうにありません　　　Ⓥ ます형 そうもありません
당연히 여기서도 ～そうに도 맞고 ～そうも도 맞다.

雨が降る
비가 내리다
石 돌
落ちる 떨어지다
木 나무
倒れる 쓰러지다
終わる 끝나다

긍정형 雨が降りそうです。　　비가 올 것 같습니다.

부정형 雨は降りそうにありません (降りそうもありません)。

　　비는 올 것 같지 않습니다.

긍정형 石が落ちそうです。　　돌이 떨어질 것 같습니다.

부정형 石は落ちそうにありません (落ちそうもありません)。

　　돌은 떨어지지 않을 것 같습니다.

긍정형 木が倒れそうです。　　나무가 쓰러질 것 같습니다.

부정형 木は倒れそうにありません (倒れそうもありません)。

　　나무는 쓰러질 것 같지 않습니다.

긍정형 いつごろ終わりそうですか。　　언제쯤 끝날 것 같습니까?

부정형 すぐには終わりそうにありません (終わりそうもありません)。

　　바로는 끝나지 않을 것 같습니다.

동사의 부정형에 하나 더 추가

Ⓥます형 + そうにもない : Ⓥ할 것 같지도 않다, Ⓥ하지도 않을 것 같다.

앞서 본 〜そうにない나 〜そうもない는 Ⓥ할 것 같지 않다, Ⓥ하지 않을 것 같다로 해석했지만, 〜そうにもない가

되면 Ⓥ할 것 같지도 않다, Ⓥ하지 않을 것 같다로 해석하여, 부정형을 강조하는 표현이 된다.

ろうそくは消えそうにもありません　　촛불은 꺼질 것 같지도 않습니다

明日は晴れそうにもありません　　내일은 개일 것 같지도 않습니다

雨は降りそうにもありません　　비는 올 것 같지도 않습니다

정답은 410쪽

1 다음 문장을 일본어로 만들어 보세요.

① 조용할 것 같습니다. ➡ _______________________

② 조용하지 않을 것 같습니다. ➡ _______________________

③ 성실할 것 같습니다. ➡ _______________________

④ 성실하지 않을 것 같습니다. ➡ _______________________

⑤ 맛있을 것 같습니다. ➡ _______________________

⑥ 맛있을 것 같지 않습니다. ➡ _______________________

⑦ 깨끗할 것 같습니다. ➡ _______________________

⑧ 깨끗하지 않을 것 같습니다. ➡ _______________________

⑨ 날씨가 좋을 것 같습니다. ➡ _______________________

⑩ 날씨가 좋지 않을 것 같습니다. ➡ _______________________

⑪ 비가 올 것 같습니다. ➡ _______________________

⑫ 비가 오지 않을 것 같습니다. ➡ _______________________

⑬ 나무가 쓰러질 것 같습니다. ➡ _______________________

⑭ 나무가 쓰러지지 않을 것 같습니다. ➡ _______________________

7장

가능동사

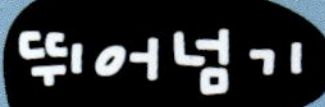

01 동사 자체를 가능동사로 만들기

일본어 가능동사는 만드는 법이 2가지가 있다.

1. 동사 자체를 가능동사로 만들기 (동사종류에 따라 방법이 다름)
2. 공식으로 가능동사 만들기 (동사종류에 관계없이 모든 동사)

가능동사 만드는 법은 이렇게 2가지가 있지만, 해석은 똑같다. 2가지 다 잘 쓰이니 잘 숙지해 두고, 우선 동사 자체를 가능동사로 만드는 법을 공부해 보자.

5단동사의 어미는 う단으로 끝난다. 우선 어미 う단을 え단으로 바꾸고, 여기에 る를 접속하면 5단동사 가능형이 완성된다.

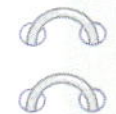

5Ⓥう단 → 5Ⓥえ단＋る → 5Ⓥえ단る

いく	→	いけ	→	いける	갈 수 있다
のむ	→	のめ	→	のめる	마실 수 있다
かえる	→	かえれ	→	かえれる	돌아갈 수 있다
はいる	→	はいれ	→	はいれる	들어갈 수 있다
かう	→	かえ	→	かえる	살 수 있다
およぐ	→	およげ	→	およげる	수영할 수 있다
はなす	→	はなせ	→	はなせる	말할 수 있다
もつ	→	もて	→	もてる	들 수 있다

1단동사의 어미는 る로 끝난다. 어미 る를 떼내고, 어간에 られる를 접속하면 가능형이 완성된다.

1ⓥる → 1ⓥ어간 + られる → 1ⓥ어간 られる

みる	→	み + られる	→	みられる 볼 수 있다
ねる	→	ね + られる	→	ねられる 잘 수 있다
いる	→	い + られる	→	いられる 있을 수 있다
おきる	→	おき + られる	→	おきられる 일어날 수 있다
たべる	→	たべ + られる	→	たべられる 먹을 수 있다
あける	→	あけ + られる	→	あけられる 열 수 있다

불규칙동사는 잘 알다시피 する, くる 뿐이다. 그러니 무조건 외워주시라.

する → できる   くる → こられる

주의 가능동사 앞에는 목적격 조사 を를 쓸 수 없다. を 대신 が를 써야 하지만 우리말 해석은 '을/를'로 해야 한다. 물론 を가 아닌 조사들은 손 댈 필요 없다.

打つ 치다, 두드리다
井上 이노우에
恥ずかしい 부끄럽다

ワープロを打つ。　　　　　　　　워드프로세서를 치다.
井上さんはワープロが(を)打てますか。이노우에 씨는 워드프로세서를 칠 수 있습니까?

ここにいる。　　　　　　　　　이곳에 있다.
恥ずかしくて、もうここにはいられない。창피해서, 더 이상 이곳에 있을 수 없다.

一人で帰る。　　　　　　　　　　　　　혼자서 돌아가다.

もう12時ですが、一人で帰れますか。　벌써 12시입니다만, 혼자서 돌아갈 수 있겠습니까?

店に入る。　　　　　　　　　　　　　가게에 들어오다.

高校生はこの店に入れません。　　　고등학생은 이 가게에 못 들어옵니다.

バイクに乗る。　　　　　　　　　　오토바이를 타다.

私はバイクに乗れます。　　　　　　나는 오토바이를 탈 수 있습니다.

朝6時に来る。　　　　　　　　　　아침 6시에 오다.

明日の朝6時に来られますか。　　　내일 아침 6시에 올 수 있습니까?

運転する。　　　　　　　　　　　　운전하다.

野原さんは運転できますか。　　　　노하라 씨는 운전할 수 있습니까?

映画を見る。　　　　　　　　　　　영화를 보다.

2000円あれば、映画が(を)見られます。　2천엔 있으면, 영화를 볼 수 있습니다.

お金を下ろす。　　　　　　　　　　돈을 찾다.

銀行でお金が(を)下ろせます。　　　은행에서 돈을 찾을 수 있습니다.

英語を話す。　　　　　　　　　　　영어를 말하다.

英語が(を)話せますか。　　　　　　영어를 말할 수 있습니까? (할 줄 압니까?)

(できますか・わかりますか)　　　　(말할 수 있습니까?・할 줄 압니까?)

마지막 예문을 보면 동사가 3개가 쓰여있다. 쉽게 말해 어떤 외국어를 할 줄 아느냐란 표현이다. 이 3가지 중 어느 것을 써도 괜찮다. 이 3가지 표현 모두 생활회화체에서도 아주 많이 쓰이니 같이 외워두시라. 가능동사 앞에는 목적격 조사 を가 오지 않는다. を 대신에 が를 써야만 한다는 사실을 명심하시기를.

左측 단어:
一人（ひとり） 혼자
帰る（かえ） 돌아오다(가다)
店に入る（みせ・はい） 가게에 들어가다
高校生（こうこうせい） 고등학생
乗る（の） 타다
朝（あさ） 아침
明日（あした） 내일
運転（うんてん） 운전
野原（のはら） 노하라 (사람의 성)
映画を見る（えいが・み） 영화를 보다
お金を下ろす（かね・お） 돈을 찾다
銀行（ぎんこう） 은행
英語（えいご） 영어
話す（はな） 이야기하다

1 다음 문장을 일본어로 만들어 보세요.

① 내일 간다.　　　　　　　➡ ____________________

② 나도 내일 갈 수 있습니다.　➡ ____________________

③ 술을 마시다.　　　　　　➡ ____________________

④ 아들은 아직 술을 못 마십니다.　➡ ____________________

⑤ 수영하다.　　　　　　　➡ ____________________

⑥ 매일 연습해서, 수영할 수 있게 되었다.

　　　　　　　　　　　➡ ____________________

⑦ 김치를 만들다.　　　　　➡ ____________________

⑧ 그녀는 김치를 만들 줄 압니다.　➡ ____________________

⑨ 편지를 쓰다.　　　　　　➡ ____________________

⑩ 영어로 편지를 쓸 수 있습니까?　➡ ____________________

⑪ 뛰다, 달리다.　　　　　　➡ ____________________

⑫ 다리가 아파서 뛸 수 없습니다.　➡ ____________________

02 공식으로 가능동사 만들기

가능동사 공식은 동사의 종류와 관계없이 한가지 통일된 방법으로 만든다. 다음 공식을 먼저 외워야 한다.

ⓥる + ことができる　　ⓥ할 수 있다

5단동사, 1단동사, 불규칙동사 이런 건 아무 상관없다. 동사 종류에 관계없이 무조건 동사기본형에 ことができる 만 붙여주면 된다. 이걸로 간단히 가능동사를 만들 수 있다. 어렵지는 않다. 연습해보자.

行く 가다	
飲む 마시다	
帰る 돌아오다(가다)	
入る 들어가다	
買う 사다	
泳ぐ 수영하다	
話す 이야기하다	
持つ 들다, 가지다	
見る 보다	
寝る 자다	
いる 있다	
食べる 먹다	
起きる 일어나다	
開ける 열다	
切る 자르다	
考える 생각하다	
する 하다	
来る 오다	

いく　　→　いくことができる　　　　のむ　　　→　のむことができる

かえる　→　かえることができる　　　はいる　　→　はいることができる

かう　　→　かうことができる　　　　およぐ　　→　およぐことができる

はなす　→　はなすことができる　　　もつ　　　→　もつことができる

みる　　→　みることができる　　　　ねる　　　→　ねることができる

いる　　→　いることができる　　　　たべる　　→　たべることができる

おきる　→　おきることができる　　　あける　　→　あけることができる

きる　　→　きることができる　　　　かんがえる　→　かんがえることができる

する　　→　することができる　　　　くる　　　→　くることができる

어떤가? 어렵지 않다. 무조건 동사기본형에다 ことができる 만 붙이면 된다. 첫 번째 나온 동사자체를 가능형으로 바꾸는 것보다 이 가능동사공식이 오히려 쉬울 것이다. 예문을 보자.

ワープロを打つ。　　　워드프로세서를 치다.

井上さんはワープロを打つことができますか。

이노우에 씨는 워드프로세서를 칠 수 있습니까?

ここにいる。　　　이곳에 있다.

恥ずかしくて、もうここにはいることができない。

창피해서, 더 이상 이곳에 있을 수 없다.

一人で帰る。　　　혼자서 돌아가다.

もう12時ですが、一人で帰ることができますか。

벌써 12시입니다만, 혼자 돌아갈 수 있겠습니까?

店に入る。　　　가게에 들어오다.

高校生はこの店に入ることができません。

고등학생은 이 가게에 못 들어옵니다.

バイクに乗る。　　　오토바이를 타다.

私はバイクに乗ることができます。　　　나는 오토바이를 탈 수 있습니다.

朝6時に来る。　　　아침 6시에 오다.

明日の朝6時に来ることができますか。　내일 아침 6시에 올 수 있습니까?

運転する。　　　운전하다.

野原さんは運転することができますか。　노하라 씨는 운전할 수 있습니까?

映画を見る
영화를 보다

銀行 은행

お金を下ろす
돈을 꺼내다, 찾다

英語 영어

話す 이야기하다

映画を見る。　　　　　　　　　　　　　　　영화를 보다.

2000円あれば、映画を見ることができます。

2천 엔 있으면, 영화를 볼 수 있습니다.

お金を下ろす。　　　　　　　　　　　　　돈을 찾다.

銀行でお金を下ろすことができます。　　　은행에서 돈을 찾을 수 있습니다.

英語を話す。　　　　　　　　　　　　　　영어를 말하다.

英語を話すことができますか。　　　　　영어를 말할 수 있습니까? (할 줄 압니까?)

주어진 동사 기본형에 무조건 ことができる만 붙이면 끝! 그리 어렵지는 않다. 잘 외워두시기 바란다. 마지막으로 앞에서 본 동사자체를 가능형으로 바꾼 문장과 함께 비교해 보자.

打つ 치다, 두드리다
井上 이노우에
恥ずかしい 부끄럽다
帰る 돌아오다(가다)
店に入る 가게에 들어오다(가다)
高校生 고등학생
バイクに乗る 오토바이를 타다
終わる 끝나다
朝 아침
明日 내일
来る 오다

ワープロを打つ。　　　　　　　워드프로세서를 치다.
井上さんはワープロが(を)打てますか。
井上さんはワープロを打つことができますか。
　　　　　　　이노우에 씨는 워드프로세서를 칠 수 있습니까?

ここにいる。　　　　　　　이곳에 있다.
恥ずかしくて、もうここにはいられない。
恥ずかしくて、もうここにはいることができない。
　　　　　　　창피해서, 더 이상 이곳에는 있을 수 없다.

一人で帰る。　　　　　　　혼자서 돌아가다.
もう12時ですが、一人で帰れますか。
もう12時ですが、一人で帰ることができますか。
　　　　　　　벌써 12시입니다만, 혼자 돌아갈 수 있겠습니까?

店に入る。　　　　　　　가게에 들어오다.
高校生はこの店に入れません。
高校生はこの店に入ることができません。　고등학생은 이 가게에 못 들어옵니다.

バイクに乗る。　　　　　　　오토바이를 타다.
私はバイクに乗れます。
私はバイクに乗ることができます。　나는 오토바이를 탈 수 있습니다.

朝6時に来る。　　　　　　　아침 6시에 오다.
明日の朝6時に来られますか。
明日の朝6時に来ることができますか。　내일 아침 6시에 올 수 있습니까?

運転する。　　　　　　　　　　　　　　運전하다.

野原さんは運転できますか。

野原さんは運転することができますか。　노하라 씨는 운전할 수 있습니까?

映画を見る。　　　　　　　　　　　　　영화를 보다.

2000円あれば、映画が(を)見られます。

2000円あれば、映画を見ることができます。

　　　　　　　　　　　　　　　　　　2천엔 있으면, 영화를 볼 수 있습니다.

お金を下ろす。　　　　　　　　　　　　돈을 찾다.

銀行でお金が(を)下ろせます。

銀行でお金を下ろすことができます。　　은행에서 돈을 찾을 수 있습니다.

英語を話す。　　　　　　　　　　　　　영어를 말하다.

英語が(を)話せますか。

英語を話すことができますか。　　　　　영어를 말할 수 있습니까? (할 줄 압니까?)

1 다음 문장을 일본어로 만들어 보세요.

① 내일 갈 수 있습니다.

➡ ____

② 시끄러워서 잘 수가 없습니다.

➡ ____

③ 혼자 들 수 있습니다.

➡ ____

④ 복숭아는 못 먹습니다.

➡ ____

⑤ 술을 마실 줄 압니다.

➡ ____

⑥ 다리가 아파서 뛸 수 없습니다.

➡ ____

⑦ 혼자 올 수 있어요?

➡ ____

⑧ 수영할 줄 아세요?

➡ ____

⑨ 다리가 아파서 산에 오를 수 없습니다.

➡ _______________________________________

⑩ 아침 5시에 일어날 수 있습니다.

➡ _______________________________________

⑪ 김치를 만들 수 있습니다.

➡ _______________________________________

⑫ 영어로 편지를 쓸 수 있습니다.

➡ _______________________________________

⑬ 아직 운전을 못합니다.

➡ _______________________________________

⑭ 우리 아이는 혼자서 옷을 입을 수 있습니다.

➡ _______________________________________

⑮ 영어를 할 줄 압니다.

➡ _______________________________________

8장

명령형

01 명령형으로 바꾸기

우리도 잘 모르는 사람이 함부로 명령하면 기분 나쁘듯이, 일본인도 당연히 불쾌하게 여기며 '우씨… 지가 뭔데 명령이야?'라는 생각을 틀림없이 할 것이다. 지금부터 보는 이 명령형은 부드러움과는 좀 거리가 있다. 상대에게 약간 화를 내가며 윽박지르는 경우도 있으니 함부로 쓰지 않는 게 좋다.

명령형을 만드는 법은 동사 종류에 따라 다르니 각 종류별 규칙을 잘 암기하자.

5단동사 어미 う단을 무조건 え단으로 바꾸면 된다.

5Ⓥう단 → 5Ⓥえ단

いく	→	いけ 가	のむ	→	のめ 마셔
かえる	→	かえれ 돌아가	はいる	→	はいれ 들어가
かう	→	かえ 사	およぐ	→	およげ 헤엄쳐
はなす	→	はなせ 말해	まつ	→	まて 기다려

1단동사 어미 る를 떼어내고 ろ 또는 よ를 접속한다.

1⟨v⟩る → 1⟨v⟩ろ   1⟨v⟩る → 1⟨v⟩よ

みる	→	みろ	봐	ねる	→	ねろ	자라
いる	→	いろ	있어	たべる	→	たべろ	먹어
おきる	→	おきろ	일어나	あける	→	あけろ	열어
きる	→	きろ	입어	かんがえる	→	かんがえろ	생각해

1단⟨v⟩る → 1단⟨v⟩よ : 어미 る를 よ로도 쓸 수 있지만, 실제로는 ろ를 많이 쓴 다.

よ는 일반회화체보다는 구호 등에서 많이 쓰인다.

또 말하지만 불규칙동사는 2개뿐이다. 그냥 외우자. する는 조금 주의가 필요하다. する는 명령형이 두 가지 しろ、せよ가 있다. する의 명령형이 しろ와 せよ 이렇게 두 가지가 있다고 했지만, 실제로는 しろ를 주로 잘 쓴다. せよ는 앞에서 말했듯 주로 구호 같은 데 많이 쓰인다.

する → しろ (せよ) 해   くる → こい 와

行く 가다		
行く	→ 早く学校へ行け！	어서 학교에 가!
飲む	→ ぐっと飲め、飲め！	쭉 마셔, 마셔!
勉強する	→ もっと勉強しろ！	더 공부해!
来る	→ 明日も来いよ！	내일도 와!
食べる	→ いいから食べろ、食べろ。	됐으니까 먹어, 먹어.
考える	→ もうちょっと考えろよ。	좀더 생각해.
待つ	→ おい、待てよ。	이봐 기다려.
仕事する	→ おしゃべりはもうやめて、仕事しろよ!	수다 좀 그만 떨고 일해!
寝る	→ もう12時だ。早く寝ろ。	벌써 12시다. 어서 자.
死ぬ	→ 死ね！	죽어!
帰る	→ そんなこと言うなら、家へ帰れ。	그런 소리 할 거면 집에 돌아가.
がんばる	→ みんながんばれ!	모두 힘내라!

行く 가다
学校 학교
飲む 마시다
勉強 공부
来る 오다
食べる 먹다
明日 내일
考える 생각하다
待つ 기다리다
仕事 일
早く 빨리
寝る 자다
死ぬ 죽다
帰る 돌아오다(가다)

1 다음 문장을 일본어로 만들어 보세요.

① 집에 돌아가. ➡ _______________________________

② 밥 먹어. ➡ _______________________________

③ 공부해. ➡ _______________________________

④ 잠깐 기다려. ➡ _______________________________

⑤ 일찍 와. ➡ _______________________________

⑥ 일어나. ➡ _______________________________

⑦ 열심히 해. ➡ _______________________________

⑧ 어서 자라. ➡ _______________________________

⑨ 방에서 나가. ➡ ______________________________

⑩ 어서 가라. ➡ ______________________________

⑪ 술을 마셔. ➡ ______________________________

⑫ 어서 입어라. ➡ ______________________________

⑬ 문을 열어. ➡ ______________________________

⑭ 책을 읽어라. ➡ ______________________________

⑮ 어서 말해라. ➡ ______________________________

9장

원인 · 이유

01 원인과 이유

우리말에 원인, 이유를 나타내는 표현으로 '~이니까, ~여서, 이라서' 등등… 이런 표현들이 있는데, 일본어에는 원인, 이유를 뜻하는 대표적인 표현으로 から와 ので가 있다. 이 から와 ので만 있으면 대부분의 원인, 이유를 표현할 수 있다. 물론 이 から와 ので가 일본어 원인, 이유 표현의 다는 아니다. 더 있는데 그건 나중에 배워보자.

일본어의 원인, 이유 표현이 から와 ので 이렇게 2가지가 있다고 했지만, 이 から와 ので는 의미가 같을까? 당연한 소리 같지만 만약 의미와 용법이 똑같다면 이렇게 2가지가 존재할 이유가 없다. 당연히 한 녀석은 도태돼서 사라지고 말 것이다. 의미와 용법이 좀 다르기 때문에 2가지가 존재하는 것이다. 본격적인 학습에 들어가기에 앞서 잠시 から와 ので에 대해 살펴보자.

から	~이니까
ので	~여서/~아서

100% 꼭 그렇다는 것은 아니지만 대개 から와 ので는 우리말로 위와 같이 해석을 한다. 같은 것 같지만 다르다. 우리말도 다르다. 예를 들어,

① 비가 **와서** 우산을 가져가라.
② 비가 **오니(까)** 길이 미끄럽다.

읽어보니 대충 무슨 말이 하고 싶은지는 알겠는데 뭔가 상당히 어색함이 밀려오는 건 나만 그럴까? 한국사람이라면 굳이 문법적인 설명을 하지 않아도 구별해서 잘 쓰고 있는 문장이지만 이렇게 쓰고 보니 어색하다.

그럼 이 두 문장을 이렇게 바꿔보자.

① 비가 오니(까) 우산을 가져가라.
② 비가 와서 길이 미끄럽다.

어떠신가? 어색함이 사라지고 좀 자연스러워지지 않았는가? 이렇듯 같은 원인, 이유를 나타내는 표현이라도 쓰는 단어가 다르며, 당연히 일본어에도 이러한 차이가 있다. 여기서 조금 더 구체적으로 들어가 보면,

から ～이니까
뒷문장에는 주로 화자의 감정이 들어간 표현이 주로 온다

① 비가 오니(까) 우산을 가져가라.

뒷문장에 '가져가라'라며 상대에게 요구(화자의 감정)하는 표현이 나오고 있다. 이처럼 から는 뒷문장에 주로 화자의 감정이 들어간 표현이 오는 특징이 있다.
반면,

ので ～여서, ～아서
뒷문장에는 화자의 감정이 실리지 않은 객관적인 서술문이 주로 온다

② 비가 와서 길이 미끄럽다.

뒷문장에 나온 '길이 미끄럽다'는 화자의 감정이 들어 있지 않은 객관적 서술이다. 이처럼 ので의 뒷문장에는 화자의 감정이 없는 객관적인 서술문이 나오는 것이 일반적이다. 물론 수많은 문장을 해석하다 보면 무조건, 100% 꼭 이렇게 해석된다고는 할 수 없다. 하지만 대개의 경우는 위와 같이 해석을 하면 큰 무리는 없으리라 본다. 그럼 이제부터 이 から와 ので를 좀 더 구체적으로 알아보자.

02 から

- **의미** : 주로 우리말의 '~이니까'로 해석한다. 물론 100% 다 꼭 그렇다는 건 아니다. 주로 그렇단 말이다.
- **특징** : 뒷문장에 대한 원인과 이유를 주관적으로 설명한다. 뒷문장에는 추측, 요구, 명령, 금지, 권유, 의뢰 같은 개인적인 감각, 감정이 들어간 표현이 오며, 회화체에서 많이 쓰인다.

모든 품사의 보통체와 です체·ます체에 접속하는데, 대개 문장 중간에 사용할 때는 보통체에 접속하는 게 일반적이다. (보통체가 가물가물하신 분은 181쪽으로)

です체·ます체에 접속하는 경우는 대개 문장 끝에서 사용할 때이다. 즉, 문장 중간에서는 보통체에 접속하여 써도 반말이 아니지만, 문장 끝에서는 です체·ます체에 접속하는 게 무난하다. 문장 중간에서는 보통체에 접속하였어도 です체·ます체에 접속하여 문장이 마무리가 되었다면 반말한 것은 아니다. 물론 친구끼리나 후배라면 그냥 보통체에 접속하여 문장을 끝내도 상관없다.

보통체＋から

```
です체＋から               ます체＋から

－ですから                 －ますから
－ではありませんから        －ませんから
－でしたから               －ましたから
－ではありませんでしたから  －ませんでしたから
```

반드시 보통체에 접속해야 한다. 특히 명사의 현재긍정형은 절대로 혼자서는 보통체가 될 수 없으며 반드시 *だ*가 필요하니 주의하기 바란다.

현재긍정	Ⓝ*だ*から	Ⓝ이니까
현재부정	Ⓝでは(じゃ)ないから	Ⓝ가(이) 아니니까
과거긍정	Ⓝだったから	Ⓝ였으니까
과거부정	Ⓝでは(じゃ)なかったから	Ⓝ가(이) 아니었으니까

이렇게 된다. 실제 명사를 써서 다시 정리해 보자.

_{がくせい}
学生　학생

현재긍정	学生*だ*から	학생이니까
현재부정	学生では(じゃ)ないから	학생이 아니니까
과거긍정	学生だったから	학생이었으니까
과거부정	学生では(じゃ)なかったから	학생이 아니었으니까

> **주의** 명사의 현재긍정형은 반드시 *だが* 와야 보통체가 된다.

から는 반드시 모든 품사의 보통체에 접속한다. 따라서 보통체를 반드시 숙지하고 있어야 한다.

깍두기

명사의 현재긍정형은 반드시 *だが* 와야만 보통체가 될 수 있다고 했다. 여기서 그럼 *だが* 있을 때와 없을 때를 비교해 보자. 다음 두 문장을 보자.

① 子供から、船に乗せましょう。

② 子供だから、何もわかりません。

같은 문장으로 생각하는 분도 있을지 모르겠다. 하지만 절대로 그렇지 않다. 두 문장은 둘 다 맞는 문장인데, 전혀 다른 뜻이다. 자세히 보면

① 子供から에는 *だが* 없고, ② 子供だから에는 *だが* 있다.

그런데 여기까지 말하고 보니, 흥분하는 학생들이 있더라. 분명히 명사 현재 긍정형에 から가 접속할 때는 반드시 *だが* 필요하다고 했는데, 왜 ① 子供から가 맞는 문장이냐고 말이다. 정리해서 말하겠다. Ⓝだから처럼 *だが* 있으면 어디까지나 원인, 이유의 의미이며, Ⓝから처럼 *だが* 없으면 から의 원래 뜻인 '～부터'라는 의미가 된다. 그럼 위 두 문장을 해석해 보자.

① 子供から、船に乗せましょう。　아이부터, 배에 태웁시다.

② 子供だから、何もわかりません。 아이니까, 아무것도 모릅니다.

분명히 원인, 이유의 뜻으로 사용하는 から는 보통체에 접속한다고 했다. 그리고 명사 현재긍정은 반드시 *だが* 와줘야만 보통체가 될 수 있다고 했다. 따라서 から가 원인, 이유의 뜻으로 사용되기 위해서는 반드시 Ⓝだから가 되어야 한다. 즉 子供から는 아이부터라는 의미이며, 子供だから는 아이니까라고 해석해야 한다. 정리해 보자.

> ① Ⓝから : Ⓝ부터　　② Ⓝだから : Ⓝ니까 (원인, 이유)

같은 から라고 해도 보통체에 접속했을 때와 아닐 때는 전혀 다른 뜻이 되어버리니 잘 기억해주기 바란다. 명사 현재긍정형의 보통체는 반드시 *だが* 와야 하는 것도 잊지 마시길.

역시 마찬가지다. な형용사 역시 반드시 보통체에 접속한다.

현재긍정	な④だから	な④하니까
현재부정	な④では(じゃ)ないから	な④하지 않으니까
과거긍정	な④だったから	な④하였으니까
과거부정	な④では(じゃ)なかったから	な④하지 않았으니까

이렇게 된다. 실제 な형용사를 써서 다시 정리해 보자.

현재긍정	しずかだから	조용하니까
현재부정	しずかでは(じゃ)ないから	조용하지 않으니까
과거긍정	しずかだったから	조용했으니까
과거부정	しずかでは(じゃ)なかったから	조용하지 않았으니까

い형용사 역시 반드시 보통체에 접속한다.

현재긍정	い④いから	い④하니까
현재부정	い④くないから	い④하지 않으니까
과거긍정	い④かったから	い④하였으니까
과거부정	い④くなかったから	い④하지 않았으니까

이렇게 된다. 실제 い형용사를 써서 다시 정리해 보자.

현재긍정	いいから	좋으니까
현재부정	よくないから	좋지 않으니까
과거긍정	よかったから	좋았으니까
과거부정	よくなかったから	좋지 않았으니까

동사 역시 반드시 보통체에 접속한다.

현재긍정	Ⓥるから	Ⓥ하니까
현재부정	Ⓥないから	Ⓥ하지 않으니까
과거긍정	Ⓥたから	Ⓥ했으니까
과거부정	Ⓥなかったから	Ⓥ하지 않았으니까

그럼 실제 동사들로 다시 정리해 보자.

현재긍정	いくから	가니까
현재부정	いかないから	가지 않으니까
과거긍정	いったから	갔으니까
과거부정	いかなかったから	가지 않았으니까

이처럼 품사에 관계없이 무조건 보통체를 만들어야만 から를 접속할 수 있다. 다음은 から가 쓰인 예문들이다. 여러 번 소리 내 읽어보고, 손으로 직접 써보시기 바란다.

暑い 덥다
窓を開ける 창문을 열다
遅い 늦다
早い 빠르다
寝る 자다
お母さん 어머니(엄마)
家 집
待つ 기다리다
帰る 돌아오다(가다)
一生懸命に 열심히
勉強 공부
合格 합격
子供 어린이(아이)
この辺 이 근처(근방)
大学生 대학생
自分 자기, 자신
簡単だ 간단하다
稼ぐ 벌다
学校 학교
休む 쉬다
風邪 감기

暑いですから、窓を開けましょう。　　더우니까, 창문을 엽시다.

もう遅いから、早く寝なさい。　　이제 늦었으니, 빨리 자거라.

お母さんが家で待っているから、早く帰ろう。

엄마가 집에서 기다리고 있으니, 빨리 돌아가야지.

あの人は一生懸命に勉強したから、合格するだろう。

저 사람은 열심히 공부했으니, 합격하겠지.

私がここにいますから、行ってきてください。

내가 여기에 있을 테니, 다녀오세요.

まだ子供だから、こんなの見てはいけません。

아직 어린아이니까, 이런 거 봐서는 안 됩니다.

この辺は静かだから、勉強するにはちょうどいいですよ。

이 근처는 조용해서, 공부하기에는 딱 좋습니다.

もう大学生だから、バイトでもして自分のおこづかいぐらい
自分で稼げよ。

이제 대학생이니, 아르바이트라도 해서 자기 용돈 정도는 직접 벌어라.

ぎゅうどんは簡単だからよく作ります。

소고기덮밥은 간단해서 자주 만듭니다.

A : どうして学校を休みましたか。　　왜 학교를 쉬었습니까?
B : 風邪をひいたからです。　　감기에 걸렸기 때문입니다.

1 다음 문장을 일본어로 만들어 보세요.

① 추우니까 창문을 닫아주세요.

    ➡ __________________________________

② 친구가 기다리고 있으니, 어서 가자.

    ➡ __________________________________

③ 친구 생일이니까 선물을 줘야지.

    ➡ __________________________________

④ 약속시간에 늦었으니 서둘러 주세요.

    ➡ __________________________________

⑤ 그건 내 책이니까 돌려주세요.

    ➡ __________________________________

⑥ 살찌니까 그만 먹어요.

    ➡ __________________________________

⑦ 모두 친구니까 싸우지 마세요.

➡ __________________________________

⑧ 이곳은 조용하니까 여기서 공부하자.

➡ __________________________________

⑨ 감기에 걸렸으니까 오늘은 집에서 쉬어야지.

➡ __________________________________

⑩ 이 가게는 맛있으니까 또 먹으러 와야지.

➡ __________________________________

⑪ 먼저 갈테니까 기다리지 마세요.

➡ __________________________________

⑫ 벌써 12시니까, 이제 자거라.

➡ __________________________________

03 ので・のに

ので의 의미와 특징

- **의미** : 주로 우리말의 '~여서, 아서' 혹은 '~때문에'로 해석한다. 역시 100% 다 꼭 그렇다는 건 아니다. 주로 그렇단 말이다.
- **특징** : 뒷문장에 대한 원인과 이유를 객관적으로 설명한다. 뒷문장에는 주로 객관적인 서술이 온다. 회화체에서 쓰면 から에 비해 정중한 느낌을 주니, 특히 비즈니스 관계로 일본인과 접할 기회가 많은 분들은 잘 기억해 두시기 바란다.

ので의 접속

ので 역시 모든 품사의 보통체와 です체 / ます체에 접속한다. 앞서 배운 から하고 똑같은데, 사실은 좀 문제가 있다. ので도 분명히 모든 품사의 보통체에 접속을 한다. 그런데, 명사와 な형용사의 현재긍정형에 접속할 때는 각별히 주의해야 하니 잘 읽어주기 바란다.

보통체 ＋ ので

です체 ＋ ので	ます체 ＋ ので
－ですので	－ますので
－ではありませんので	－ませんので
－でしたので	－ましたので
－ではありませんでしたので	－ませんでしたので

반드시 보통체에 접속해야 하는데, 현재긍정형은 조금 문제가 있다. 무슨 소리인고 하니 명사의 현재긍정형에 접속할 때는 좀 특이한 현상이 생긴다.

배운 대로라면,

$$Ⓝだので (×)$$

가 되어야 한다. 하지만 ので가 명사 현재긍정형에 접속할 때는

$$Ⓝだ ＋ ので → Ⓝな ＋ ので → Ⓝなので (○)$$

로 해야만 한다. 요 녀석만 조심하면 된다. 나머지 (현재부정, 과거긍정, 과거부정)는 から와 마찬가지로 보통체에 접속하면 된다.

현재긍정	Ⓝなので	Ⓝ여서
현재부정	Ⓝでは(じゃ)ないので	Ⓝ가(이) 아니어서
과거긍정	Ⓝだったので	Ⓝ이었기 때문에
과거부정	Ⓝでは(じゃ)なかったので	Ⓝ가(이) 아니었기 때문에

실제 명사를 써서 다시 정리해 보자.

현재긍정	学生なので	학생이어서
현재부정	学生では(じゃ)ないので	학생이 아니어서
과거긍정	学生だったので	학생이었기 때문에
과거부정	学生では(じゃ)なかったので	학생이 아니었기 때문에

앞에서도 말했지만 ので가 명사 현재긍정형에 접속할 때는, 반드시 だ를 な로 바꿔 Ⓝなので를 만들어야 한다. 절대 조심하기 바란다.

がくせい
学生 학생
おとこ
男 남자
こども
子供 어린이(아이)

예) 学生だ ＋ ので → 学生なので   학생이어서
　　男だ ＋ ので → 男なので   남자라서
　　子供だ ＋ ので → 子供なので   어린이라서

역시 반드시 보통체에 접속해야 하는데, 명사와 마찬가지로 현재긍정형은 조금 문제가 있다. 명사의 현재긍정형에 접속할 때는 생겼던 현상이 な형용사에서도 생긴다. 배운 대로라면

なⒶだので (×)

가 되어야 한다. 하지만 ので가 な형용사 현재긍정형에 접속할 때는 이렇지 않고,

 なⒶだ ＋ ので → なⒶな ＋ ので → なⒶなので (○)

로 해야만 한다.

な형용사도 이것만 조심하면 된다. 나머지 (현재부정, 과거긍정, 과거부정)는 から와 마찬가지로 보통체에 접속하면 된다.

현재긍정	な④**な**ので	な④해서
현재부정	な④では(じゃ)ないので	な④하지 않아서
과거긍정	な④だったので	な④했기 때문에
과거부정	な④では(じゃ)なかったので	な④하지 않았기 때문에

실제 な형용사를 써서 다시 정리해 보자.

현재긍정	しずか**な**ので	조용해서
현재부정	しずかでは(じゃ)ないので	조용하지 않아서
과거긍정	しずかだったので	조용했기 때문에
과거부정	しずかでは(じゃ)なかったので	조용하지 않았기 때문에

위에서도 말했지만 ので가 な형용사 현재긍정형에 접속할 때는, 반드시 だ를 な로 바꿔 な④**な**ので를 만들어야 한다. 절대 조심하기 바란다.

예) にぎやかだ + ので → にぎやか**な**ので　　번화해서

　　すきだ + ので　　　→ すき**な**ので　　　　좋아해서

　　上手だ + ので　　　→ 上手**な**ので　　　　잘해서, 능숙해서

い형용사 역시 반드시 보통체에 접속하는데 방금 본 명사나 な형용사처럼 현재 긍정형에 접속할 때 일어나는 특이한 현상은 전혀 없다. 안심하시고 배운 대로 보통체에 접속하면 된다.

현재긍정	い🅐いので	い🅐해서
현재부정	い🅐くないので	い🅐하지 않아서
과거긍정	い🅐かったので	い🅐했기 때문에
과거부정	い🅐くなかったので	い🅐하지 않았기 때문에

이렇게 된다. 실제 い형용사를 써서 다시 정리해 보자.

현재긍정	いいので	좋아서
현재부정	よくないので	좋지 않아서
과거긍정	よかったので	좋았기 때문에
과거부정	よくなかったので	좋지 않았기 때문에

동사 역시 반드시 보통체에 접속하는데 방금 본 명사나 な형용사처럼 현재긍정형에 접속할 때 일어나는 특이한 현상은 전혀 없다. 역시 안심하시고 배운 대로 보통체에 접속하면 된다.

현재긍정	Ⓥ るので	Ⓥ 해서
현재부정	Ⓥ ないので	Ⓥ 하지 않아서
과거긍정	Ⓥ たので	Ⓥ 했기 때문에
과거부정	Ⓥ なかったので	Ⓥ 하지 않았기 때문에

그럼 실제 동사들로 다시 정리해 보자.

현재긍정	いくので	가서
현재부정	いかないので	가지 않아서
과거긍정	いったので	갔기 때문에
과거부정	いかなかったので	가지 않았기 때문에

이처럼 품사에 관계없이 무조건 보통체를 만들어야만 ので를 접속할 수 있다.

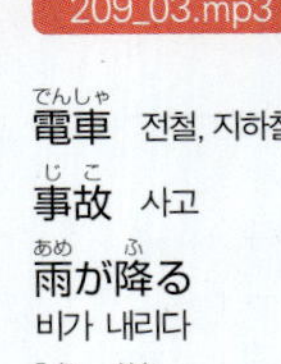
209_03.mp3

でんしゃ
電車 전철, 지하철
じ こ
事故 사고
あめ ふ
雨が降る
비가 내리다
みち きたな
道が汚い
길이 더럽다
め わる
目が悪い
눈이 나쁘다

めがねをかける
안경을 쓰다
がくせい
学生 학생
かね
お金 돈
かのじょ
彼女 그녀
にん き
人気 인기
こ ども
子供 어린이(아이)
なに
何も 아무것도

電車の事故があったので、おくれました。 전철사고가 나서 늦었습니다.

雨が降ったので、道が汚い。 비가 와서 길이 더럽다.

目が悪いので、めがねをかけています。
눈이 나쁘기 때문에 안경을 쓰고 있습니다.

まだ学生なので、お金がありません。 아직 학생이라서 돈이 없습니다.

彼女はきれいなので、人気があります。 그녀는 예뻐서 인기가 있습니다.

まだ子供なので、何もわかりません。 아직 어린 아이라서 아무것도 모릅니다.

今 지금

雨が降る 비가 내리다

子供 어린이(아이)

家 집

中 안, 속

遊ぶ 놀다

英語 영어

今日 오늘

寒い 춥다

道 길

凍る 얼다

明日 내일

土曜日 토요일

会社 회사

昼 낮(정오)

部長 부장

少々 잠시, 조금

今雨が降っていますので、子供は家の中で遊んでいます。

지금 비가 오고 있기 때문에 아이는 집안에서 놀고 있습니다.

ジョンさんはカナダ人なので、英語ができるはずです。

존 씨는 캐나다사람이니, 영어를 할 수 있을 겁니다.

今日は寒いので、道が凍っています。

오늘은 추워서 길이 얼어있습니다.

明日は土曜日なので、会社は昼までです。

내일은 토요일이라서 회사근무는 정오까지입니다.

いま部長が来ますので、少々お待ちください。

지금 부장님이 올 테니 잠시만 기다려 주세요. (から에 비해 정중한 느낌)

私がしますので、そのままにしておいてください。

제가 할 테니, 그대로 놔두어주세요. (から에 비해 정중한 느낌)

명사와 な형용사의 현재긍정형은 접속 주의!
Ⓝ**な**ので 와 な④**な**ので이다. 위 예문 중 아래 문장들이다.

学生**な**ので　　きれい**なので**　　子供**なので**

カナダ人**なので**　　　明日は土曜日**なので**

다시 말하지만 이럴 경우에는 반드시 な가 들어가야 한다. 절대로 だ를 써서는 안 된다. 그리고 から에 비해 정중한 느낌을 준다고 했는데 위 예문 중 마지막 두 문장이 그런 예이다.

のにの 의미와 특징

- **의미** : 주로 우리말의 '~인데도, 임에도 (불구하고)'로 해석한다.
- **특징** : のに는 생기긴 ので와 비슷하게 생겼지만 뜻은 전혀 다르다. 원인, 이유가 아니라 역접으로 쓰인다. 의미는 전혀 닮은 데가 없지만 접속만큼은 둘이 100% 똑같다.

のにの 접속

비록 뜻은 다를지 몰라도 접속은 ので와 완전히 똑같다. のに 역시 품사에 관계없이 반드시 보통체에 접속하며, です체와 ます체에도 접속할 수 있다.

보통체 ＋ のに

です체 ＋ のに	ます체 ＋ のに
－ですのに	－ますのに
－ではありませんのに	－ませんのに
－でしたのに	－ましたのに
－ではありませんでしたのに	－ませんでしたのに

ので와 접속이 같다고 했으니 대충 감을 잡을 수 있을 것이다. ので가 명사와 な형용사의 현재긍정형에 접속할 때 Ⓝなので와 なⒶなので가 되야 한다고 했는데, のに도 마찬가지다. のに도 명사와 な형용사의 현재긍정형에 접속할 때는 반드시 Ⓝなのに와 なⒶなのに가 되야 하니 주의해주기 바란다.

雨が降る
비가 내리다
外 밖
遊ぶ 놀다
ご飯を食べる
밥을 먹다
寒い 춥다
半そで 반소매
彼氏 남자친구
小さい 작다
子供 어린이(아이)
何でも 무엇이든
知る 알다
明日 내일
誰も 아무도
勉強 공부
彼 그
元気だ 건강하다
入院 입원
英語 영어
静かだ 조용하다

雨が降っている**のに**、みんな外で遊んでいます。
비가 오고 있는데도, 모두 밖에서 놀고 있습니다.

さっきご飯を食べた**のに**、またパンを食べています。
방금 밥을 먹었는데, 또 빵을 먹고 있습니다.

こんなに寒い**のに**、半そでを着ています。
이렇게 추운데, 반팔을 입고 있습니다.

彼女はきれい**なのに**、まだ彼氏がいません。
그녀는 예쁜데도, 아직 남자친구가 없습니다.

小さい子供**なのに**、何でも知っています。
어린아이인데도, 뭐든지 알고 있습니다.

明日テスト**なのに**、誰も勉強していません。
내일 시험인데도 아무도 공부하고 있지 않습니다.

彼は元気だった**のに**、入院しました。
그는 건강했는데, 입원했습니다.

ジョンさんはカナダ人**なのに**、英語ができません。
존 씨는 캐나다사람인데도, 영어를 못합니다.

ここは静か**なのに**、勉強ができない。
여기는 조용한데도, 공부를 못 하겠다.

ので와 접속이 똑같다. 뜻은 달라도 접속은 같다는 점을 명심하고, 명사와 な 형용사의 현재긍정형에 접속할 때는 Ⓝ**な**のに와 な Ⓐ**な**のに로 해야 한다는 점 잊지 마시길!!

1 다음 문장을 ので를 사용하여 일본어로 만들어 보세요.

① 추워서 거리에 사람이 없습니다.

➡ _______________________________________

② 이곳은 교통이 편리해서 살기 좋습니다.

➡ _______________________________________

③ 아침 일찍 일어나서 졸립습니다.

➡ _______________________________________

④ 그녀는 친절해서 인기가 있습니다.

➡ _______________________________________

⑤ 오늘은 일요일이라서 늦게 일어났습니다.

➡ _______________________________________

⑥ 이 가게는 맛있어서 손님이 많이 옵니다.

➡ _______________________________________

⑦ 밥을 안 먹어서 배가 고픕니다.

➡ ____

⑧ 아직 학생이라서 돈이 없습니다.

➡ ____

⑨ 전차사고가 나서 늦었습니다.

➡ ____

⑩ 이 가게는 맛있어서 인기가 있습니다.

➡ ____

⑪ 어제는 감기에 걸려서 집에서 쉬었습니다.

➡ ____

⑫ 아직 어린 아이라서 아무것도 모릅니다.

➡ ____

04 て(で)

て(で)의 의미와 특징

- 의미 : 주로 우리말의 '~여서, 아서'로 해석하는데, 명사에서는 'Ⓝ때문에'로
  주로 해석한다. 같은 원인, 이유를 나타내지만 から・ので에 비해 원인
  과 결과의 관계는 약하다. から・ので를 배웠다고 무조건 から・ので
  를 쓰려고 할 필요 없다. 이 て(で)만 가지고도 웬만한 원인, 이유표현은
  다 만들 수 있다.

て(で)의 접속

각 품사별 て형을 만들어 접속한다.
동사, い형용사는 て를, 명사, な형용사는 で를 사용한다.

声が小さい
목소리가 작다

聞こえる 들리다

風邪をひく
감기에 걸리다

学校を休む
학교를 쉬다

雨が降る
비가 내리다

滑る 미끄러지다

町 동네(거리)

静かだ 조용하다

勉強 공부

声が小さくて、聞こえません。　　　목소리가 작아서 안 들립니다.

風邪をひいて、学校を休みました。　감기에 걸려서 학교를 쉬었습니다.

風邪で、学校を休みました。　　　　감기 때문에 학교를 쉬었습니다.

雨が降って、道が滑ります。　　　　비가 와서 길이 미끄럽습니다.

雨で、道が滑ります。　　　　　　　비 때문에 길이 미끄럽습니다.

この町は静かで、勉強するにはちょうどいいです。
이 동네는 조용해서 공부하기에는 딱 좋습니다.

この店の品物は品質がよくて、よく売れています。

이 가게 물건은 품질이 좋아서 잘 팔립니다.

母のキムチはおいしくて、いつも食べたいです。

엄마의 김치는 맛있어서 항상 먹고 싶습니다.

台風で、家や木が倒れてしまいました。

태풍 때문에 집과 나무가 쓰러지고 말았습니다.

この道は狭くて、トラックは通れません。

이 길은 좁아서 트럭은 못 지나갑니다.

足が痛くて、もう歩けません。

다리가 아파서 이제 걸을 수 없습니다.

店 가게
品物 물건
品質 품질
売れる 팔리다
母 어머니(엄마)
食べる 먹다
台風 태풍
家 집
木 나무
倒れる 쓰러지다
道 길
狭い 좁다
通る 지나가다
足 다리
痛い 아프다
歩く 걷다

1 다음 문장을 일본어로 만들어 보세요.

① 어제는 피곤해서 일찍 잤습니다.

➡ ___________________________________

② 바람 때문에 나무가 쓰러졌습니다.

➡ ___________________________________

③ 무거워서 못 들겠습니다.

➡ ___________________________________

④ 영어를 잘해서 대기업에 취직할 수 있었습니다.

➡ ___________________________________

⑤ 목소리가 작아서 안 들립니다.

➡ ___________________________________

⑥ 감기 때문에 집에서 쉬었습니다.

➡ ___________________________________

⑦ 엄마의 김치는 맛있어서 항상 먹고 싶습니다.

➡ ____

⑧ 이 길은 좁아서 버스는 못 지나갑니다.

➡ ____

⑨ 이 방은 조용해서 공부하기에 딱 좋습니다.

➡ ____

⑩ 다리가 아파서 이제 걸을 수 없습니다.

➡ ____

⑪ 비 때문에 길이 더럽습니다.

➡ ____

⑫ 전차가 사고로 늦게 왔습니다.

➡ ____

10장

주고받기

01 명사를 주고받기

일본어를 공부하는 우리나라 학생들이 힘겨워하는 내용이 바로 이 '주고받기'이다. 왜 우리나라 학생들이 어려워할까? 간단하다. 우리말의 '주고받기'와는 쓰이는 용법이 다르기 때문이다. 우선, '주고'에서 주의할 점이다.

우리말에서는 내가 주던, 남이 주던 무조건 '주다'한 단어면 해결되지만, 일본어는 그렇지 않다. **주는 사람이 누구냐에 따라 쓰는 동사가 달라진다.** 이게 우선 우리를 헷갈리게 하는 원인이다.

그리고 '받기'

물론 우리도 쓰는 단어이지만, 일본어에서 이 '받기'란 단어의 비중은 우리말의 그것과는 비교가 안 될 만큼 대단히 크니 앞으로 고급 일본어를 구사하고 싶으신 분들은 일본어의 '받기'표현을 잘 이해하고 숙지해야만 한다.

자, 서론은 이 정도로 끝내고 본론으로 들어가겠다. 여러분들은 우선 다음에 나오는 각 동사의 기본 의미부터 철저히 암기해야 한다.

우선 명사를 주고받기부터 시작해보자.

말 그대로 명사, 즉 어떤 물건을 주고 받는 행위를 나타낸다. 가장 초보적인 용법이다. 각 단어마다 기본용법을 써놓았다. 우선 그 용법을 철저히 암기해주기 바란다. 여기서부터 시작하자.

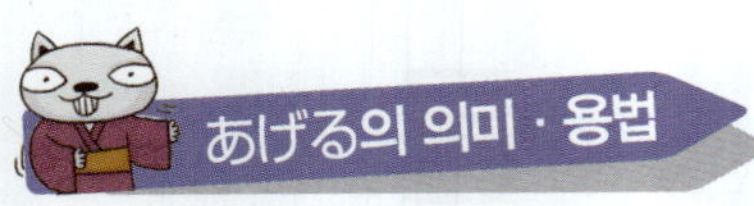

우리말로 '주다'란 뜻이다. 하지만 그냥 단순하게 '주다'로 보면 안 된다. あげる를 사용할 때는 반드시 다음 2가지 용법을 숙지하고 있기 바란다.

あげる의 기본용법

① 내가 남에게 주다 (나 → 남)

② 남이 남에게 주다 (남 → 남)

의미가 이처럼 2가지라는 것을 고급반에서도 제대로 모르는 학생이 많다. 기본기가 중요하다. 철저히 외워두자. 이번엔 이 내용을 예문으로 보자.

① **내가 남에게 주다** (나 → 남) : 私はＡさんに本をあげました。

나는 Ａ 씨에게 책을 주었습니다.

② **남이 남에게 주다** (남 → 남) : ＡさんはＢさんに本をあげました。

Ａ 씨는 Ｂ 씨에게 책을 주었습니다.

일본어도 우리말과 비슷하게 상대가 누구냐에 따라 존경표현을 써야 하는 경우가 있다. 즉 우리말에서는 상대가 윗사람이라면 '주다'가 아니라 '드리다', 좀 오버해서 '바치다'를 사용하듯이, 일본어도 상대에 따라 사용하는 단어가 달라진다. 아래를 보자.

> やる

아랫사람 또는 동식물에게 줄 때는 やる를 쓴다. 그러나 너무 이 사실을 의식하지 않아도 좋다. 즉 나보다 어린 일본인이라고 해서 굳이 やる를 쓸 필요 없다. 아랫사람이나 동식물이라도 あげる를 쓰면 된다.

いもうと
妹 여동생
はな
花 꽃
みず
水 물
いぬ
犬 개

私は妹に本をやりました。　　나는 여동생에게 책을 주었습니다.

私は花に水をやりました。　　나는 꽃에 물을 주었습니다.

私は犬にえさをやりました。　　나는 개에게 먹이를 주었습니다.

> さしあげる

윗사람에게 드릴 때는 さしあげる를 쓴다.

せんせい
先生 선생님
ほん
本 책

私は先生に本をさしあげました。　　저는 선생님께 책을 드렸습니다.

あげる의 기본용법

① 내가 남에게 주다 (나 → 남)

② 남이 남에게 주다 (남 → 남)

もらう는 우리말로 '받다'란 뜻이다. 하지만 그냥 단순하게 '받다'로 보면 안 된다.
もらう를 사용할 때는 반드시 다음 2가지 용법을 숙지하고 있기 바란다.

● もらうの 기본용법 ●

① 내가 남에게 받다 (나 ← 남)

② 남이 남에게 받다 (남 ← 남)

이 もらう란 단어는 우리말로 '받다'란 뜻이다. 일본어에서는 아주 중요한 표현으로 고급 일본어를 구사하기 위해 절대 무시할 수 없는 표현이다. 얼핏 보면 간단해 보이지만 그렇지 않다.

앞에서 본 あげる보다 훨씬 까다로우며, 실제로 꽤 오래 일본어를 공부한 학생들 중에서도 제대로 모르는 사람이 많다. 역시 기본기가 최고다. 철저히 외워두자.

다음 예문을 보자.

내가 남에게 받다 (나 ← 남): 私はCさんに(から)本をもらいました。

나는 C 씨에게 책을 받았습니다.

남이 남에게 받다 (남 ← 남): BさんはAさんに(から)本をもらいました。

B 씨는 A 씨에게 책을 받았습니다.

일본어도 우리말처럼 상대가 누구냐에 따라 존경표현을 써야 하는 경우가 있다. 이 もらう도 마찬가지다.

いただく

윗사람에게 받을 때 (혹은 정중함을 표시하고 싶을 때)는 いただく를 쓰는데, 우리말 번역이 좀 곤란하다. 즉 もらう이든 いただく이든 '받다'로 해석할 수 밖에 없다. 그렇다고 해서 무슨 사극도 아니고 '받자옵다'이런 말 쓸 수도 없지 않는가?

先生 선생님
せんせい

本 책
ほん

私は先生に本をいただきました。　　저는 선생님께 책을 받았습니다.

위에서 본 あげる에서는 아랫사람 또는 동식물에게 줄 때는 やる를 쓴다고 했다. 그럼 이 もらう는 어떨까? 결론부터 말하면 もらう는 해당사항 없다. 즉 윗사람에게 받았을 때는 いただく로 정중함을 나타내지만, もらう에는 아랫사람에게 받았을 때 쓰는 표현은 따로 없다.

もらう의 기본용법

① 내가 남에게 받다 (나 ← 남)

② 남이 남에게 받다 (남 ← 남)

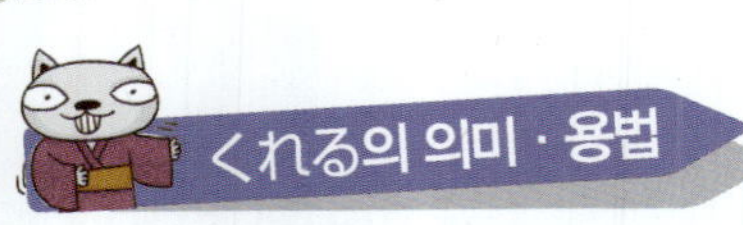

이 くれる도 우리말로 '주다'란 뜻이다. '주다'? 그럼 위에서 본 あげる와 같은 뜻이란 말이 되는데, 어디까지나 우리말 해석이 같을 뿐이지 그 용법은 다르니 주의해야 한다.

> #### くれる의 기본용법
>
> ① 남이 나에게 주다 (남 → 나)
>
> ② 남이 (내 가족, 친구, 동료) 에게 주다 (남 → 내 가족, 친구, 동료)

あげる의 용법은 '① 내가 남에게 주다 ② 남이 남에게 주다'였다. くれる도 단순 우리말 해석은 같은 '주다'이지만 그 방향이 다르다는 점을 잊지 말아야 한다. 이해하시겠나? 같은 '주다'라도 くれる는 '남이 나에게 주다' (남 → 나)란 용법이다. 이처럼 우리말로는 같은 '주다'라도 일본어에서는 철저하게 あげる와 くれる를 구별해 사용해야 한다. くれる에 한 가지 더 추가할 내용이 있는데, ②번을 보자. くれる의 의미가 '남이 나에게 주다'라고 했지만 '나' 대신에 다른 사람이 들어갈 수도 있다. 들어가는 사람은 대개 '내 가족'이지만 '내 친구, 동료'도 들어갈 수도 있다. 즉 상대보다 나에게 더 가까운 사람이 '나' 대신에 들어갈 수 있는 것이다. 역시 기본기가 중요하다. 철저히 외워두자. 다음 예문을 보자.

本 책
妹 여동생

남이 나에게 주다 (남 → 나) : Cさんは私に本をくれました。

C 씨는 나에게 책을 주었습니다.

남이 (내 가족, 친구, 동료)에게 주다 (남 → 내 가족, 친구, 동료) :

Cさんは(私の)妹に本をくれました。

C 씨는 (내)여동생에게 책을 주었습니다.

くれるも あげる, もらう처럼 상대에 따라 존경표현을 써야 한다.

くださる

윗사람이 주실 때는 くださる를 쓰고, '주시다'로 해석하면 된다.

先生は私に本をくださいました。　　선생님은 저에게 책을 주셨습니다.

先生 선생님
本 책

그럼 아랫사람이 나에게 주었을 때는 뭐라고 쓸까? もらう처럼 くれる도 해당사항 없다. 즉 윗사람이 주셨을 때는 くださる를 사용하지만, 아랫사람이 나에게 주었을 때 쓰는 표현은 따로 없다.

くれる의 기본용법

① 남이 나에게 주다 (남 → 나)

② 남이 (내 가족, 친구, 동료) 에게 주다 (남 → 내 가족, 친구, 동료)

우리말과 다르지 않은가? 우리말은 내가 주던 남이 주던 무조건 '주다' 한 단어면 해결되지만 일본어는 주는 사람이 누구냐에 따라 동사가 달라진다는 점을 절대 잊지 말기 바란다.

마지막으로 다음 예문을 한번 더 잘 읽어 보자.

田中 다나카
本 책
鈴木 스즈키
先生 선생님
息子 아들

명사 주고받기 총예문

私は田中さんに本をあげました。

나는 다나카 씨에게 책을 주었습니다.

田中さんは鈴木さんに本をあげました。

다나카 씨는 스즈키 씨에게 책을 주었습니다.

私は先生に本をさしあげました。　　나는 선생님께 책을 드렸습니다.

私は田中さんに本をもらいました。　　나는 다나카 씨에게 책을 받았습니다.

鈴木さんは田中さんに本をもらいました。

스즈키 씨는 다나카 씨에게 책을 받았습니다.

私は先生に本をいただきました。　　나는 선생님께 책을 받았습니다.

田中さんは私に本をくれました。　　다나카 씨는 나에게 책을 주었습니다.

田中さんは私の息子に本をくれました。

다나카 씨는 우리 아들에게 책을 주었습니다.

先生は私に本をくださいました。　　선생님은 나에게 책을 주셨습니다.

1 다음 문장을 일본어로 만들어 보세요.

① 나는 다나카 씨에게 빵을 주었습니다.

➡ ___________________________________

② 다나카 씨는 스즈키 씨에게 빵을 주었습니다.

➡ ___________________________________

③ 나는 선생님께 빵을 드렸습니다.

➡ ___________________________________

④ 나는 다나카 씨에게 빵을 받았습니다.

➡ ___________________________________

⑤ 스즈키 씨는 다나카 씨에게 빵을 받았습니다.

➡ ___________________________________

⑥ 나는 선생님께 빵을 받았습니다.

➡ ___________________________________

⑦ 다나카 씨는 나에게 빵을 주었습니다.

➡ ___________________________________

⑧ 다나카 씨는 우리 아들에게 빵을 주었습니다.

➡ ___________________________________

⑨ 선생님은 나에게 빵을 주셨습니다.

➡ ___________________________________

02 동사를 주고받기

'동사 주고받기' 하니까 무지 거창하게 들리는데, 사실은 그렇지도 않다. 앞에서 '명사 주고받기' 를 보았는데, 말 그대로 명사를 주고 받는 표현이었다. 그에 비해 '동사 주고받기'는 눈에 보이지 않는 어떤 동작이나 행위를 주고 받는 것이다. 예를 들어 '소개해주다, 소개받다, 열어주다, 가르쳐주다, 만들어주다, 보여주다, 고쳐주다……' 등등, 눈에 보이는 물건을 주고 받는 게 아니라 어떤 동작, 행위를 주고 받는다는 뜻이다.

앞서 본 '명사 주고받기'에서의 あげる, もらう, くれる의 의미와 용법을 잘 이해했다면 이 '동사 주고받기'도 쉽게 따라 올 수 있다. 즉 あげる, もらう, くれる의 의미와 용법은 절대로 바뀌지 않는다. 그대로 둔다. 절대로 손대지 마시라. 차이가 하나 있다면 동사의 て형에 접속한다는 것이다. 이 점만 명심하면 된다.

Ⓥてあげる

① 내가 남에게 Ⓥ해 주다 (나 → 남)

② 남이 남에게 Ⓥ해 주다 (남 → 남)

Ⓥてもらう

① 내가 남에게 Ⓥ해 받다 (나 ← 남)

② 남이 남에게 Ⓥ해 받다 (남 ← 남)

Ⓥてくれる

① 남이 나에게 Ⓥ해 주다 (남 → 나)

② 남이 (내 가족, 친구, 동료)에게 Ⓥ해 주다 (남 → 내 가족, 친구, 동료)

표에서 봐도 알 수 있듯이 동사의 て형에 접속한다는 것뿐이지 의미나 용법 등은 전혀 달라질 것이 없다. 조금 더 자세히 알아보자.

명사 주고받기에서 배운 あげる와 똑같다. 다만 동사 て형이 앞에 와서 'Ⓥ해 주다'로 해석된다는 차이뿐이다.

Ⓥてあげる의 기본용법

① 내가 남에게 Ⓥ해 주다 (나 → 남)

② 남이 남에게 Ⓥ해 주다 (남 → 남)

本 책
買う 사다

역시 명사 주고받기에서 배운 あげる와 똑같다. 다만 동사 て형이 앞에 온다는 차이밖에 없다.

① **내가 남에게 Ⓥ해 주다** (나 → 남) :

私はＡさんに本を買ってあげました。

나는 A 씨에게 책을 사 주었습니다.

② **남이 남에게 Ⓥ해 주다** (남 → 남) :

ＡさんはＢさんに本を買ってあげました。

A씨는 B 씨에게 책을 사 주었습니다.

명사 주고받기에서 상대에 따라 아랫사람 또는 동식물에게 줄 때는 やる를, 윗사람에게 드릴 때는 さしあげる를 쓰는 등, 사용하는 단어가 달라진다고 했지만, 실제로는 이론상으로만 그렇지 잘 쓰이지는 않는다. 따라서 굳이 Ⓥてやる, Ⓥてさしあげる를 쓸 필요는 없고 그냥 Ⓥてあげる를 쓰면 된다고 생각하기 바란다.

① 내가 남에게 Ⓥ해 주다 (나 → 남)

② 남이 남에게 Ⓥ해 주다 (남 → 남)

私は鈴木さんに英語を教えてあげました。

나는 스즈키 씨에게 영어를 가르쳐 주었습니다.

私は木村さんにお金を貸してあげました。

나는 기무라 씨에게 돈을 빌려 주었습니다.

金さんは田中さんにキムチを作ってあげました。

김 씨는 다나카 씨에게 김치를 만들어 주었습니다.

田中さんは鈴木さんにシャツを買ってあげました。

다나카 씨는 스즈키 씨에게 셔츠를 사 주었습니다.

잊지 마시라. 동사에 붙어 있어도 あげる의 기본 용법은 절대 불변이다.

① 내가 남에게 주다 (나 → 남)

② 남이 남에게 주다 (남 → 남)

鈴木 스즈키
英語 영어
教える 가르치다
木村 기무라
お金 돈
貸す 빌려주다
田中 다나카
作る 만들다
買う 사다

명사 주고받기에서 배운 もらう와 똑같은데 다만 동사 て형이 앞에 와서 'Ⓥ해 받다'로 해석된다는 차이뿐이다. 그런데 もらう 하나만 쓰면 우리말로 '받다'로 해석되고 쉽게 이해가 되는데, 지금처럼 동사에 접속이 되니 좀 해석이 묘해진다. 'Ⓥ해 받다'로 해석하면 아마 우리 한국인들에겐 상당한 거부감이 느껴질 것이다. 하지만 우리말로는 좀 이상할지 몰라도 일본어에서는 아주 자연스러우며 또한 아주 일본인들이 즐겨 쓰는 표현이다. 앞서도 말했지만 고급 일본어를 구사하기 위해서는 반드시 필요한 표현이니 잘 익혀놓으시기 바란다.

Ⓥてもらう의 기본용법

① 내가 남에게 Ⓥ해 받다 (나 ← 남)

② 남이 남에게 Ⓥ해 받다 (남 ← 남)

위에서 'Ⓥ해 받다'라고 해석했지만, 우리말에서는 거의 쓰이지 않는 표현이다. 우리말로는 'Ⓥ해 주다'로 의역해야 하는 경우가 많으니 해석할 때 국어실력을 발휘해야 한다.

① **내가 남에게 Ⓥ해 받다** (나 ← 남) :

私はＣさんに本を買ってもらいました。

직역 : 나는 Ｃ 씨에게 책을 사 받았습니다.

의역 : Ｃ 씨는 나에게 책을 사 주었습니다.

② **남이 남에게 Ⓥ해 받다** (남 ← 남) :

ＢさんはＡさんに本を買ってもらいました。

직역 : Ｂ 씨는 Ａ 씨에게 책을 사 받았습니다.

의역 : Ａ 씨는 Ｂ 씨에게 책을 사 주었습니다.

왜 국어실력이 필요한지 이해하시겠나? 다시 말하지만 우리말로 Ⓥてもらう는 직역해서는 어색한 경우가 대부분이다. 의역을 잘해 주기 바란다.

Ⓥてあげる에서는 상대에 관계없이 그냥 Ⓥてあげる 만 써도 괜찮다고 했는데, Ⓥてもらう에서는 얘기가 달라진다. Ⓥてもらう에서는 윗사람에게 어떤 행위를 해 받았을 때 Ⓥていただく를 아주 즐겨 쓴다.

先生 선생님
友達 친구
紹介 소개
日本語 일본어
教える 가르치다

私は先生に本を買っていただきました。

직역 : 저는 선생님께 책을 사 받았습니다.

의역 : 선생님은 저에게 책을 사 주셨습니다.

私は先生に友達を紹介していただきました。

직역 : 저는 선생님께 친구를 소개받았습니다.

의역 : 선생님은 저에게 친구를 소개해 주셨습니다.

私は田中先生に日本語を教えていただきました。

직역 : 저는 다나카 선생님께 일본어를 가르쳐 받았습니다.

의역 : 다나카 선생님은 저에게 일본어를 가르쳐 주셨습니다.

• Ⓥてもらう의 기본용법 •

① 내가 남에게 Ⓥ해 받다 (나 ← 남)

② 남이 남에게 Ⓥ해 받다 (남 ← 남)

荷物 짐
持つ 들다, 가지다
作る 만들다

私は友達に荷物を持ってきてもらいました。

직역 : 나는 친구에게 짐을 들고 와 받았습니다.

의역 : 친구가 짐을 들고 와 주었습니다.

田中さんは金さんにキムチを作ってもらいました。

직역 : 다나카 씨는 김씨에게 김치를 만들어 받았습니다.

의역 : 김씨는 다나카 씨에게 김치를 만들어 주었습니다.

私は先生に日本語を教えていただきました。

직역 : 저는 선생님께 일본어를 가르쳐 받았습니다.

의역 : 선생님께서 저에게 일본어를 가르쳐 주셨습니다.

鈴木さんは田中さんにシャツを買ってもらいました。

직역 : 스즈키 씨는 다나카 씨에게 셔츠를 사 받았습니다.

의역 : 다나카 씨는 스즈키 씨에게 셔츠를 사 주었습니다.

직역을 하면 엄청 어색한 문장들이다. 우리말로 직역을 하다 보니 어쩔 수 없는 것이긴 하지만, 그래도 어색함은 우리들 가슴에 한없이 밀려온다. 이 어색함 때문에 우리 한국인이 까다롭게 느끼는 것이다. 그런데 사실 그 내면을 보면 절대로 내용이 어려워서가 아니다. 간단히 말해 이런 표현이 우리말에는 없기 때문이다. 우리는 보통 '친구가 사 주었다'라고 하지 '친구에게 사 받았다'라는 말은 하지 않는다. 이런 표현차이 때문에 이 내용을 어렵게 느끼는 것뿐이지 그 원리를 알고 나면 절대 어려운 내용은 아니다. 너무 어렵게 생각하지 말고 조금만 생각을 하면서 문장을 보기 바란다. 또한 회화에서 무지 많이 쓰이는 표현이니 잘 연습해 두기 바란다. 아주 유용하게 써 먹을 수 있을 것이다.

잊지 마시라. 동사에 붙어있어도 もらう의 기본 용법은 절대불변이다.

> **주의** 가만 보면 '내가 남에게 받다' 가 있으니까 혹시 '남이 나에게 받다'
> 는 없냐고 궁금해 할 수도 있겠다. 그런 표현은 없다. 왜냐고? 괜히
> 좀 티내는것 같지 않나? '아 그거, 그 친구 나한테 받은 거야' '걔 나
> 한테 가르침 받았어'하면 어떤가? 좀 재수 없지 않나? 그래서 '남이
> 나에게 받다' 는 쓰지 않는다.

Ⓥてくれる의 의미 · 용법

명사 주고받기에서 배운 くれる와 똑같은데 다만 동사 て형이 앞에 와서 '남이
나에게 Ⓥ해 주다'로 해석된다는 차이뿐이다.

명사 주고받기에서 くれる의 의미는 '남이 나에게 주다 (남 → 나)'라고 했는데
동사 주고받기에서도 그 용법은 똑같다. 다만 동사가 와서 '남이 나에게 Ⓥ해 주
다 (남 → 나)'로 쓰이는 것 뿐이다.

① 남이 나에게 Ⓥ해 주다 (남 → 나)

Cさんは私に 友達を紹介してくれました。

C 씨는 나에게 친구를 소개해 주었습니다.

② 남이 내 가족(친구, 가족)에게 Ⓥ해 주다 (남 → 내 가족, 친구, 동료) :

Cさんは(私の)妹に友達を紹介してくれました。

C 씨는 (내)여동생에게 친구를 소개해 주었습니다.

Ⓥてくれる에서는 윗사람이 어떤 행위를 해 주셨을 때 Ⓥてくださる를 써서 'Ⓥ 해 주시다'로 쓸 수 있다.

先生は私に友達を紹介してくださいました。

선생님은 저에게 친구를 소개해 주셨습니다.

先生は私に本を買ってくださいました。

선생님은 저에게 책을 사 주셨습니다.

• Ⓥてくれる의 기본용법 •

① 남이 나에게 주다 (남 → 나)

② 남이 (내 가족, 친구, 동료)에게 주다 (남 → 내 가족, 친구, 동료)

金さんは私に歌を歌ってくれました。

김 씨는 나에게 노래를 불러 주었습니다.

順子さんは私にすき焼きを作ってくれました。

준코 씨는 나에게 스키야키를 만들어 주었습니다.

花子さんは私の妹にピアノを教えてくれました。

하나코 씨는 내 여동생에게 피아노를 가르쳐 주었습니다.

田中先生は私に日本語を教えてくださいました。

다나카 선생님은 저에게 일본어를 가르쳐 주셨습니다.

잊지 마시라. 동사에 붙어있어도 くれる의 기본 용법은 절대불변이다.

동사 주고받기 총예문

私は田中さんに本を買ってあげました。

나는 다나카 씨에게 책을 사 주었습니다.

田中さんは鈴木さんに本を買ってあげました。

다나카 씨는 스즈키 씨에게 책을 사 주었습니다.

私は田中さんに本を買ってもらいました。

직역 : 나는 다나카 씨에게 책을 사 받았습니다.

의역 : 다나카 씨는 저에게 책을 사 주었습니다.

鈴木さんは田中さんに本を買ってもらいました。

직역 : 스즈키 씨는 다나카 씨에게 책을 사 받았습니다.

의역 : 다나카 씨는 스즈키 씨에게 책을 사 주었습니다.

私は先生に本を買っていただきました。

직역 : 저는 선생님께 책을 사 받았습니다.

의역 : 선생님은 저에게 책을 사 주셨습니다.

田中さんは私に本を買ってくれました。

다나카 씨는 나에게 책을 사 주었습니다.

田中さんは私の息子に本を買ってくれました。

다나카 씨는 우리 아들에게 책을 사 주었습니다.

先生は私に本を買ってくださいました。

선생님은 저에게 책을 사 주셨습니다.

1 다음 문장을 일본어로 만들어 보세요.

① 나는 다나카 씨에게 김치를 만들어 주었습니다.

➡ ______________________________

② 다나카 씨는 김 씨에게 김치를 만들어 받았습니다.

➡ ______________________________

③ 다나카 씨는 저에게 스키야키를 만들어 주었습니다.

➡ ______________________________

④ 김 씨는 다나카 씨에게 김치를 만들어 주었습니다.

➡ ______________________________

⑤ 다나카 씨는 제 아들에게 일본어를 가르쳐 주었습니다.

➡ ______________________________

⑥ 나는 다나카 씨에게 한국어를 가르쳐 주었습니다.

➡ ____

⑦ 저는 나카무라 선생님께 일본어를 가르쳐 받았습니다.

➡ ____

⑧ 나카무라 선생님은 저에게 일본어를 가르쳐 주었습니다.

➡ ____

⑨ 다나카 씨는 김 씨에게 한국어를 가르쳐 받았습니다.

➡ ____

⑩ 나카무라 선생님은 저에게 스키야키를 만들어 주셨습니다.

➡ ____

11장

추측 표현

01 らしい

らしい의 의미 · 접속

'~인 것 같다, ~인 듯 하다'란 의미로 주로 객관적인 판단을 기준으로 내리는 추측일 때 사용한다. 즉 자신의 감정을 개입시키지 않고 하는 추측이다. らしい의 판단의 근거는 외부정보, 즉 TV, 라디오, 신문, 잡지, 아니면 남에게 소문으로 들은 이야기 같은 객관적인 사실이다. 신뢰도는 어떤 매체를 정보원으로 삼았느냐에 따라 달라질 것이다. 즉 누구나가 신뢰할만한 공신력 있는 기관의 발표라면 신용해도 좋겠지만, 예를 들어 고속버스 신문가판대에 늘어서 있는 요상한 잡지에서 얻은 정보라면 아무래도 신뢰도가 떨어질 수 밖에 없을 것이다.

らしい의 접속에서 또 다시 보통체가 출현한다. 그런데 명사와 な형용사에서는 좀 주의가 필요하다. 명사의 경우, 현재긍정형에 반드시 だ를 붙여야 보통체가 된다고 했으나, らしい에 접속할 때는 だ가 필요 없다. 오히려 떼어줘야 한다. 그리고 な형용사 현재긍정형에서도 だ는 필요 없다. 이 2가지 사항만 주의하면 된다.

명사

앞서 말한 대로 보통체에 らしい를 그냥 떨렁 붙이면 된다. 현재긍정형에 だ는 필요 없다.

현재긍정	Ⓝらしい　(だ 는 필요 없다)	Ⓝ인 것 같다
현재부정	Ⓝでは(じゃ)ないらしい	Ⓝ가(이) 아닌 것 같다
과거긍정	Ⓝだったらしい	Ⓝ였던 것 같다
과거부정	Ⓝでは(じゃ)なかったらしい	Ⓝ가(이) 아니었던 것 같다

韓国 한국
はじめて 처음
日本 일본
車 자동차

田中さんは韓国ははじめてらしいです。

다나카 씨는 한국은 처음인 것 같습니다.

田中さんは韓国ははじめてではないらしいです。

다나카 씨는 한국은 처음이 아닌 것 같습니다.

田中さんは韓国ははじめてだったらしいです。

다나카 씨는 한국은 처음이었던 것 같습니다.

田中さんは韓国ははじめてではなかったらしいです。

다나카 씨는 한국은 처음이 아니었던 것 같습니다.

日本の車らしいです。　　　　　일본의 자동차인 것 같습니다.

日本の車ではないらしいです。　　일본의 자동차가 아닌 것 같습니다.

日本の車だったらしいです。　　　일본의 자동차였던 것 같습니다.

日本の車ではなかったらしいです。　일본의 자동차가 아니었던 것 같습니다.

 명사 현재긍정형에 접속할 때는 반드시 だ를 떼어내고 접속한다.

な형용사 역시 보통체에 접속하는데 한 가지만 주의하자. 현재긍정형에 접속할 때는 반드시 어미 だ를 떼어내고 접속한다는 것만 주의하기 바란다.

현재긍정	な Ⓐ らしい (어미 だ는 필요 없다)	な Ⓐ한 것 같다
현재부정	な Ⓐ では(じゃ)ないらしい	な Ⓐ하지 않은 것 같다
과거긍정	な Ⓐ だったらしい	な Ⓐ했던 것 같다
과거부정	な Ⓐ では(じゃ)なかったらしい	な Ⓐ하지 않았던 것 같다

きょうしつ
教室 교실
まち
街 거리

教室はしずかららしいです   교실은 조용한 것 같습니다.

教室はしずかではないらしいです。   교실은 조용하지 않은 것 같습니다.

教室はしずかだったらしいです。   교실은 조용했던 것 같습니다.

教室はしずかではなかったらしいです。   교실은 조용하지 않았던 것 같습니다.

街はにぎやかららしいです。   거리는 번화한 것 같습니다.

街はにぎやかではないらしいです。   거리는 번화하지 않은 것 같습니다.

おんな
女らしい 여자답다
す
好きだ 좋아하다
ほん ど
本土 혼도
み
見る 보다
おとこ
男らしい 남자답다

街はにぎやかだったらしいです。   거리는 번화했던 것 같습니다.

街はにぎやかではなかったらしいです。   거리는 번화하지 않았던 것 같습니다.

깍두기

명사에 접속하는 らしい에는 두 가지 의미가?

명사에 접속하는 らしい에는 두 가지 의미로 추측의 의미와 'Ⓝ답다, Ⓝ스럽다'라는 의미도 있다. 단 명사에 접속할 때만 해당한다. 다른 품사에는 이런 용법이 없다.

① 私は女らしい女が好きです。   나는 여성스러운 여성을 좋아합니다.

② 本土さんはいつ見ても男らしい。   혼도 씨는 언제 봐도 남자답다.

잘 기억해 두기 바란다. 명사에 붙는 らしい는 뜻이 두 가지이다.

Ⓝ らしい   ① Ⓝ인 것 같다 (추측)   ② Ⓝ답다, Ⓝ스럽다

>  **주의** な형용사 현재긍정형에 접속할 때는 반드시 어미 だ를 떼어내고 어간에만 접속한다.

역시 い형용사도 보통체에 그대로 접속해 주면 된다.

현재긍정	い@いらしい	い@한 것 같다
현재부정	い@くないらしい	い@하지 않은 것 같다
과거긍정	い@かったらしい	い@했던 것 같다
과거부정	い@くなかったらしい	い@하지 않았던 것 같다

おいしいらしいです。　　　맛있는 것 같습니다.

おいしくないらしいです。　맛없는 것 같습니다.

おいしかったらしいです。　맛있던 것 같습니다.

おいしくなかったらしいです。　맛없던 것 같습니다.

いいらしいです。　　　좋은 것 같습니다.

よくないらしいです。　좋지 않은 것 같습니다.

よかったらしいです。　좋았던 것 같습니다.

よくなかったらしいです。　좋지 않았던 것 같습니다.

동사 역시 보통체에 그대로 접속해주면 된다.

현재긍정	ⓥるらしい	ⓥ할 것 같다
현재부정	ⓥないらしい	ⓥ하지 않을 것 같다
과거긍정	ⓥたらしい	ⓥ한 것 같다
과거부정	ⓥなかったらしい	ⓥ하지 않은 것 같다

かれ
彼　ユ
い
行く　가다
かえ
帰る　돌아오다(가다)

彼も行くらしいです。　　　　　　그도 갈 것 같습니다.

彼も行かないらしいです。　　　　그도 가지 않을 것 같습니다.

彼も行ったらしいです。　　　　　그도 간 것 같습니다.

彼も行かなかったらしいです。　　그도 가지 않은 것 같습니다.

彼も帰るらしいです。　　　　　　그도 돌아갈 것 같습니다.

彼も帰らないらしいです。　　　　그도 돌아가지 않을 것 같습니다.

彼も帰ったらしいです。　　　　　그도 돌아간 것 같습니다.

彼も帰らなかったらしいです。　　그도 돌아가지 않은 것 같습니다.

다음 예문들을 여러 번 읽어보기 바란다.

日本人 일본인(사람)	すしがきらいな日本人もいる**らしい**ですよ。 초밥을 싫어하는 일본사람도 있는 것 같습니다.
好きだ 좋아하다	
お父さん 아버지(아빠)	あの人はつりがとても好き**らしい**ですよ。 저 사람은 낚시를 매우 좋아하는 것 같습니다.
夜 밤	
遅い 늦다	となりのお父さんは夜遅くまで働く**らしい**ですよ。 옆집 아버지는 밤늦게까지 일하는 것 같습니다.
働く 일하다	
天気予報 일기예보	天気予報によると明日は雪**らしい**です。 일기예보에 의하면 내일은 눈이 올 것 같습니다.
明日 내일	
雪 눈	先生の家は学校からあまり遠くない**らしい**です。 선생님 집은 학교에서 그다지 멀지 않은 것 같습니다.
先生 선생님	
家 집	道がこんでいて、遅くなった**らしい**ですよ。 길이 막혀서 늦어진 것 같습니다.
学校 학교	
遠い 멀다	最近は青いネクタイをする人が多い**らしい**。 요즘은 파란 넥타이를 하는 사람이 많은 것 같다.
道がこむ 길이 막히다	
最近 최근	先週、彼女はお見合いをした**らしい**です。 지난주, 그녀는 맞선을 본 것 같습니다.
青い 파랗다	
多い 많다	春に咲くさくらはとてもきれい**らしい**ですよ。 봄에 피는 벚꽃은 매우 예쁜 것 같습니다.
先週 지난주	
彼女 그녀	彼は会社をやめて、自分で会社を作る**らしい**。 그는 회사를 그만두고 직접 회사를 만들 것 같다.
お見合い 맞선	
春 봄	こんなミスをするのは、彼**らしくない**。 이런 실수를 하는 것은, 그답지 못하다.
咲く 피다	
彼 그	金さんは日本語が上手**らしい**です。 김 씨는 일본어를 잘하는 것 같습니다.
会社 회사	
自分 자기, 자신	順子さんは肉がきらい**らしい**です。 준코 씨는 고기를 싫어하는 것 같습니다.
作る 만들다	
日本語 일본어	彼はいつも図書館で勉強している。本当に学生**らしい**学生だ。 그는 항상 도서관에서 공부를 하고 있다. 정말 학생다운 학생이다.
上手だ 잘하다	
順子 준코	
肉 고기	
図書館 도서관	
勉強 공부	
本当に 정말로	
学生 학생	

추측 표현

1 다음 문장을 일본어로 만들어 보세요.

① 남자답습니다.

➡ ____

② 저 레스토랑은 맛있는 것 같습니다.

➡ ____

③ 영어를 잘하는 것 같습니다.

➡ ____

④ 모두 피곤한 것 같습니다.

➡ ____

⑤ 북해도는 추운 것 같습니다.

➡ ____

⑥ 몸 상태가 좋지 않은 것 같습니다.

➡ ____

⑦ 비가 올 것 같습니다.

➡ ______________________________________

⑧ 그는 성실한 것 같습니다.

➡ ______________________________________

⑨ 바빠서 밤늦게까지 일하는 것 같습니다.

➡ ______________________________________

⑩ 초밥을 싫어하는 일본인도 있는 것 같습니다.

➡ ______________________________________

⑪ 이런 실수를 하는 것은 그녀답지 못하다.

➡ ______________________________________

⑫ 저 사람은 낚시를 매우 좋아하는 것 같습니다.

➡ ______________________________________

'~인 것 같다, ~인 듯 하다'의 의미로 주로 주관적인 판단을 기준으로 내리는 추측 표현으로 사용한다. 즉 어떤 사실 등에 대해 자신의 감정을 어느 정도 개입시킨 상태로 전할때에 주로 사용하는데, 화자의 신체감각, 즉 시각, 청각, 촉각, 후각, 미각 등을 통해 받아들여진 인상이나 모습을 말하거나, 그러한 관찰을 종합해서 화자가 추측적인 판단을 내릴 경우에 사용한다. 신뢰도는 그 말을 전하는 사람의 개인적 신용도, 즉 누구나가 신뢰할만한 사람 입에서 나온 말이라면 신용해도 좋겠지만, 매번 거짓말만 하는 사람이라면 아무래도 신뢰도가 떨어질 수밖에 없을 것이다.

ようだ의 접속에서도 또 다시 보통체가 출현한다. 그런데 역시 명사와 な형용사에서는 주의해야 하다.

명사의 경우, 현재긍정형에 반드시 だ를 붙여야 보통체가 된다고 했으나, ようだ에 접속할 때는 だ는 사라지고 대신 の가 들어가야 한다. 그리고 な형용사 현재긍정형에서도 だ는 사라지고 대신 な가 들어가야 한다. 이 2가지 사항만 주의하면 된다.

앞서 말한 대로 보통체에 ようだ를 접속하되, 현재긍정형에서는 반드시 だ대신 の가 들어가야 한다.

현재긍정	Ⓝ**の**ようだ （반드시 の가 필요）	Ⓝ인 것 같다
현재부정	Ⓝでは(じゃ)ないようだ	Ⓝ가(이) 아닌 것 같다
과거긍정	Ⓝだったようだ	Ⓝ이었던 것 같다
과거부정	Ⓝでは(じゃ)なかったようだ	Ⓝ가(이) 아니었던 것 같다

韓国 한국
はじめて 처음
まるで 마치, 흡사
ロボット 로봇
働く 일하다
自分 자기
心配する 걱정하다

田中さんは韓国は**はじめての**ようです。

다나카 씨는 한국은 처음인 것 같습니다.

田中さんは韓国は**はじめてではない**ようです。

다나카 씨는 한국은 처음이 아닌 것 같습니다.

田中さんは韓国は**はじめてだった**ようです。

다나카 씨는 한국은 처음이었던 것 같습니다.

田中さんは韓国は**はじめてでなかった**ようです。

다나카 씨는 한국은 처음이 아니었던 것 같습니다.

명사에 접속하는 ようだ의 2가지 의미

추측 말고 또 하나는 'Ⓝ같이, Ⓝ처럼'이라는 해석으로 비유의 의미도 가지고 있다.
단, 이 용법은 역시 명사에만 있다. 다른 품사에는 없다.

① あの人はまるでロボット**のように**働いている。　　저 사람은 마치 로봇같이 일하고 있다.
　*실제로는 로봇이 아님.

② まるで自分のこと**のように**心配している。　　마치 자기 일처럼 걱정하고 있다.
　* 실제로는 자기 일이 아님.

잘 기억해 두기 바란다. 명사에 붙는 ようだ는 뜻이 두 가지이다.
　Ⓝようだ　① Ⓝ인 것 같다 (추측)　② Ⓝ같다 (비유)

日本の車のようです。　일본의 자동차인 것 같습니다.

日本の車ではないようです。　일본의 자동차가 아닌 것 같습니다.

日本の車だったようです。　일본의 자동차였던 것 같습니다.

日本の車ではなかったようです。　일본의 자동차가 아니었던 것 같습니다.

주의 명사 현재긍정형에 접속할 때는 반드시 だ 대신 の가 들어가야 한다.

な형용사 접속에 주의할 점이 하나 있다. 현재긍정형에 접속할 때는 반드시 어미 だ를 な로 바꿔야 한다.

현재긍정	な④なようだ (어미를 な로 바꾼다)	な④한 것 같다
현재부정	な④では(じゃ)ないようだ	な④하지 않은 것 같다
과거긍정	な④だったようだ	な④했던 것 같다
과거부정	な④では(じゃ)なかったようだ	な④하지 않았던 것 같다

教室はしずかなようです。　교실은 조용한 것 같습니다.

教室はしずかではないようです。　교실은 조용하지 않은 것 같습니다.

教室はしずかだったようです。　교실은 조용했던 것 같습니다.

教室はしずかではなかったようです。　교실은 조용하지 않았던 것 같습니다.

田中さんはお酒が好きなようです。
다나카 씨는 술을 좋아하는 것 같습니다.

田中さんはお酒が好きではないようです。
다나카 씨는 술을 좋아하지 않는 것 같습니다.

田中さんはお酒が好きだったようです。　다나카 씨는 술을 좋아했던 것 같습니다.

田中さんはお酒が好きではなかったようです。

다나카 씨는 술을 좋아하지 않았던 것 같습니다.

 주의　な형용사 현재긍정형에 접속할 때는 반드시 어미 *だ*를 な로 바꿔야 한다.

らしい와 마찬가지로 보통체에 그대로 접속해주면 된다.

현재긍정	い Ⓐ いようだ	い Ⓐ 한 것 같다
현재부정	い Ⓐ くないようだ	い Ⓐ 하지 않은 것 같다
과거긍정	い Ⓐ かったようだ	い Ⓐ 했던 것 같다
과거부정	い Ⓐ くなかったようだ	い Ⓐ 하지 않았던 것 같다

おいしいようです。　　　　맛있는 것 같습니다.

おいしくないようです。　　맛없는 것 같습니다.

おいしかったようです。　　맛있던 것 같습니다.

おいしくなかったようです。　맛없던 것 같습니다.

いいようです。　　　　　좋은 것 같습니다.

よくないようです。　　　좋지 않은 것 같습니다.

よかったようです。　　　좋았던 것 같습니다.

よくなかったようです。　좋지 않았던 것 같습니다.

동사 역시 らしい 때와 마찬가지로 보통체에 그대로 접속해주면 된다.

현재긍정	Ⓥるようだ	Ⓥ할 것 같다
현재부정	Ⓥないようだ	Ⓥ하지 않을 것 같다
과거긍정	Ⓥたようだ	Ⓥ한 것 같다
과거부정	Ⓥなかったようだ	Ⓥ하지 않은 것 같다

かれ
彼　그
い
行く　가다
かえ
帰る　돌아오다(가다)

彼も行くようです。　　　　그도 갈 것 같습니다.

彼も行かないようです。　　그도 가지 않을 것 같습니다.

彼も行ったようです。　　　그도 간 것 같습니다.

彼も行かなかったようです。　그도 가지 않은 것 같습니다.

彼も帰るようです。　　　　그도 돌아갈 것 같습니다.

彼も帰らないようです。　　그도 돌아가지 않을 것 같습니다.

彼も帰ったようです。　　　그도 돌아간 것 같습니다.

彼も帰らなかったようです。　그도 돌아가지 않은 것 같습니다.

다음 예문을 여러 번 읽어보자.

この映画はおもしろいようですね。
이 영화는 재미있는 것 같습니다.

星がたくさん出ているから、明日もいい天気のようです。
별이 많이 나와있으니, 내일도 날씨가 좋을 것 같습니다.

田中さんはまた休んでいますね。彼は体が少し弱いようですね。
다나카 씨는 또 결근이군요. 그는 몸이 좀 약한 것 같습니다.

佐藤さんは忙しくて、ピクニックに行けないようです。
사토 씨는 바빠서, 피크닉에 못갈 것 같습니다.

最近はまんがは子供だけじゃなく、大人にも人気があるようです。
요즘 만화는 아이뿐 아니라 어른에게도 인기가 있는 것 같습니다.

彼はいつも汚い服を着ている。あまり家で洗濯しないようだね。
그는 항상 더러운 옷을 입고 있다. 그다지 집에서 빨래를 안하는것 같군.

この食堂はおいしいようです。いつもこんでいます。
이 식당은 맛있는 것 같습니다. 항상 붐비고 있습니다.

彼らはひまなようですね。テレビばかり見ています。
그들은 한가한 것 같습니다. 텔레비전만 보고 있습니다.

本田さんは毎日違う女とデートしている。女性に人気があるようだ。
혼다 씨는 매일 다른 여자와 데이트하고 있다. 여성에게 인기가 있는 것 같다.

毎日お酒を飲んでいるんですね。先生はお酒が好きなようです。
매일 술을 마시고 있군요. 선생님은 술을 좋아하는 것 같습니다.

あの人はイギリス人のようですね。
저 사람은 영국사람 같습니다.

あの声は、誰かがけんかしているようだ。
저 소리는 누군가 싸우고 있는 것 같다.

街はにぎやかなようです。
거리는 번화한 것 같습니다.

その子は元気なようです。
그 아이는 건강한 것 같습니다.

橋本さんはもう家へ帰ったようですね。
하시모토 씨는 이미 집에 돌아간 것 같습니다.

映画 영화
星 별
出る 나오다
明日 내일
天気 날씨
休む 쉬다
彼 그
体 몸
少し 조금, 약간
弱い 약하다
佐藤 사토
忙しい 바쁘다
行く 가다
最近 최근
子供 어린이(아이)
大人 어른
人気 인기
汚い 더럽다
服 옷
着る 입다
家 집
洗濯 세탁
食堂 식당
こむ 붐비다
彼ら 그들
見る 보다
本田 혼다
毎日 매일
違う 다르다
女性 여성
お酒を飲む 술을 마시다
声 목소리
街 거리
元気だ 건강하다
橋本 하시모토
帰る 돌아오다(가다)

らしい와 ようだ의 마지막 비교

아마 이 정도 가지고 らしい, ようだ를 100% 완벽하게 이해하기는 쉽지 않을 것이다. 아래 설명을 다시 읽어보기 바란다.

らしい — 외부정보에 근거하여 객관적 판단

남에게서 들은 이야기, 남의 조사결과 등에 근거하여 말하는 경우.

新聞で見ましたが、台風が来るらしいですよ。

신문을 보았는데, 태풍이 올 것 같더군요.

新聞で見ましたが、台風が来るようですよ。(？)

ようだ — 자신의 감각이나 몸으로 하는 주관적 판단

자신이 직접 체험한 지식에 근거하여 말하는 경우.

空を見ると、台風が来るようですね。 하늘을 보니 태풍이 올 것 같군요.
空を見ると、台風が来るらしいですね。(？)

사실 한두 번 읽어보고 완벽하게 이해하기란 쉽지 않을 것이다. 우선 주어진 접속 등을 완벽히 외운 후에 예문을 100번쯤 읽어보기 바란다. 접속을 외울 때는 특히 명사와 な 형용사의 접속에 각별히 신경쓰기 바란다.

しんぶん
新聞 신문
み
見る 보다
たいふう
台風 태풍
く
来る 오다

そら
空 하늘

1 다음 문장을 일본어로 만들어 보세요.

① 저 사람은 학생인 것 같습니다.

➡ _______________________________________

② 저 레스토랑은 맛있는 것 같습니다.

➡ _______________________________________

③ 영어를 잘 못하는 것 같습니다.

➡ _______________________________________

④ 그는 졸린 것 같습니다.

➡ _______________________________________

⑤ 모두 한가한 것 같습니다.

➡ _______________________________________

⑥ 전철 안은 붐비는 것 같습니다.

➡ _______________________________________

⑦ 그녀는 고기를 싫어하는 것 같습니다.

➡ ____

⑧ 사람이 많은 것 같습니다.

➡ ____

⑨ 바빠서 파티에 못 갈 것 같습니다.

➡ ____

⑩ 다나카 씨는 이미 집에 돌아간 것 같습니다.

➡ ____

⑪ 집에서 쉬고 있는 것 같습니다.

➡ ____

⑫ 이 책은 재미있는 것 같습니다.

➡ ____

かもしれない의 의미 · 접속

'~일지도 모른다'의 의미인 추측 표현으로 자신도 확신하지 못하는, 잘은 모르지만 아마도 그렇지 않을까하는 생각을 표현한다. 보통체에 접속하면 되는데, 명사와 な형용사에서는 주의하시길. 명사의 경우, 현재긍정형에 반드시 だ를 붙여야 보통체가 된다고 했으나, かもしれない가 접속할 때는 だ가 필요 없다. 오히려 떼어줘야 한다. 그리고 な형용사 현재긍정형에서도 어미 だ는 필요 없다. 이 2가지 사항만 주의하면 된다.

명사

보통체에 かもしれない를 접속하면 된다. 단 명사의 현재긍정형에서 だ는 지워야 한다.

현재긍정	Ⓝかもしれない (だ는 필요 없다)	Ⓝ일지도 모른다
현재부정	Ⓝでは(じゃ)ないかもしれない	Ⓝ가(이) 아닐지도 모른다
과거긍정	Ⓝだったかもしれない	Ⓝ이었을지도 모른다
과거부정	Ⓝでは(じゃ)なかったかもしれない	Ⓝ가(이) 아니었을지도 모른다

^{かんこく}
韓国 한국

田中さんは韓国ははじめてかもしれません。

다나카 씨는 한국은 처음일지도 모릅니다.

田中さんは韓国ははじめてではないかもしれません。

다나카 씨는 한국은 처음이 아닐지도 모릅니다.

田中さんは韓国ははじめてだったかもしれません。

다나카 씨는 한국은 처음이었을지도 모릅니다.

田中さんは韓国ははじめてではなかったかもしれません。

다나카 씨는 한국은 처음이 아니었을지도 모릅니다.

田中さんはタレントかもしれません。　다나카 씨는 탤런트일지도 모릅니다.

田中さんタレントではないかもしれません。

다나카 씨는 탤런트가 아닐지도 모릅니다.

田中さんタレントだったかもしれません。　다나카 씨는 탤런트였을지도 모릅니다.

田中さんタレントではなかったかもしれません。

다나카 씨는 탤런트가 아니었을지도 모릅니다.

주의 명사 현재긍정형에 접속할 때는 반드시 だ를 떼어내고 접속한다.

な형용사 역시 보통체에 접속하는데 한 가지만 주의하자. 현재긍정형에 접속할 때는 반드시 어미 だ를 떼어내고 어간에 접속한다는 것만 주의하기 바란다.

현재긍정	な④かもしれない (어미 だ는 필요 없다)	な④할지도 모른다
현재부정	な④では(じゃ)ないかもしれない	な④하지 않을지도 모른다
과거긍정	な④だったかもしれない	な④했을지도 모른다
과거부정	な④では(じゃ)なかったかもしれない	な④하지 않았을지도 모른다

教室はしずかかもしれません。　　　　교실은 조용할지도 모릅니다.

教室はしずかではないかもしれません。　　교실은 조용하지 않을지도 모릅니다.

教室はしずかだったかもしれません。　　교실은 조용했을지도 모릅니다.

教室はしずかではなかったかもしれません。　교실은 조용하지 않았을지도 모릅니다.

街はにぎやかかもしれません。　　　　거리는 번화할지도 모릅니다.

街はにぎやかではないかもしれません。　　거리는 번화하지 않을지도 모릅니다.

街はにぎやかだったかもしれません。　　거리는 번화했을지도 모릅니다.

街はにぎやかではなかったかもしれません。　거리는 번화하지 않았을지도 모릅니다.

 **주의**　な형용사 현재긍정형에 접속할 때는 반드시 어미 だ를 떼어내고 어간
에만 접속한다.

보통체에 그대로 접속해주면 된다.

현재긍정	い(A)いかもしれない	い(A)할지도 모른다
현재부정	い(A)くないかもしれない	い(A)하지 않을지도 모른다
과거긍정	い(A)かったかもしれない	い(A)했을지도 모른다
과거부정	い(A)くなかったかもしれない	い(A)하지 않았을지도 모른다

おいしいかもしれません。　　　　맛있을지도 모릅니다.

おいしくないかもしれません。　　맛없을지도 모릅니다.

おいしかったかもしれません。　　맛있었을지도 모릅니다.

おいしくなかったかもしれません。　맛없었을지도 모릅니다.

いいかもしれません。　　　　　좋을지도 모릅니다.

よくないかもしれません。　　　좋지 않을지도 모릅니다.

よかったかもしれません。　　　좋았을지도 모릅니다.

よくなかったかもしれません。　좋지 않았을지도 모릅니다.

동사 역시 보통체에 그대로 접속해 주면 된다.

현재긍정	Ⓥるかもしれない	Ⓥ할지도 모른다
현재부정	Ⓥないかもしれない	Ⓥ안 할지도 모른다
과거긍정	Ⓥたかもしれない	Ⓥ했을지도 모른다
과거부정	Ⓥなかったかもしれない	Ⓥ안 했을지도 모른다

彼　ユ
行く　가다
帰る　돌아오다(가다)

彼も行くかもしれません。　　　　　　그도 갈지도 모릅니다.

彼も行かないかもしれません。　　　　그도 안 갈지도 모릅니다.

彼も行ったかもしれません。　　　　　그도 갔을지도 모릅니다.

彼も行かなかったかもしれません。　　그도 안 갔을지도 모릅니다.

彼は帰るかもしれません。　　　　　　그는 돌아갈지도 모릅니다.

彼は帰らないかもしれません。　　　　그는 안 돌아갈지도 모릅니다.

彼は帰ったかもしれません。　　　　　그는 돌아갔을지도 모릅니다.

彼は帰らなかったかもしれません。　　그는 안 돌아갔을지도 모릅니다.

04 だろう(でしょう)

だろう의 의미・접속

だろう는 우리말로 '~이겠지'이고, でしょう는 우리말 '~이겠지요'이다. 쉽게 생각해 だろう는 でしょう의 반말쯤 된다고 생각하자. 또 다시 보통체의 출현이다. 지겹겠지만 어쩌겠나? 이렇게 중요한게 바로 이 보통체이다.

명사

명사의 현재긍정형이 だろう・でしょう와 접속할 때는 だ는 필요 없다.

현재긍정	Ⓝだろう (だ는 필요 없다)	Ⓝ이겠지
현재부정	Ⓝでは(じゃ)ないだろう	Ⓝ가(이) 아니겠지
과거긍정	Ⓝだっただろう	Ⓝ었겠지
과거부정	Ⓝでは(じゃ)なかっただろう	Ⓝ가(이) 아니었겠지

현재긍정	Ⓝでしょう (だ는 필요 없다)	Ⓝ이겠지요
현재부정	Ⓝでは(じゃ)ないでしょう	Ⓝ가(이) 아니겠지요
과거긍정	Ⓝだったでしょう	Ⓝ이었겠지요
과거부정	Ⓝでは(じゃ)なかったでしょう	Ⓝ가(이) 아니었겠지요

韓国 ^{かんこく} 한국

田中さんは韓国ははじめてだろう。　다나카 씨는 한국은 처음이겠지.

田中さんは韓国ははじめてではないだろう。　다나카 씨는 한국은 처음이 아니겠지.

田中さんは韓国ははじめてだっただろう。　다나카 씨는 한국은 처음이었겠지.

田中さんは韓国ははじめてではなかっただろう。

다나카 씨는 한국은 처음이 아니었겠지.

田中さんは韓国ははじめてでしょう。

다나카 씨는 한국은 처음이겠지요.

田中さんは韓国ははじめてではないでしょう。

다나카 씨는 한국은 처음이 아니겠지요.

田中さんは韓国ははじめてだったでしょう。

다나카 씨는 한국은 처음이었겠지요.

田中さんは韓国ははじめてではなかったでしょう。

다나카 씨는 한국은 처음이 아니었겠지요.

 명사 현재긍정형에 접속할 때는 반드시 だ를 떼어내고 접속한다.

な형용사 접속에 주의할 점이 하나 있다. 현재긍정형에 접속할 때는 어미 だ는 필요없다.

현재긍정	な④だろう (어미 だ는 필요 없다)	な④하겠지
현재부정	な④では(じゃ)ないだろう	な④하지 않겠지
과거긍정	な④だっただろう	な④했겠지
과거부정	な④では(じゃ)なかっただろう	な④하지 않았겠지

현재긍정	な④でしょう (어미 だ는 필요 없다)	な④하겠지요
현재부정	な④では(じゃ)ないでしょう	な④하지 않겠지요
과거긍정	な④だったでしょう	な④했겠지요
과거부정	な④では(じゃ)なかったでしょう	な④하지 않았겠지요

きょうしつ
教室 교실

教室はしずかだろう。　　　　　　교실은 조용하겠지.
教室はしずかではないだろう。　　교실은 조용하지 않겠지.
教室はしずかだっただろう。　　　교실은 조용했겠지.
教室はしずかではなかっただろう。　교실은 조용하지 않았겠지.

教室はしずかでしょう。　　　　　　教室은 조용하겠지요.
教室はしずかではないでしょう。　　교실은 조용하지 않겠지요.
教室はしずかだったでしょう。　　　교실은 조용했겠지요.
教室はしずかではなかったでしょう。　교실은 조용하지 않겠지요.

 **주의** な형용사 현재긍정형에 접속할 때는 반드시 어미 だ를 떼어내고 어간
에 だろう・でしょう를 접속한다.

보통체에 그대로 접속해주면 된다.

현재긍정	い(A)いだろう	い(A)하겠지
현재부정	い(A)くないだろう	い(A)하지 않겠지
과거긍정	い(A)かっただろう	い(A)했겠지
과거부정	い(A)くなかっただろう	い(A)하지 않았겠지

현재긍정	い(A)いでしょう	い(A)하겠지요
현재부정	い(A)くないでしょう	い(A)하지 않겠지요
과거긍정	い(A)かったでしょう	い(A)했겠지요
과거부정	い(A)くなかったでしょう	い(A)하지 않았겠지요

おいしいだろう。　　　　　　　　　맛있겠지.

おいしくないだろう。　　　　　　　맛없겠지.

おいしかっただろう。　　　　　　　맛있었겠지.

おいしくなかっただろう。　　　　　맛없었겠지.

おいしいでしょう。　　　　　　　　맛있겠지요.

おいしくないでしょう。　　　　　　맛없겠지요.

おいしかったでしょう。　　　　　　맛있었겠지요.

おいしくなかったでしょう。　　　　맛없었겠지요.

동사 역시 보통체에 그대로 접속해주면 된다.

현재긍정	Ⓥ るだろう	Ⓥ하겠지
현재부정	Ⓥ ないだろう	Ⓥ안 하겠지
과거긍정	Ⓥ ただろう	Ⓥ했겠지
과거부정	Ⓥ なかっただろう	Ⓥ안 했겠지

현재긍정	Ⓥ るでしょう	Ⓥ하겠지요
현재부정	Ⓥ ないでしょう	Ⓥ안 하겠지요
과거긍정	Ⓥ たでしょう	Ⓥ했겠지요
과거부정	Ⓥ なかったでしょう	Ⓥ안 했겠지요

彼 그
行く 가다

彼も行くだろう。	그도 가겠지.
彼も行かないだろう。	그도 안 가겠지.
彼も行っただろう。	그도 갔겠지.
彼も行かなかっただろう。	그도 안 갔겠지.

彼も行くでしょう。	그도 가겠지요.
彼も行かないでしょう。	그도 안 가겠지요.
彼も行ったでしょう。	그도 갔겠지요.
彼も行かなかったでしょう。	그도 안 갔겠지요.

* 이들도 어엿한 추측 표현이니 절대로 소홀히 다루지 말고 잘 익혀놓기 바란다.

12 장

수동태

01 수동태 만들기

우리말에서는 수동태 비중이 그리 높지 않지만, 일본어에서는 상당히 비중이 높고 중요한 표현이다. 이 수동태를 우리말로 하자면 'Ⓥ당하다, Ⓥ하게 되어지다, Ⓥ하다' 정도로 해석이 된다.

일본어 수동태를 공부할 때 주의할 점은 너무 직역하려고 하지 말라는 것이다. 즉 우리말에서는 거의 안쓰는 표현들도 꽤 있으니 해석할 때는 자연스러운 우리말을 잘 생각해야 한다.

일본어 수동태에서는 れる와 られる 두 가지 조동사를 사용한다.

5단동사일 때는 **れる**를,
1단동사일 때는 **られる**를 사용한다.

5단동사이든 1단동사이든 우선 ない형을 만들어줘야 한다. 그리고 이 ない형에 각각 れる 혹은 られる를 접속하면 완성된다. 그럼 불규칙동사는? 늘 하는 말이지만 2개뿐이니 그대로 외워주는 것이 좋다.

> 5단Ⓥ ない형 + れる
> 1단Ⓥ ない형 + られる
> する → される   くる → こられる

'Ⓥ당하다, Ⓥ하게 되어지다, Ⓥ하다' 등으로 해석한다. 하지만 문장에 따라서는 직역보다는 의역을 해야 하는 경우가 많다. 왜냐하면 우리말은 일본어나 영어에 비해 수동태를 그다지 사용하지 않는 언어이기 때문에 직역하면 어색한 표현이 대부분이다. 여러분의 국어실력이 필요하게 된다. 수동태의 접속은 우선 동사를 ない형으로 만들고 동사 종류에 따라 조동사 れる・られる를 접속해 준다.

5단동사에는 조동사 れる를 사용한다. 우선 5단동사를 ない형으로 바꾸고, 여기에 れる를 접속하면 5단동사 수동태가 완성된다.

── 5단동사의 ない형 만드는 법 ──

> 모든 5단동사는 어미가 う단으로 끝나는데 이 어미 う단을 あ단으로 바꾸면 5단동사 ない형이 완성된다.

$$5Ⓥう단 \rightarrow 5Ⓥ ない형 + れる \rightarrow 5Ⓥ ない형 れる$$

い言う 말하다	いう	→	いわ + れる	→	いわれる	일컬어지다
ころ殺す 죽이다	ころす	→	ころさ + れる	→	ころされる	살해되다
しか叱る 야단치다	しかる	→	しから + れる	→	しかられる	혼나다, 야단맞다
け蹴る 차다	ける	→	けら + れる	→	けられる	차이다
こわ壊す 부수다	こわす	→	こわさ + れる	→	こわされる	파괴되다
ふ踏む 밟다	ふむ	→	ふま + れる	→	ふまれる	밟히다
する 소매치기 하다	する	→	すら + れる	→	すられる	소매치기 당하다
なぐ殴る 때리다	なぐる	→	なぐら + れる	→	なぐられる	두들겨 맞다
か噛む 물다, 씹다	かむ	→	かま + れる	→	かまれる	물리다
ぬす盗む 훔치다	ぬすむ	→	ぬすま + れる	→	ぬすまれる	도둑맞다

5단동사 ない형에 れる를 접속하고 있다. 이렇게 5단동사의 수동태가 만들어 진다. 혹시나 하는 맘에서 하는 소리인데, 지금 ない형이 헷갈리는 분들은 다시 앞으로 가서 외워주기 바란다.

1단동사에는 조동사 られる를 사용한다. 우선 1단동사를 ない형으로 바꾸고 여기에 られる를 접속하면 1단동사 수동태가 완성된다.

→ 1단동사의 ない형 만드는 법 ←

모든 1단동사는 어미가 る로 끝나는데 이 어미 る를 제거하면 1단동사 ない형이 완성된다.

1ⓥる → 1ⓥない형 + られる → 1ⓥない형られる

みる	→ み + られる	→ みられる	보는걸 당하다
にげる	→ にげ + られる	→ にげられる	도망감을 당하다
いじめる	→ いじめ + られる	→ いじめられる	이지메당하다
ほめる	→ ほめ + られる	→ ほめられる	칭찬받다
つかまえる	→ つかまえ + られる	→ つかまえられる	잡히다
たべる	→ たべ + られる	→ たべられる	먹히다

見る 보다
逃げる 도망치다
いじめる 괴롭히다
ほめる 칭찬하다
捕まえる 잡다, 체포하다
食べる 먹다

1단동사 ない형에 られる를 접속하고 있다. 이렇게 1단동사의 수동태가 만들어 진다.

자꾸 말하지만 불규칙동사는 2개뿐이다. 그냥 외우자.

する	→	される	당하다
くる	→	こられる	(상대에게) 오는 행위를 받다

우선 예문을 많이 읽어보는 게 최고다. 앞에서도 여러 번 말했지만 무조건 100번은 기본이다. 꼼꼼하게 정독해보자.

蚊 모기
刺す 쏘다, 물다
となり 옆, 이웃
服 옷
汚す 더럽히다
電車 전철, 지하철
中 속, 안
足 다리
踏む 밟다
作る 만들다
中村 나카무라
作り方 만드는 방법
教える 가르치다
由美子 유미코
犬 개
手 손
噛む 물다, 씹다
財布 지갑
英語 영어
世界中 전세계
使う 사용하다
弟 남동생
母 어머니(엄마)
東京 동경
物価が高い 물가가 비싸다
言う 말하다
恋人 애인
手紙 편지
読む 읽다

私は蚊に刺されました。　나는 모기에게 물렸습니다(쏘였습니다).

私はとなりの人に服を汚されました。

직역 : 나는 옆 사람에게 옷을 더럽힘을 당했습니다.

의역 : 옆 사람이 내 옷을 더럽혔습니다.

電車の中でとなりの人に足を踏まれてしまいました。

전철 안에서 옆 사람에게 발을 밟혔습니다.

ワインはぶどうから作られます。　와인은 포도로 만들어집니다.

中村さんは金さんにカルビの作り方を教えられた。

나카무라 씨는 김 씨에게 갈비 만드는 법을 배웠다.

由美子さんは犬に手を噛まれました。

유미코 씨는 개에게 손을 물렸습니다.

(由美子さんの手は (×) : 개에게 물려 피해를 본 것은 '유미코'라는 사람이지 '손'이 아니다)

私はすりに財布をすられました。　나는 소매치기에게 지갑을 소매치기 당했습니다.

(私の財布は (×) : 소매치기를 당해 피해를 본 것은 '나'지 '지갑'이 아니다)

英語は世界中で使われています。　영어는 전세계에서 사용되고 있습니다.

弟は母にほめられました。　동생은 엄마에게 칭찬 받았습니다.

東京は物価が高いと言われています。

동경은 물가가 비싸다고 일컬어지고 있습니다.

私は弟に、恋人から来た手紙を読まれました。

직역 : 나는 동생에게 애인에게 온 편지를 읽힘을 당했습니다.

의역 : 동생이 내 애인에게서 온 편지를 읽었습니다.

02 迷惑의 수동태

초급 단계에서 迷惑을かける 라는 말을 들어보셨을 것이다. '피해를 주다, 폐를 끼치다'라는 간단한 관용구이다. 이번 단락에서 배울 내용은 바로 이 迷惑(めいわく) 와 관계가 깊다. 제목에 迷惑의 수동태라고 쓰여있다. 그럼 직역하면 '피해의 수동태, 폐의 수동태'라는 다소 황당한 해석이 된다. 그래서 우리말로 굳이 해석하지 않고 그냥 迷惑의 수동태라고 하겠다.

이 迷惑의 수동태를 좀 쉽게 말해보자면, 다른 사람 혹은 무엇인가에 의해 내가 손해를 보았다, 곤란하다, 슬프다, 싫다 등등의 기분을 나타낼 때 사용하는 수동태 표현이다. 즉 한 마디로 마이너스의 기분일 때 주로 사용한다. 같은 수동태 표현이라도 이 迷惑의 수동태는 앞서 배운 일반적인 수동태와는 달리 손해, 피해 혹은 안 좋은 일 등을 당했다는 기분이나 상황을 나타낸다. 아래 예문을 보면 좀 더 확실해질 것이다.

行く 가다
雨が降る 비가 내리다
泳ぐ 수영하다

① プールへ行った時、雨が降りました。 + 泳げませんでした。
수영장에 갔을 때, 비가 왔습니다. + 수영할 수 없었습니다.

プールへ行った時、雨に降られて、泳げませんでした。
직역 : 수영장에 갔을 때, 비에게 내림을 당해서 수영할 수 없었습니다.
의역 : 수영장에 갔을 때 비가 와서, 수영할 수 없었습니다.

직역을 해놓고 보니 엄청 어색한 문장이 나온다. 하지만, 그 의미는 이해할 수 있을 것이다. 모처럼 풀장에 갔는데 비가 왔다, 그래서 수영을 못했다. 어떤 기분일까? 뭐 무지하게 열 받을 정도는 아니겠지만, 어쨌든 내리는 비가 좀 원망스럽기는 할 것이다.

우리말에서 '비가 온다'는 雨が降る로 표현하였다. 이렇게 하면 될걸 굳이 雨に降られる 즉, 직역해서 '비에게 내림을 당하다'로 말하는 이유는 비가 내림으로 내가 손해를 봤다, 또는 피해를 봤다 등을 말하고 싶은 것이다. 이 문장을 보면 이 말을 한 사람의 기분을 쉽게 짐작할 수 있다. 만나볼 필요도 없다. 썩 좋지 않은 기분을 가진, 비에 대해 안 좋은 추억이 있는 사람이다.

試験 시험
勉強 공부
時 때
友達 친구
来る 오다

② **試験の勉強をしている時に、友達が来ました。 ＋ 勉強ができませんでした。**

시험공부를 하고 있을 때, 친구가 왔습니다. ＋ 공부를 할 수 없었습니다.

試験の勉強をしている時に友達に来られて、勉強ができませんでした。

직역 : 시험공부를 하고 있을 때, 친구에게 옴을 당해서 공부를 할 수 없었습니다.

의역 : 시험공부를 하고 있을 때, 친구가 와서 공부를 할 수 없었습니다.

역시 직역하면 어설픈 문장이 된다. 친구. 얼마나 듣기 좋은 단어인가? 근데 그 친구가 늘 반갑지는 않은 모양이다. 만약 내일 아주 중요한 시험이 있다고 하자. 이 시험을 못 보면 난 졸업을 못 할 수도 있는 아주 중요한 시험이다. 그런데 나는 공부를 전혀 한 상태가 아니다. 오늘 밤을 새워서라도 시험공부를 해야만 하는 상황에 친구가 찾아왔다. 그것도 빈손으로 온 게 아니라 한 손엔 양주 한 병, 그리고 한 손엔 치즈 한 덩어리… 평소 같으면 내 집에 오는 게 반갑고 기쁜 친구라도, 이런 상황이라면 어떨까? 그리고 그 친구와 부어라 마셔라 하다 그만 잠들어 버렸고, 시험장에는 아예 가지도 못했다면… 이런 상황이라면 이 친구의 방문이 아마 모르긴 몰라도 상당히 원망스러울 것이다.

③ 父が死にました ＋ お金がなくて大学に行けませんでした。

아버지가 돌아가셨습니다. ＋ 돈이 없어 대학에 갈 수 없었습니다.

父に死なれて、お金がなくて大学に行けませんでした。

직역 : 아버지에게 돌아가심을 당해서, 돈이 없어 대학에 갈 수 없었습니다.

의역 : 아버지가 돌아가셔서, 돈이 없어 대학에 갈 수 없었습니다.

이 문장만 보면 난리가 난다. 이게 도대체 아버지가 돌아가셨다는 말인지, 아니면 내가 아버지한테 살해당했다는 말인지… 결론부터 말하자면 이건 아버지가 돌아가셨다는 문장이다. 그럼 그냥 父が死にました를 쓰면 안 되냐고 생각할 것이다. 물론 안될 건 없다. 하지만, 굳이 父に死なれました라고 쓰는 데에는 다 이유가 있다. 사람은 누구나 죽는다. 우리의 부모님도 언젠가는 돌아가실 것이다. 근데 문제는 그 자녀가 어느 정도 장성한 다음에 돌아가시는 것과, 아직 어린 나이에 돌아가신 건 큰 차이가 있을 것이다. 물론 아버지라는 존재는 돈 버는 기계가 아니다. 하지만 어린 나이에 아버지가 돌아가신다면 정신적으로든, 물질적으로든 커다란 충격이 되는 것은 틀림없을 것이다. 위의 예문을 보면 돈이 없어 대학을 포기했다는 말이 나온다. 물론 아버지라고 해서 원하신 건 아니겠지만, 어쨌든 자식입장에서는 아버지가 돌아가신 게 조금은 원망스러울 수밖에 없을 것이다.

④ **子供が泣きました。＋ 寝られませんでした。**

아이가 울었습니다. 잠을 잘 수 없었습니다.

子供に泣かれて、寝られませんでした。

직역 : 아이에게 우는 것을 당해서, 잠을 잘 수 없었습니다.

의역 : 아이가 울어서, 잠을 잘 수 없었습니다.

아이를 처음 낳아보신 분이라면 그 기쁨과 환희를 충분히 이해하실 것이다. 그런데 문제는 아직 갓난아기일 때는 시도 때도 없이 울어대는 게 큰 문제이다. 특히 아침에 일찍 일어나 일하러 나가야 하는 사람들에겐 더더욱 고역일 수밖에 없다. 잠은 자야 하는데 아기는 울어대지, 그렇다고 귀엽고 예쁜 내 아기를 다시 엄마 뱃속에 넣을 수도 없고…… 이 문장에서 느껴지는 아기 부모의 마음을 이해하시겠나? 같은 아기가 우는 것이라도 낮에 우는 것과 밤에 자야 할 시간에 우는 것은 너무도 다른 느낌일 것이다. 다음날 수면부족으로 피곤한 몸을 끌고 출근해서, 하품해대며 졸린 눈을 비비게 되면, 아무래도 아기의 울음이 조금은 원망스러울 수밖에 없을 것이다.

다시 말하지만, 이 迷惑의 수동태는 마이너스의 기분일 때, 뭔가 손해 혹은 피해를 보았을 때, 그 좋지 않은 기분과 상황을 나타낼 때 사용한다.

1 다음 동사를 수동태로 바꿔 보세요.

① いう　➡ __________　　② ころす　➡ __________

③ しかる　➡ __________　　④ ける　➡ __________

⑤ こわす　➡ __________　　⑥ ふむ　➡ __________

⑦ する　➡ __________　　⑧ ぬすむ　➡ __________

⑨ よむ　➡ __________　　⑩ のむ　➡ __________

⑪ なぐる　➡ __________　　⑫ かむ　➡ __________

⑬ つかまえる　➡ __________　　⑭ みる　➡ __________

⑮ いじめる　➡ __________　　⑯ ほめる　➡ __________

⑰ する　➡ __________　　⑱ くる　➡ __________

2 다음 문장을 수동태로 바꿔 보세요.

① 社長が部長を呼びました。　➡ __________

사장이 부장을 불렀습니다.

② 先生は私をほめました。　➡ __________

선생님은 나를 칭찬하였습니다.

③ 田中さんは金さんに日本語を教えました。　➡ __________

다나카 씨는 김 씨에게 일본어를 가르쳤습니다.

④ すりは私の財布をすりました。　➡ __________

소매치기는 내 지갑을 소매치기했습니다.

⑤ 兄が私のカードを使いました。　➡ __________

형이 내 카드를 사용했습니다.

⑥ となりの人が私の足を踏みました。　➡ __________

옆 사람이 내 발을 밟았습니다.

⑦ 姉が私の日記を読みました。　➡ __________

언니가 내 일기를 읽었습니다.

13장

사역형

01 사역형 만들기

우리말에 'Ⓥ하게 하다, Ⓥ시키다'란 말이 있는데 이 표현을 일본어에서는 사역형이라고 한다. 사역형은 말 그대로 남에게 무엇인가를 시킨다는 뜻이다. 일본어에서는 이 사역형을 만들 때 두 가지 조동사를 사용하는데 바로 せる와 させる이다.

5단동사일 때는 **せる**를, 1단동사일 때는 **させる**를 사용한다.
5단동사이든 1단동사이든 우선 ない형을 만들어줘야 한다. 그리고 이 ない형에 각각 せる 혹은 させる를 접속하면 완성된다. 그럼 불규칙동사는? 늘 하는 말이지만 2개뿐이니 그대로 외워주시길.

> 5단Ⓥ ない형 ＋ せる
> 1단Ⓥ ない형 ＋ させる
> する → させる
> くる → こさせる

일본어 동사의 사역형은, 우선 동사를 ない형으로 만들어야 한다. 그리고 동사 종류에 따라 조동사 せる·させる를 접속하여 만든다.

5단동사에는 조동사 せる를 사용한다. 우선 5단동사를 ない형으로 바꾸고, 여기에 せる를 접속하면 5단동사 사역형이 완성된다.

─ 5단동사의 ない형 만드는 법 ─

모든 5단동사는 어미가 う단으로 끝나는데 이 어미 う단을 あ단으로 바꾸면 5단동사 ない형이 완성된다.

5Ⓥう단 → 5Ⓥ ない형 + せる → 5Ⓥ ない형 せる

行く 가다	いく	→	いか + せる	→	いかせる	가게하다, 보내다

行く 가다
飲む 마시다
帰る 돌아오다(가다)
入る 들어가다
買う 사다
読む 읽다
話す 이야기하다
持つ 들다, 가지다

いく	→	いか + せる	→	いかせる	가게하다, 보내다
のむ	→	のま + せる	→	のませる	마시게 하다
かえる	→	かえら + せる	→	かえらせる	돌려 보내다
はいる	→	はいら + せる	→	はいらせる	들여 보내다
かう	→	かわ + せる	→	かわせる	사게 하다
よむ	→	よま + せる	→	よませる	읽게 하다
はなす	→	はなさ + せる	→	はなさせる	말하게 하다
もつ	→	もた + せる	→	もたせる	들게 하다

5단동사 ない형에 せる를 접속하면 5단동사의 사역형이 만들어진다.

1단동사에는 조동사 させる를 사용한다. 우선 1단동사를 ない형으로 바꾸고 여기에 させる를 접속하면 1단동사 사역형이 완성된다.

> **1단동사의 ない형 만드는 법**
>
> 모든 1단동사는 어미가 **る**로 끝나는데 이 어미 **る**를 제거하면 1단동사 **ない형**이 완성된다.

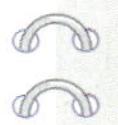

1Ⓥる → 1Ⓥ ない형 + させる → 1Ⓥ ない형させる

みる	→	み + させる	→	みさせる	보게 하다
おきる	→	おき + させる	→	おきさせる	일어나게 하다, 깨우다
ねる	→	ね + させる	→	ねさせる	자게 하다, 재우다
たべる	→	たべ + させる	→	たべさせる	먹게 하다
いる	→	い + させる	→	いさせる	있게 하다
あける	→	あけ + させる	→	あけさせる	열게 하다

見る 보다
起きる 일어나다, 깨다
寝る 자다
食べる 먹다
いる 있다
開ける 열다

1단동사 ない형에 させる를 접속하고 있다. 이렇게 1단동사의 사역형이 만들어진다.

불규칙동사는 규칙이고 뭐고 없다. 역시 그냥 무조건 외우자.

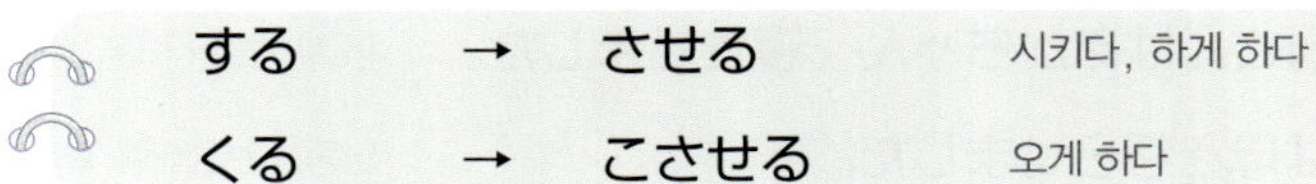

する	→	させる	시키다, 하게 하다
くる	→	こさせる	오게 하다

02 자동사 · 타동사의 사역 표현

사역형 만들기를 보았는데 이게 다가 아니다. 더 중요한 게 남아있다. 그냥 동사에
접속하여 'Ⅴ하게 하다, Ⅴ시키다' 란 의미가 된다는 것, 물론 이것도 중요하지만,
이건 기본적으로 반드시 익혀 놓아야 할 사항이고, 자동사와 타동사에 연결되는
사역형이 훨씬 더 중요하다.

> 사람①는(が)　　사람②를　　自Ⓥせる · させる
> 사람①은(이)　　사람②를　　自Ⓥ시키다, 하게하다

자동사가 사역표현이 되면 사람이 목적어로 쓰이게 된다. 간단하다. 사물은 자동
사가 하는 동작을 할 수 없기 때문이다. 사람 이외에 굳이 말하자면 동물이 들어
갈 수도 있다.

| 先生 선생님 |
| 太田 오-타 |
| 立つ 서다 |
| お母さん 어머니 |
| 寝る 자다 |
| 弟 남동생 |
| 母 어머니(엄마) |
| 怒る 화나다 |
| 社長 사장 |
| 加藤 카토 |
| 行く 가다 |

先生は太田君を立たせました。　　　　선생님은 오-타 군을 일으켜 세웠습니다.

お母さんはあかちゃんを寝させました。　어머니는 아기를 재웠습니다.

弟は母を怒らせました。　　　　　　　남동생은 엄마를 화나게 했습니다.

社長は加藤君をアメリカに行かせました。　사장님은 카토 군을 미국에 보냈습니다.

部長は病気の部下を家へ帰らせました。

부장님은 아픈 부하를 집에 돌아가게 했습니다.

先生はみんなを５分ぐらい休ませました。 선생님은 모두를 5분 정도 쉬게 했습니다.

山田さんは朝子さんを泣かせました。 야마다 씨는 아사코 씨를 울렸습니다.

私は犬を座らせました。 나는 개를 앉게 했습니다(앉혔습니다).

자동사를 사역으로 만들면 사람(혹은 동물)이 목적어로 온다는 사실을 명심하기 바란다.

사람①は(が)　사람②に　　Ⓝを　他Ⓥせる・させる

사람①은(이)　사람②에게　Ⓝ를　他Ⓥ시키다, 하게하다

타동사가 사역표현이 되면 반드시 사람이 2명 이상이 등장하게 된다. 그래서 한 사람은 시키는 사람이 되고 또 한 사람은 그 명령을 받는 사람이 된다. 즉 우리말로 '철수는 똘이에게 Ⓝ(목적어)를 Ⓥ시키다, Ⓥ하게하다' 이런 식으로 쓰인다. 이 때 목적어는 그 명령을 받는 사람이 아닌 또 다른 명사가 등장하여 목적어로 쓰이게 된다. 그 명사는 물질명사, 추상명사일수도 있고 앞에 등장한 사람이 아닌 제 3의 사람이 될 수도 있다.

先生は学生に音楽を聞かせました。

선생님은 학생에게 음악을 들려 주었습니다(듣게 했습니다).

父は妹に窓を開けさせました。 아버지는 여동생에게 창문을 열게 했습니다.

先生はみんなに宿題を出させました。 선생님은 모두에게 숙제를 내게 했습니다.

先輩は後輩にお酒を飲ませました。 선배는 후배에게 술을 마시게 했습니다.

母親は子供に野菜を食べさせました。 어머니는 아이에게 채소를 먹게 했습니다.

社長は社員に残業をやらせました。 사장님은 사원에게 야근을 시켰습니다.

先生 선생님
辞書 사전
持つ 들다, 가지다
お母さん 어머니
娘 딸
着物 기모노
着る 입다
母親 어머니
子供 어린이(아이)
英語 영어
習う 배우다
学生 학생
問い 질문
答える 대답하다

先生はみんなに辞書を持ってこさせました。

선생님은 모두에게 사전을 가져오게 했습니다.

お母さんは娘に着物を着させました。 어머니는 딸에게 기모노를 입게 했습니다.

母親は子供に英語を習わせました。 어머니는 아이에게 영어를 배우게 했습니다.

先生は学生に問いに答えさせました。 선생님은 학생에게 질문에 대답하게 했습니다.

 答える는 타동사이지만 예외적으로 を를 쓰지 않고 に를 써야 한다.

뭐 어렵게 생각말자. 우리 말로 'Ⓥ하게 해주세요, Ⓥ시켜 주세요'라는 의미이다.

行く 가다
歌を歌う 노래를 부르다
テレビを見せる 텔레비전을 보여주다
お酒を飲む 술을 마시다
社長 사장
仕事 일
休む 쉬다
家 집
帰る 돌아오다(가다)

私も行かせてください。 저도 가게 해주세요.

私に歌を歌わせてください。 저에게 노래를 부르게 해주세요.

私にもテレビを見させてください。 저에게도 텔레비전을 보게 해주세요.

私にもお酒を飲ませてください。 저에게도 술을 마시게 해주세요.

社長、田中さんにも仕事をやらせてください。

사장님, 다나카 씨에게도 일을 하게 해주세요.

私も休ませてください。 저도 쉬게 해주세요.

私も家へ帰らせてください。 저도 집에 돌아가게 해주세요.

흠… 'Ⓥ하게 해주세요' 라… 그리 어려운 표현 같지는 않고, 가만 보니 우리말하고 큰 차이가 없다. 비슷하다. 이 표현은 우리 한국인들도 쉽게 이해하고 잘 쓴다. 근데, 이게 문제가 아니다. 바로 다음 표현이 문제이다.

이 표현만 나오면 매우 당황들 한다. 어려워서라기 보다는 우리 말에 이런 표현이 없기 때문에 우리 한국인에게는 어렵게 느껴질 수 밖에 없다.

우선 이 문형을 잘 뜯어보자. 앞에 사역형 동사라고 쓰여있다. 사역이란 남에게 무언가를 시키는 표현이다. 그리고 いただきます는 우리말로 받는다는 뜻이다. 합쳐보면 'Ⓥ시킴을 받겠다'라는 말이 된다. 우리말에는 절대로 없는 묘한 소리이다. 하지만 어쩌랴, 일본인들이 아주 즐겨 쓰는 표현 중 하나이니 말이다.

자 생각해 보자. 그럼 누가 시키는 것일까? 이 표현에서 시키는 사람은 '상대방'이다. 그럼 받는 사람은 누구인가? 받는 것은 '나'이다. 정리해 보자. 시키는 사람은 '상대방', 그 시킴을 받는 사람은 '나' 상식적으로 생각해 보아 시키는 사람이 윗사람인가, 그 시킴을 받는 사람이 윗사람인가? 당연히 시키는 사람이 윗사람이다. 즉 상대방을 띄워주고 자신은 낮추는 표현인 것이다.

<table><tr><td>発表 _{はっぴょう}</td></tr></table>

発表させていただきます

이 문장을 해석할 수 있겠나? 도대체 누가 발표하겠다는 건가? 내가 하겠다는 건가, 아님 상대방보고 하라는 소리인가? 결론부터 말하자면 이 말을 하는 화자가 발표를 하겠다는 소리이다. 즉, 우리말로 해석하면 '(제가) 발표하겠습니다' 가 된다. 이 문장을 직역하면 '발표시킴을 받겠습니다'란 말이 된다. 위에서 한 말을 잘 생각해 보자. 그럼 누가 시켰나? 시킨 사람은 '상대방'이다. 그럼 그 시킴을 받은 사람은? 시킴을 받은 사람은 '나'이다. 즉 '발표시킴을 받았으니 (얌전히) 받겠습니다'라는 말로 자연스러운 우리 말로 하면 '(제가) 발표하겠습니다'가 되는 것이다. 즉 사역형Ⓥせていただきます는 그 말을 한 화자(나)가 그 동사를 하겠다는 말이다. 여기까지 보고 아마 이렇게 생각하는 사람도 있을 것이다.

그럼 처음부터 **発表します** (발표하겠습니다)로 하면 될 문제 아닌가? 하고 말이다. 맞는 소리다. 하지만 같은 뜻이라 해도, 좀더 정중하고 상대방에게 겸손하게 말하고 싶을 때는 사역형 Ⓥせていただきます를 사용하는 게 훨씬 좋다. 즉 칼자루를 상대방에게 쥐어 줌으로써 나는 상대방에게 꼬리를 내린다는 의미가 되고 따라서 정중한 표현이 되는 것이다. 이해하시겠나, 왜 일본인들이 이 표현을 즐겨 쓰는지?

정답은 413쪽

1 다음 동사를 사역형으로 바꿔 보세요.

① かう ➡ ___________________ ② あう ➡ ___________________

③ かく ➡ ___________________ ④ きく ➡ ___________________

⑤ はなす ➡ _________________ ⑥ もつ ➡ ___________________

⑦ まつ ➡ ___________________ ⑧ よむ ➡ ___________________

⑨ のむ ➡ ___________________ ⑩ かえる ➡ _________________

⑪ みる ➡ ___________________ ⑫ おきる ➡ _________________

⑬ ねる ➡ ___________________ ⑭ たべる ➡ _________________

⑮ する ➡ ___________________ ⑯ くる ➡ ___________________

2 다음 우리말을 일본어로 작문해 보세요.

① 선생님은 타로 군을 쉬게 했습니다. ➡ ___________________

② 선생님은 타로 군을 집에 돌아가게 했습니다. ➡ ___________________

③ 아버지는 형을 병원에 보냈습니다. ➡ ___________________

④ 선생님은 타로 군을 일으켜 세웠습니다. ➡ ___________________

⑤ 어머니는 아기를 재웠습니다. ➡ ___________________

① 선생님은 타로 군에게 도시락을 가져오게 했습니다. ➡ ___________________

② 선생님은 타로 군에게 리포트를 내게 했습니다. ➡ ___________________

③ 선배는 후배에게 술을 마시게 했습니다. ➡ ___________________

④ 아버지는 남동생에게 문을 열게 했습니다. ➡ ___________________

⑤ 선생님은 타로 군에게 질문에 대답하게 했습니다. ➡ ___________________

14장

사역수동

어제 회식에서 잘못 마시는데 のまされた。
억지로 마셨어
나도 노래 못하는데 うたわされた
억지로 불렀어
마이크 안 놓더만

01 사역수동 만들기

제목 그대로 사역수동, 즉 사역형과 수동태가 만나서 사역수동이 된다. 앞에서 배운 그대로 하면 되는데, 5단동사에는 좀 문제가 있다. 이제 와 말하지만 사실 5단동사는 사역형이 한 가지가 아니다. 5단동사는 두 가지 사역형이 존재한다. 먼저 이 부분을 짚고 넘어가야 원활하게 진도를 나갈 수 있을 것 같다.

5단동사는 ない형을 만들어 주고 여기에 다시 せる를 접속한다고 했다.

5⟨V⟩ない형 ＋ せる

그런데 5단동사는 사역형 만드는 법이 한 가지가 더 있는데, 똑같이 ない형을 만들어 주고 せる가 아니라 す를 접속하여 만들 수도 있다.

5⟨V⟩ない형 ＋ す

그런데 이 す를 접속하여 만드는 것은 어디까지나 5단동사일 경우뿐이다. 즉 1단동사나 불규칙동사에서는 해당사항 없다. 명심하기 바란다. 오로지 5단동사일 때뿐이다.

行く 가다
買う 사다

いく	→	いか + せる	→	いかせる	가게하다(보내다)
		いか + す	→	いかす	가게하다(보내다)
かう	→	かわ + せる	→	かわせる	사게 하다
		かわ + す	→	かわす	사게 하다

5단동사의 사역형은 せる도 す도 사용할 수 있으며 뜻도 똑같다. 굳이 차이점을 말하자면 일반적으로는 せる쪽 빈도가 좀더 높다는 점이다. 그렇다고 す가 틀렸다는 말은 아니다. 빈도를 보면 그렇다는 말이다. 여기서 주의할 점은 す로 끝나는 동사 (はなす, だす, かす, かえす, けす 등)는 이 ない형+す를 쓰지 않는다. 즉 はなす → はなさせる는 사용하여도 はなす → はなさす는 사용하지 않는다.

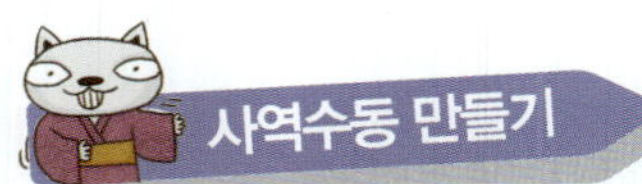

사역이란 남에게 무엇인가를 '시키다, 하게하다'라는 뜻이다. 수동태는 어떤 행위를 당한다'라는 뜻이다. 이 두 용법을 결합시키면 직역하여 '시킴을 당하다'라는, 다소 황당한, 우리말에는 없는 희한한 해석이 되어버린다. 사역수동을 간단히 말하자면 일단 어떤 행위, 동작을 하기는 했다는 말이다. 다만, 그 행위, 동작을 본인이 원해서 한게 아니라, 어떤 외부적 요인에 의해 어쩔 수 없이 했다는 그런 뜻이다. 즉 본인은 원치 않는, 하고 싶지 않은, 그런 상태에서 어떤 행위, 동작이 발생하는 것이다. 이미 앞에서 사역형과 수동태에 대해 학습한 적이 있다. 이 사역형과 수동태를 결합시킨 게 바로 사역수동이다.

우선 5단동사를 사역형으로 만들어 준 후, 여기에 다시 수동태를 결합시키면 된다.
그런데 앞에서 5단동사 사역형은 조동사 せる또는 す를 사용해 만들 수 있다고
했다. せる와 す를 사용해서 각각 다른 형태의 사역형을 만드는데, 수동태를 결합
하는 형태 또한 せる냐 す냐에 따라 각각 다르니 주의해야 하다.

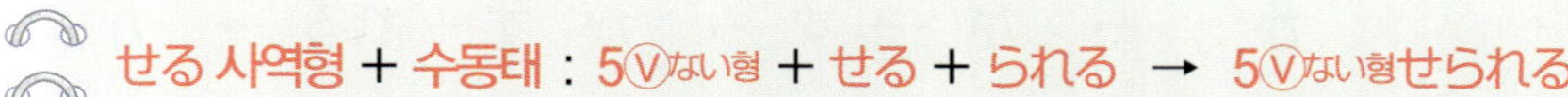

行く 가다
飲む 마시다
買う 사다
読む 읽다
待つ 기다리다

いく →いか + せる → いかせる + られる→ いかせられる
가게 시킴을 당하다

のむ →のま + せる → のませる + られる→ のませられる
마시게 시킴을 당하다

かう →かわ + せる → かわせる + られる→ かわせられる
사게 시킴을 당하다

よむ →よま + せる → よませる + られる→ よませられる
읽게 시킴을 당하다

まつ →また + せる → またせる + られる→ またせられる
기다리게 시킴을 당하다

분명 5단동사들인데 왠 られる가? 물론 5단동사 맞다. 하지만 사역으로 바꿔 せ
る로 끝나있으니 더이상 5단동사가 아니라 이제부터는 1단동사이다. 그래서 れ
る가 아닌 られる를 쓰는 것이다. 원래는 5단동사였으나 배신들 때리고 1단동사
가 된 것이다. 그리고 られる는 1단동사 ない형에 접속하니 せる에서 る를 떼어
내고 られる를 결합시킨다.

5Ⓥない형 + せられる

す 사역형 + 수동태 ： 5Ⓥない형 + す + れる → 5Ⓥない형される

いく → いか + す → いかす + れる → いかされる
가게 시킴을 당하다

のむ → のま + す → のます + れる → のまされる
마시게 시킴을 당하다

かう → かわ + す → かわす + れる → かわされる
사게 시킴을 당하다

よむ → よま + す → よます + れる → よまされる
읽게 시킴을 당하다

まつ → また + す → またす + れる → またされる
기다리게 시킴을 당하다

여기서는 れる를 썼네? 이번에는 사역조동사 す로 끝나있으니 계속 5단동사이다. 그래서 れる를 쓰는 것이다. 배신을 때리지 않고 그대로 5단동사와의 의리를 지키고 있는 것이다. 그리고 れる는 5단동사 ない형에 접속하니 す가 さ로 바뀌고 れる를 결합시킨다.

5단Ⓥ ない형 + される

이처럼 같은 5단동사라도 사역조동사 せる를 사용했는지, す를 사용했는지에 따라 수동태의 결합도 바뀌게 된다. 하지만 뜻은 똑같다. 요령을 아시겠나? 반복연습이 최고다. 아래 문형을 자꾸 읽어보고 써 보시기 바란다.

せる 사역형 ： 5단Ⓥ ない형 + せられる
す　사역형 ： 5단Ⓥ ない형 + される

1단동사에서는 사역형이 오로지 させる 한 가지뿐이다. 따라서 사역수동도 자동적으로 한 가지 형태 밖에 없다. 그러니 5단동사보다 훨씬 쉽다.

1ⓥない형 + させる + られる → 1ⓥない형させられる

みる → み + させる → みさせる + られる → みさせられる

보게 시킴을 당하다

たべる → たべ + させる → たべさせる + られる → たべさせられる

먹게 시킴을 당하다

5단동사에 비해서는 훨씬 간단하다. 사역형이 하나이므로 수동태가 결합하는 형태도 한 가지뿐이다. 그리고 られる는 1단동사 ない형에 접속하니 させる에서 る를 떼어내고 られる를 결합시킨다.

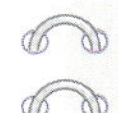

자꾸 말하지만 불규칙동사는 2개뿐이다. 그냥 외우자.

する → させる + られる → させられる　시킴을 당하다

くる → こさせる + られる → こさせられる　오게 시킴을 당하다

규칙같은거 생각하지 말고 외우자. 그게 낫다. 그리고 られる는 1단동사 ない형에 접속하니 させる 혹은 こさせる에서 る를 떼어내고 られる를 결합시킨다.

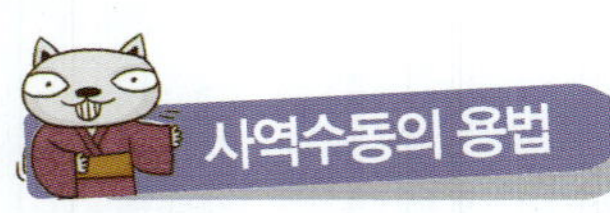

사역수동을 해석하면 '시킴을 당하다'라는, 우리말에는 존재하지 않는 희한한 해석이 된다고 했다. 그럼 이 사역수동은 어떤 때 쓰는 표현일까? 다시 말하지만 사역수동은 어떤 행위, 동작을 하기는 했는데, 본인이 원해서 자발적으로 한 게 아니라, 어떤 외부적 요인에 의해 어쩔 수 없이 했다는 뜻이다. 즉 본인은 원치 않는데, 하고 싶지 않은데, 해야 하는 것이다.

따라서 일본인이 이 사역수동을 사용하는 경우는, 본인은 원하지 않는 일, 또는 행위 등을 주위사람이나 분위기 때문에 어쩔 수 없이 억지로 해야 할 때이다. 나는 정말 하고 싶지 않은데 어쩔 수 없이 하게 될 때, 그 짜증 나고 하기 싫은 기분을 나타낸다. 이렇게 사역수동이 쓰인 문장을 보면 굳이 당사자를 만나서 그 사람의 생각을 물어볼 필요도 없다. 하기 싫은걸 억지로 해서 썩 좋은 기분은 아닌 것이다. 다음 문장을 보며 생각해보자.

まえ　　앞
前　앞
うた
歌う　노래하다
は
恥ずかしい
창피하다

みんなの前で歌わされて、恥ずかしかった。

- 해석 : 모두의 앞에서 노래시킴을 당해서, 창피했다.
- 상황 : 얼굴은 예쁜데, 지독한 음치인 나. 회사야유회를 갔는데 나보고 사장님이 노래를 시켰다.

  어쩌나….

  사장님 명령이니 안 부를 수도 없고, 노래나 잘하면 모르겠는데, 지독한 음치이니… 게다가 평소에 흠모하던 우리부서 김철수 씨도 있고, 하, 어쩌란 말인가… 에라 모르겠다, 눈 딱 감고 불렀는데… 나를 쳐다보는 모두의 눈빛이 이상하다. 이건 사람을 쳐다보는 눈빛이 아닌데… 더구나 내 사랑 김철수 씨의 저 표정, 저 눈빛…이런 상황에서 노래를 불렀다면 이 여성은 결코 노래를 원해서 부른 게 아니란 걸 알 수 있을 것이다. 즉 노래를 부르긴 불렀다는 말이다. 하지만, 본인이 원해서일까? 절대로 아니다. 부르고 싶지 않은데 억지로 불렀다는 말이다.

友達 _{ともだち} 친구
韓国 _{かんこく} 한국
父 _{ちち} 아버지
行く _い 가다

（友達はみんな韓国にいます。）私は父にアメリカへ行かされました。

- 해석 : (친구들은 모두 한국에 있습니다.)나는 아버지에게 미국에 가게 함을
  당했습니다.
- 상황 : 요즘 조기유학이 열풍인데, 나는 외국에 나갈 생각은 전혀 없다. 그런데
  아버지는 나의 장래를 위해서라며 미국에 가란다. 미국엔 친구도 친척
  도 그야말로 아는 사람 하나 없는데… 내 친한 친구들은 모두 한국에 있
  고, 이런 상황에서 나는 아버지에 의해 미국으로 유학을 가게 되었다…
  미국에 간 건 사실이지만 자기가 원해서, 자진해서 갔을까? 물론 당연히
  아니다. 원치 않는데 억지로 갔다는 말이다.

結婚 _{けっこん} 결혼
母 _{はは} 어머니(엄마)

まだ結婚したくなかったのに、私は母に結婚させられてしまいました。

- 해석 : 아직 결혼하고 싶지 않았는데, 나는 엄마에게 결혼시킴을 당하고 말았
  습니다.
- 상황 : 요즘 세상에도 이런 결혼이 있을까 싶긴 한데, 있기는 있더라. 자식의
  의사와 관계없이, 부모의 욕심으로 결혼시키는 그런 일… 자식의 장래
  를 위한 일이라고 하지만, 과연 그럴까? 자식은 부모의 소유물도 애완동
  물도 아니다. 사랑하고 결혼하는 것은 계산기 두들겨보고 조건을 맞춰
  서 할 수 있는 일이 아니지 않을까? 세상의 부모님들, 제발 당신의 뜻대
  로 자식을 어떻게 해보겠다는 생각은 버리시기 바란다. 이 여자는 일단
  결혼을 하긴 했다. 하지만 자기가 원해서 자진해서일까? 물론 당연히 아
  니다. 원치 않는데 억지로 했다는 말이다.

リストラで会社を辞めさせられました。

- **해석** : 구조조정으로 회사를 그만두게 함을 당했습니다(잘렸습니다).
- **상황** : 나는 부양가족만 4명인 직장인. 한푼이라도 더 벌어야 하는데, 현재 다니고 있는 회사는 요즘 너무 경기가 나쁘다. 어느 날 사장에게 불려간 나는 일방적인 해고 통보를 받았다. 퇴직금은 두둑하게 준다고 하지만, 앞으로 먹고 살 일을 생각하니 그야말로 눈앞이 깜깜하다. 퇴직금으로 장사나 해볼까… 그러다 다 들어 먹으면 어쩌나… 창업도 쉬운 게 아닌데… 회사를 그만둔 건 사실이다. 내가 원해서일까? 능력이 있어서 다른 회사로 스카우트라도 된 것일까? 모두 아니올시다. 원치 않는데 억지로 등 떠밀려서 회사에서 쫓겨났다는 말이다.

電車の事故があって、駅で30分も待たされました。

- **해석** : 전차가 사고가 나서, 역에서 30분이나 기다리게 함을 당했습니다.
- **상황** : 바쁜 출근시간에 전차가 한 5분만 늦어도 어떠신가? 속에서 부글부글 끓어오를 것이다. 1분이 아쉬운 이 판국에 전차가 늦게 도착하면 그야말로 똥줄이 타 들어 간다. 특히 중요한 약속이나 회의라도 있는 날엔 그야말로 전차 다 때려부수고 싶을 정도로 화가 치민다. 그런데 전차가 고장이 나는 바람에 무려 30분이나 역에 발이 묶이게 된 것이다. 근데 어쩔 수 없지 않나? 누가 바쁜 출근시간에, 아니 출근이 아니라도 30분씩이나 전차를 기다리고 싶은 사람이 있을까? 당연히 없다. 그런데, 어쩌라고? 전차가 고장 나서 안 오는걸 나보고 어쩌라고? 나도 열 받아 미치겠는데, 자꾸 잔소리 할래?

  전차를 무려 30분씩이나 기다린 건 사실이지만, 절대 원해서 기다린 것은 아니다. 돌았나? 누가 멍하니 역에 앉아서 전차를 30분씩이나 기다리고 싶겠는가? 그럴 생각은 전혀 없었지만, 전차가 안 와서 어쩔 수 없이 30분씩이나 기다렸는 말이다.

彼女にご飯を食べさせられました。

- 해석 : 여자친구에게 밥을 먹게 함을 당했습니다.
- 상황 : 사랑하는 여자친구가 부모님이 외출하고 안 계시다고 집으로 초대하였다. 그리고 나를 위해 정성스레 밥을 짓고 반찬도 손수 만들었다. 흐뭇한 미소로 그녀가 손수 지은 음식을 입에 넣었다. 그 순간, 난 굳어지고 말았다. 이건 도저히 인간이 만든 음식이 아니었고 또한 인간이 먹을 수 있는 음식이 아니었다. 하지만 '어때 맛있어?' 하는 그녀의 물음에 나는 '응, 너무 맛있어'하고 대답했다. 난 정말 이 밥 한 끼 먹는 시간이 너무도 길고 괴롭게 느껴졌다. 이 남자를 만나서 굳이 여자친구의 음식이 맛있었냐고 물어볼 필요도 없다. 너무도 형편없는 음식을 억지로 먹은걸 알 수 있다. 하지만, 어쩌겠나? 여러분 같으면 사랑하는 여친이 만들어 준 음식을 맛없다고 안 먹겠는가? 밥상이라도 그냥 엎어버려?

  먹긴 먹었다. 하지만 좋아서? 절대로 아니다. 어쩔 수 없이, 울며겨자먹기로 먹은 것이다.

* 극단적인 말이 될지 모르겠지만, 만드는 법은 까먹을 수도 있다. 하지만 이 기분, 당하는 사람의 기분이 어땠을까 생각하고, 그 기분만은 절대로 잊지말기 바란다. 즉 난 정말 하기 싫은데, 정말 원치 않는데 주위사람, 혹은 주위분위기가 나를 그렇게 만들고 나를 그런 쪽으로 몰고 가는 것이다. 이때 그 당하는 사람의 기분을 잘 이해해 주기 바란다. 그럼 성공이다.

1 다음 동사를 사역수동으로 바꿔 보세요.

단 5단동사는 2가지 형태로 바꿔 보세요.

① かう　➡ _______________　② あう　➡ _______________

③ かく　➡ _______________　④ きく　➡ _______________

⑤ はなす　➡ _______________　⑥ わかす　➡ _______________

⑦ もつ　➡ _______________　⑧ まつ　➡ _______________

⑨ よむ　➡ _______________　⑩ のむ　➡ _______________

⑪ かえる　➡ _______________　⑫ はいる　➡ _______________

⑬ みる　➡ _______________　⑭ おきる　➡ _______________

⑮ ねる　➡ _______________　⑯ たべる　➡ _______________

⑰ する　➡ _______________　⑱ くる　➡ _______________

2 다음 우리말을 일본어로 작문해 보세요.

우선은 직역을 써 놓았으나 앞서 말한 대로 그 기분을 잘 이해하기 바란다.

① 책을 사게 함을 당했습니다. (本·買う)

➡ ______________________________________

② 노래를 듣게 함을 당했습니다. (歌·聞く)

➡ ______________________________________

③ 아직 젊은데 은퇴시킴을 당하고 말았습니다. (若い·引退)

➡ ______________________________________

④ 회사를 그만두게 함을 당하고 말았습니다. (会社·辞める)

➡ ______________________________________

⑤ 친구가 안 와서 1시간이나 기다리게 함을 당했습니다. (友達·待つ)

➡ ______________________________________

⑥ 새로운 단어를 150개나 외우게 함을 당했습니다. (新しい単語·覚える)

➡ ______________________________________

⑦ 맛없는 요리를 먹게 함을 당했습니다. (まずい料理)

➡ ______________________________________

15장

조건형 · 가정형

01 ば

일본어에는 조건표현이 ば・と・たら・なら 이렇게 4가지가 있다. 우리말에서는 조건, 가정표현이라하면 그냥 '~하면, ~이면' 정도로 깔끔하게 끝난다.

이 부분을 공부하면 대부분의 학생들은 머리에 쥐가 난다는 반응을 보이는데, 그 가장 큰 이유중 한가지는, 이 4가지 표현을 자꾸 바꿔 쓰려고 하기 때문이다.

예를 들어 ば・と・たら・なら를 배운 다음에 ば가 쓰인 문장을 보면서 と나 たら 혹은 なら로 바꾸면 안 되냐는 생각을 하기 시작한다. 결론부터 말하자면 되는 게 있고 안 되는게 있다. 즉 바꿀 수 있는 경우가 있고 안 되는 경우가 있다는 말이다.

나는 수업시간에 이 부분을 학습하기 전에 미리 못을 박아 놓는다. 일단은 만들어 준 예문을 그대로 외워달라고. 언뜻 보기에 상당히 무책임해 보일 수도 있을 것이다. 하지만 일본어공부를 상당히 오래 한 사람도 이 4가지 표현을 완벽하게 구분하여 사용할 수 있는 사람은 상당히 드물다. 심지어 10년 넘게 공부한 사람도 완벽하게 작문하는 사람은 거의 없다고 봐도 좋다. 그런데 하물며 이제 막 초급문법을 배우는 사람들이 호환이 되네 마네, 하는 것을 따지기엔 너무도 이르다고 생각하기 때문이다. 그런 거 따질 시간에 예문 하나라도 더 읽어보는 게 낫다고 필자는 생각한다.

이 책에서는 우선 가장 잘 쓰이는 기본적이고 대표적인 용법을 중심으로 진행하겠다. 먼저 ば의 용법부터 살펴보자.

- **용법** : 조건(장래에 일어날 수 있는 경우) 이 2가지 있으며, 지금 단계로서는
  어느 쪽으로 할것인지 아직 정할 수 없을 때 잘 사용한다.

<ruby>明日<rt>あした</rt></ruby> 내일

<ruby>雨<rt>あめ</rt></ruby>が<ruby>降<rt>ふ</rt></ruby>る
비가 내리다

<ruby>家<rt>いえ</rt></ruby> 집

<ruby>海<rt>うみ</rt></ruby> 바다

<ruby>行<rt>い</rt></ruby>く 가다

明日、雨が降れば、家にいるつもりですが、

雨が降らなければ、海へ行くつもりです。

내일, 비가 오면, 집에 있을 생각입니다만, 비가 오지 않으면 바다에 갈 생각입니다.

문장을 잘 뜯어보자. 현시점에서는 내일 비가 올지 안 올지 알 수 없다. 따라서 지금 단계로서는 집에 있을 것인지 바다에 갈 것인지를 아직 정할 수 없다. 물론 이렇게 쓰이는 것이 ば의 용법이 다는 아니다. 앞서 말한 대로 가장 기본이 되며 잘 쓰이는 용법일 뿐이다. 각 품사에 따라 접속이 다르니 주의해서 외워주기 바란다.

215_01.mp3

어미 い를 무조건 けれ로 바꾸고 ば를 접속한다. 이게 원칙이지만 좀 귀찮다면 그냥 い형용사 어간에 ければ를 접속한다고 외우자.

い Ⓐ い ＋ ば　　→　い Ⓐ 어간 けれ ＋ ば　　→　い Ⓐ 어간 ければ

い Ⓐ くない ＋ ば　→　い Ⓐ 어간 くなけれ ＋ ば　→　い Ⓐ 어간 くなければ

<ruby>暑<rt>あつ</rt></ruby>い 덥다

<ruby>寒<rt>さむ</rt></ruby>い 춥다

いい(よい) 좋다

ない ＋ ば	→ なけれ ＋ ば	→ なければ	없으면
あつい ＋ ば	→ あつけれ ＋ ば	→ あつければ	더우면
あつくない ＋ ば	→ あつくなけれ ＋ ば	→ あつくなければ	덥지 않으면
さむい ＋ ば	→ さむけれ ＋ ば	→ さむければ	추우면
さむくない ＋ ば	→ さむくなけれ ＋ ば	→ さむくなければ	춥지 않으면
いい・よい ＋ ば	→ よけれ ＋ ば	→ よければ	좋으면
よくない ＋ ば	→ よくなけれ ＋ ば	→ よくなければ	좋지 않으면

주의　절대로 いければ는 쓰지않음! いい든 よい든 상관없이 무조건 よければ

5단동사 어미 う단을 え단으로 바꾸고 ば를 접속한다.

> 5ⓥう단 ＋ ば → 5ⓥえ단 ＋ ば → 5ⓥえ단ば
>
> 5ⓥない ＋ ば → 5ⓥなけれ ＋ ば → 5ⓥなければ

行く 가다
飲む 마시다
待つ 기다리다

いく ＋ ば	→ いけ ＋ ば	→ いけば	가면
いかない ＋ ば	→ いかなけれ ＋ ば	→ いかなければ	가지 않으면
のむ ＋ ば	→ のめ ＋ ば	→ のめば	마시면
のまない ＋ ば	→ のまなけれ ＋ ば	→ のまなければ	마시지 않으면
まつ ＋ ば	→ まて ＋ ば	→ まてば	기다리면
またない ＋ ば	→ またなけれ ＋ ば	→ またなければ	기다리지 않으면

1단동사 어미 る를 れ로 바꾸고 ば를 접속한다.

> 1ⓥる ＋ ば → 1ⓥれ ＋ ば → 1ⓥれば
>
> 1ⓥない ＋ ば → 1ⓥなけれ ＋ ば → 1ⓥなければ

見る 보다
寝る 자다

みる ＋ ば	→ みれ ＋ ば	→ みれば	보면
みない ＋ ば	→ みなけれ ＋ ば	→ みなければ	보지 않으면
ねる ＋ ば	→ ねれ ＋ ば	→ ねれば	자면
ねない ＋ ば	→ ねなけれ ＋ ば	→ ねなければ	자지 않으면

불규칙동사

する 하다
来る 오다

する ＋ ば	→ すれ ＋ ば	→ すれば	하면
しない ＋ ば	→ しなけれ ＋ ば	→ しなければ	하지 않으면
くる ＋ ば	→ くれ ＋ ば	→ くれば	오면
こない ＋ ば	→ こなけれ ＋ ば	→ こなければ	오지 않으면

원래는 명사와 な 형용사에서는 ば 대신에 ならば를 사용하였는데, 현대 일본어에서는 거의 쓰이지 않게 되었다. 현대 일본어에서는 ば대신에 なら를 사용한다. 그러니 명사와 な 형용사에 접속하는 ば는 그다지 신경쓰지 않아도 좋다.

辞書をひく 사전을 찾다
食べる 먹다
太る 살찌다
地図 지도
一人 혼자
寒い 춥다
窓を閉める 창문을 닫다
天気 날씨
行く 가다
買う 사다
勉強 공부
日本語 일본어
上手だ 잘하다, 능숙하다
会う 만나다
明日 내일

辞書をひけば、すぐわかります。
사전을 찾아보면, 바로 알 수 있습니다.

たくさん食べれば、太ります。
많이 먹으면, 살찝니다.

地図があれば、一人でも行けます。
지도가 있으면, 혼자서라도 갈 수 있습니다.

寒ければ、窓を閉めてください。
추우면, 창문을 닫아주세요.

天気がよければ、行きましょう。
날씨가 좋으면, 갑시다.

高くなければ、買いましょう。
비싸지 않으면, 삽시다.

あなたが行かなければ、私も行きません。
당신이 가지 않으면 나도 안 가겠습니다.

勉強すれば、日本語が上手になります。
공부하면, 일본어를 잘하게 됩니다.

はやく来れば、金さんに会えます。
일찍 오면, 김 씨를 만날 수 있습니다.

明日も来なければなりません。
내일도 오지 않으면 안 됩니다.

정답은 413쪽

1 다음 단어들에 ば를 접속해 보세요.

① かう ➡ _______________ かわない ➡ _______________

② かく ➡ _______________ かかない ➡ _______________

③ およぐ ➡ _______________ およがない ➡ _______________

④ はなす ➡ _______________ はなさない ➡ _______________

⑤ まつ ➡ _______________ またない ➡ _______________

⑥ しぬ ➡ _______________ しなない ➡ _______________

⑦ よぶ ➡ _______________ よばない ➡ _______________

⑧ のむ ➡ _______________ のまない ➡ _______________

⑨ かえる ➡ _______________ かえらない ➡ _______________

⑩ みる ➡ _______________ みない ➡ _______________

⑪ ねる　➡ ____________________　　ねない　➡ ____________________

⑫ たべる　➡ ____________________　　たべない　➡ ____________________

⑬ する　➡ ____________________　　しない　➡ ____________________

⑭ くる　➡ ____________________　　こない　➡ ____________________

⑮ あつい　➡ ____________________　　あつくない　➡ ____________________

⑯ おいしい　➡ ____________________　　おいしくない　➡ ____________________

⑰ たかい　➡ ____________________　　たかくない　➡ ____________________

⑱ さむい　➡ ____________________　　さむくない　➡ ____________________

⑲ いい　➡ ____________________　　よくない　➡ ____________________

⑳ ひろい　➡ ____________________　　ひろくない　➡ ____________________

- 용법 : X하면 (예외없이, 반드시) Y가 일어날 때 사용한다. 그런데 이 때 뒷문장 Y에는 화자의 주관적인 표현, 즉 의지, 금지, 명령, 추측 등은 쓸 수 없다.

雨が降る 비가 내리다
中止 중지

雨が降ると、中止してください。　비가 오면 중지해 주세요. (✕)

뒷문장을 보면 상대에게 어떤 동작을 해달라고 요구하고 있다. 이런 식으로 말하는 이의 감정이 담긴 주관적인 문장은 절대로 と 뒤에 올 수가 없다. 따라서 위 문장은 잘못된, 사용할 수 없는 문장이다. 이렇듯 と를 사용할 때는 뒤에 오는 문장에 좀 신경을 써야 한다. 가장 입맛이 까다로운 표현이 바로 이 と이다.

위에 써놓은 용법을 조금 더 정리해 보자.

足す 더하다
春 봄
花が咲く 꽃이 피다
道 길
行く 가다

① 변하지 않는 진리, 원리　　**1に1を足すと2になる。**　1에 1을 더하면 2가 된다.

② 자연현상　　**春になると花が咲く。**　봄이 되면 꽃이 핀다.

③ 길안내　　**この道をまっすぐ行くと、경복궁이 있습니다.**

이 길을 똑바로 가면 경복궁이 있습니다.

위에서 と의 의미를 말할 때 'X하면 (예외없이, 반드시) Y가 일어날 때'라는 말을 하였다. 이 의미를 좀더 세분한 것이 이 3가지이다. 그리고 위에 써놓은 것은 흔히 쓰이는 예문이니 잘 외워놓기 바란다.

• 접속 : 용법과 비교하면 접속은 아주 쉬운데 한 가지 조심할 점은 이 と는 절대로 과거형에는 접속하지 않는다는 점이다. 현재긍정형 또는 현재부정형에만 접속한다. 명심하시라, 긍정이든 부정이든 절대 과거형과는 놀지 않는다. 만약 시험 같은 데서 ～たと 처럼 と가 과거형에 접속되어 있는 것을 보면 무조건 112에 신고가 아니라, 틀렸다고 생각하기 바란다.

い형용사에 접속할 때 어미 い는 절대 손대서는 안 된다. 위에서 말한 대로 과거형과는 절대 어울리지 않는다. 무조건 현재긍정형 아니면 ない형에만 접속한다.

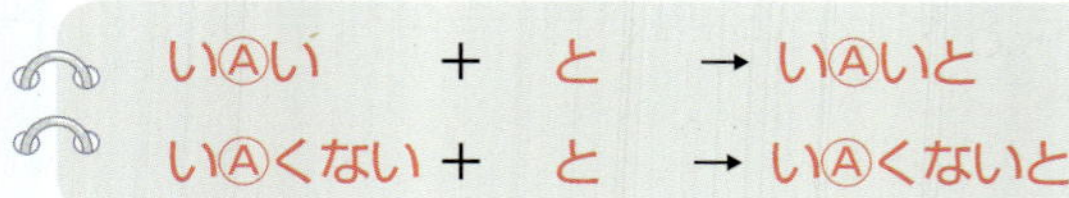

^{あつ}
暑い 덥다
^{さむ}
寒い 춥다

いい(よい) 좋다

ない ＋ と	→	ないと	없으면
あつい ＋ と	→	あついと	더우면
あつくない ＋ と	→	あつくないと	덥지 않으면
さむい ＋ と	→	さむいと	추우면
さむくない ＋ と	→	さむくないと	춥지 않으면
いい、よい ＋ と	→	いいと、よいと	좋으면
よくない ＋ と	→	よくないと	좋지 않으면

5단, 1단, 불규칙동사는 관계없다. 위에서 본 형용사와 마찬가지로 무조건 현재긍정형 아니면 ない형에만 접속한다. 절대로 과거형에는 접속할 수 없다.

Ⓥる ＋ と → Ⓥると

Ⓥない ＋ と → Ⓥないと

行く 가다	いく ＋ と →	いくと	가면
飲む 마시다	いかない ＋ と →	いかないと	가지 않으면
待つ 기다리다	のむ ＋ と →	のむと	마시면
見る 보다	のまない ＋ と →	のまないと	마시지 않으면
寝る 자다	まつ ＋ と →	まつと	기다리면
する 하다	またない ＋ と →	またないと	기다리지 않으면
来る 오다	みる ＋ と →	みると	보면
	みない ＋ と →	みないと	보지 않으면
	ねる ＋ と →	ねると	자면
	ねない ＋ と →	ねないと	자지 않으면
	する ＋ と →	すると	하면
	しない ＋ と →	しないと	하지 않으면
	くる ＋ と →	くると	오면
	こない ＋ と →	こないと	오지 않으면

명사도 동사, 형용사와 마찬가지로 현재긍정형 또는 현재부정형에만 접속한다. 절대로 과거형에는 접속하지 않는다. 그리 어렵지는 않으나, 명사에 접속할 때 한 가지 조심할 점. 그냥 명사에다 と 만 떨렁 붙여서는 안 된다. 반드시 보통체로 바꿔줘야만 한다. 즉 Ⓝだと 하는 식으로 반드시 だ가 들어가야 한다.

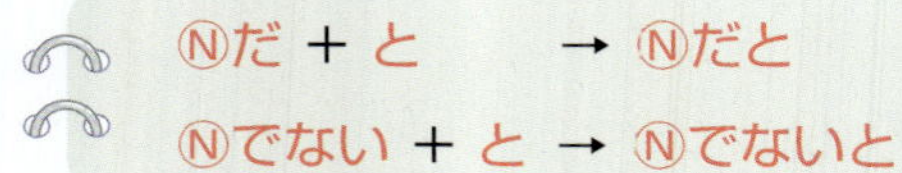

Ⓝだ ＋ と　　→　Ⓝだと

Ⓝでない ＋ と　→　Ⓝでないと

男 남자
学生 학생

男だ ＋ と　　→　男だと　　남자면

男でない ＋ と　→　男でないと　남자가 아니면

学生だ ＋ と　　→　学生だと　학생이면

学生でない ＋ と　→　学生でないと　학생이 아니면

Ⓝでないと라고? Ⓝではないと가 아니냐고 하는 사람도 있을 것이다. 결론부터 말하자면 둘 다 맞다. 그런데 대개는 Ⓝでないと 쪽을 더 많이 쓴다.

な형용사 역시 다른 품사와 같이 현재긍정형 또는 현재부정형에만 접속을 한다.
절대로 과거형에는 접속하지 않는다. な형용사도 마찬가지로 절대로 과거형에는
접속하지 않는다. 그리고 반드시 어미 だ가 살아 있어야 한다.

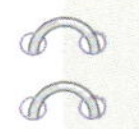 な④だ ＋ と → な④だと
な④でない ＋ と → な④でないと

しずかだ ＋ と → しずかだと　　조용하면
しずかでない ＋ と → しずかでないと　　조용하지 않으면

きれいだ ＋ と → きれいだと　　예쁘면
きれいでない ＋ と → きれいでないと　　예쁘지 않으면

な④ではないと와 な④でないと 둘 다 맞다. 역시 な④でないと를 더 많이
쓴다.

押す 누르다
出る 나오다
お酒を飲む 술을 마시다
顔 얼굴
赤い 빨갛다
かける 곱하다
冬 겨울
雪が降る 눈이 내리다
夜 밤
涼しい 시원하다
春 봄
花が咲く 꽃이 피다
道 길
行く 가다
車 자동차(차)
走る 달리다
富士山 후지산
見える 보이다
郵便局 우체국
前 앞, 전
渡る 건너다
交番 파출소
次 다음
角 모퉁이
右に曲がる 오른쪽으로 돌다(꺾다)

このボタンを押すと、ジュースが出ます。　이 단추를 누르면 주스가 나옵니다.

私はお酒を飲むと、顔が赤くなります。　나는 술을 마시면 얼굴이 빨개집니다.

3に5をかけると、15になります。　3에 5를 곱하면 15가 됩니다.

冬になると、雪が降ります。　겨울이 되면 눈이 내립니다.

夜になると、涼しくなります。　밤이 되면 서늘해 집니다.

春が来ると、さくらの花が咲きます。　봄이 오면 벚꽃이 핍니다.

この道をまっすぐ行くと、６３ビルがあります。
이 길을 똑바로 가면 63빌딩이 있습니다.

ここから車で１時間ぐらい走ると、富士山が見えます。
여기에서 차로 1시간 정도 달리면 후지산이 보입니다.

郵便局の前の道を渡ると、交番があります。
우체국 앞 길을 건너면 파출소가 있습니다.

次の角を右に曲がると、駅の前に出ます。
다음 모퉁이를 오른쪽으로 돌면 역 앞으로 나옵니다.

1 다음 단어들에 と를 접속해 보세요.

① いう ➡ __________ いわない ➡ __________

② かく ➡ __________ かかない ➡ __________

③ はなす ➡ __________ はなさない ➡ __________

④ まつ ➡ __________ またない ➡ __________

⑤ しぬ ➡ __________ しなない ➡ __________

⑥ よぶ ➡ __________ よばない ➡ __________

⑦ のむ ➡ __________ のまない ➡ __________

⑧ かえる ➡ __________ かえらない ➡ __________

⑨ みる ➡ __________ みない ➡ __________

⑩ ねる ➡ __________ ねない ➡ __________

⑪ おきる ➡ __________ おきない ➡ __________

⑫ たべる ➡ __________ たべない ➡ __________

⑬ する　　➡ ＿＿＿＿＿　　しない　　➡ ＿＿＿＿＿

⑭ くる　　➡ ＿＿＿＿＿　　こない　　➡ ＿＿＿＿＿

⑮ あつい　　➡ ＿＿＿＿＿　　あつくない　　➡ ＿＿＿＿＿

⑯ おいしい　　➡ ＿＿＿＿＿　　おいしくない　　➡ ＿＿＿＿＿

⑰ いい　　➡ ＿＿＿＿＿　　よくない　　➡ ＿＿＿＿＿

⑱ たかい　　➡ ＿＿＿＿＿　　たかくない　　➡ ＿＿＿＿＿

⑲ 学生だ　　➡ ＿＿＿＿＿　　学生でない　　➡ ＿＿＿＿＿

⑳ 子供だ　　➡ ＿＿＿＿＿　　子供でない　　➡ ＿＿＿＿＿

㉑ しずかだ　　➡ ＿＿＿＿＿　　しずかでない　　➡ ＿＿＿＿＿

㉒ きれいだ　　➡ ＿＿＿＿＿　　きれいでない　　➡ ＿＿＿＿＿

㉓ 上手だ　　➡ ＿＿＿＿＿　　上手でない　　➡ ＿＿＿＿＿

㉔ 親切だ　　➡ ＿＿＿＿＿　　親切でない　　➡ ＿＿＿＿＿

- 용법 : X たら、Y する → X하면 (성립되면), Y한다

  아직 성립되지 않은 미래의 일 X가 성립되었다고 가정하고, Y를 행한다.
  바꿔 말하면 X가 성립되지 않으면 Y도 없다는 뜻이다. (회화체에서 가
  장 많이 쓰임) 아래 표를 보면 조금 더 이해가 쉬울 것이다.

미래에	X가 끝났을 때 X를 행하였을 때 X가 되었을 때 X란 것을 알았을 때 :	에 Y한다.

쉽게 말해 X가 성립되었다고 가정하고, Y를 행하겠다는 말이다. 즉 앞으로 X가
성립되지 않으면 Y도 성립되지 않는다는 뜻이다. 다음 예문을 보자.

なつやす
夏休み
여름방학
うみ　い
海へ行く
바다에 가다

① **夏休みになったら、海へ行きましょう。**　　여름방학이 되면, 바다에 갑시다.

분명히 여름방학이 되면 이라고 했다. 그렇다면 지금은 여름방학은 아직 아니다.
여름방학이 되었다고 가정(성립되었다고)하고, 그 후에 바다에 가자는 말이다. 즉
바꿔 말하면, 여름방학이 되기 전까지 바다에 가지는 않는다는 말이다.

② **結婚したら、200万ウォンあげるよ。**　　결혼하면 200만 원 줄게.

이 말을 들으신 분들은 아마도 뜬금없이 무슨 소린가 하실 거다. 이건 실제상황이다. 초등학교 동창 중 결혼을 늦게 한 친구가 있었다. 그 친구는 형님이 둘이 있는데, 하도 결혼을 할 생각을 안 하니까 그 친구 둘째 형님이 실제로 한말이다. 분명히 '결혼하면' 이라고 했다. 바꿔 말하면 결혼을 안 하면 200만 원이 아니라 매 200대가 기다리고 있다는 소리이다. 이 친구 결혼 하였나? 물론 지금은 결혼해서 아기도 있는 아빠지만, 저 얘기를 하던 당시에는 결혼한 상태가 아니었다. 결혼했다고 가정하고, 성립되었다고 가정하고 돈 200만 원을 주겠다는 말이다. 이 용법이 たら의 다는 아니지만, 가장 많이 쓰이는 용법이니 잘 숙지해 두기 바란다.

• 접속 : 품사에 관계없이 무조건 た형을 만들어 주기 바란다. 그리고 뒤에다 ら 만 붙이면 완성이다.

215_03.mp3

い형용사의 た형을 만들줄 알면 간단히 해결된다. い형용사의 た형은 어미 い를 かった로 바꾸면 완성된다. 그리고 뒤에다 ら 만 접속하면 완성이다.

い(A)い ＋ たら　→　い(A)かっ ＋ たら　→　い(A)かったら
い(A)くない ＋ たら → い(A)くなかっ ＋ たら　→　い(A)くなかったら

ない ＋ たら	→ なかったら	없으면
あつい ＋ たら	→ あつかったら	더우면
あつくない ＋ たら	→ あつくなかったら	덥지 않으면
さむい ＋ たら	→ さむかったら	추우면
さむくない ＋ たら	→ さむくなかったら	춥지 않으면
いい、よい ＋ たら	→ よかったら	좋으면
よくない ＋ たら	→ よくなかったら	좋지 않으면

* いい、よい **상관없다. 무조건** よかったら **하나로 된다.**

동사 역시 초급 때 배웠던 た형만 만들 줄 알면 쉽게 해결된다. 동사 종류에 상관없이 우선 た형을 만들고 뒤에다 ら를 접속하면 완성이다.

> Ⓥる + たら → Ⓥたら
> Ⓥない + たら → Ⓥなかったら

行く 가다
飲む 마시다
待つ 기다리다
見る 보다
寝る 자다
する 하다
来る 오다

いく + たら	→	いったら	가면
いかない + たら	→	いかなかったら	가지 않으면
のむ + たら	→	のんだら	마시면
のまない + たら	→	のまなかったら	마시지 않으면
まつ + たら	→	まったら	기다리면
またない + たら	→	またなかったら	기다리지 않으면
みる + たら	→	みたら	보면
みない + たら	→	みなかったら	보지 않으면
ねる + たら	→	ねたら	자면
ねない + たら	→	ねなかったら	자지 않으면
する + たら	→	したら	하면
しない + たら	→	しなかったら	하지 않으면
くる + たら	→	きたら	오면
こない + たら	→	こなかったら	오지 않으면

명사도 마찬가지로 た형을 만들 줄 알면 간단히 해결된다. 명사의 た형은 Ⓝだっ
た이다. 그리고 여기에 다시 ら를 접속하면 완성이다.

Ⓝだ ＋ たら　　→　Ⓝだったら

Ⓝでない ＋ たら　→　Ⓝでなかったら

男 남자
学生 학생

男だ ＋ たら　　　→　男だったら　　　남자면

男でない ＋ たら　→　男でなかったら　남자가 아니면

学生だ ＋ たら　　→　学生だったら　　학생이면

学生でない ＋ たら　→　学生でなかったら　학생이 아니면

마찬가지로 Ⓝでなかったら와 Ⓝではなかったら 둘 다 맞는데, 역시 Ⓝでなか
ったら를 잘 쓴다.

な형용사도 반드시 た형을 만들어 줘야 한다. な형용사의 た형은 なⒶだった이다. 여기에 다시 ら를 접속하면 완성이다.

なⒶだ ＋ たら　　→　なⒶだったら
なⒶでない ＋ たら　→　なⒶでなかったら

しずかだ ＋ たら　　　→　しずかだったら　　　조용하면
しずかでない ＋ たら　→　しずかでなかったら　조용하지 않으면
きれいだ ＋ たら　　　→　きれいだったら　　　예쁘면
きれいでない ＋ たら　→　きれいでなかったら　예쁘지 않으면

なⒶではなかったら와 なⒶでなかったら 둘 다 맞다. 역시 대개는 なⒶでなかったら를 많이 쓴다.

金さんが結婚したら、テレビを買ってあげますよ。
김 씨가 결혼하면, 텔레비전을 사주겠습니다.

東京大学に入ったら、車を買ってあげるよ。　동경대학에 들어가면, 차를 사줄게.

よかったら、今夜一杯飲みませんか。　괜찮으면, 오늘밤 한잔 어떠세요?

ボーナスがたくさん出たら、何がしたいですか。
보너스가 많이 나오면, 무엇을 하고 싶습니까?

授業が終わったら、一緒に映画に行きませんか。
수업이 끝나면, 함께 영화보러 안갈래요?

春になったら、花見に行きましょう。　봄이 오면, 꽃구경하러 갑시다.

もし暑かったら、クーラーをつけてください。　만약 더우면, 에어컨을 켜주세요.

結婚 결혼
買う 사다
東京大学 동경대학
今夜 오늘밤
一杯飲む 한잔 하다
授業 수업
終わる 끝나다
一緒に 함께
映画 영화
春 봄
花見に行く 꽃구경 가다
もし 만약
暑い 덥다
クーラーをつける 에어컨을 켜다

お酒を飲んだら、車を運転してはいけません。

술을 마셨으면, 차를 운전해서는 안 됩니다.

明日雨だったら、買い物に出かけません。

내일 비가 오면, 쇼핑하러 나가지 않겠습니다.

タクシーだったら、20分ぐらいで行けますよ。

택시라면, 20분 정도면 갈 수 있습니다.

明日いい天気だったら、洗濯をします。

내일 날씨가 좋으면, 빨래를 하겠습니다.

そのゲーム、やってみておもしろかったら、私も買います。

그 게임, 해보고 재미있으면, 나도 사겠습니다.

教室が静かだったら、教室で勉強しましょう。

교실이 조용하다면, 교실에서 공부합시다.

お酒を飲む 술을 마시다
車 자동차
運転 운전
明日 내일
雨 비
買い物 쇼핑
天気 날씨
洗濯 빨래
買う 사다
教室 교실
静かだ 조용하다
勉強 공부

窓を開ける 창문을 열다
海が見える 바다가 보이다
朝 아침
起きる 일어나다
雪が積もる 눈이 쌓이다
家に帰る 집에 돌아오다(가다)
両親 부모
手紙 편지
安売り 세일

깍두기

たらの 또 다른 용법

새로운 발견, 뜻밖의 결과, 놀라움, 몰랐던 사실을 새로이 알았을 때, 해석은 '〜했더니'로 한다. 이 용법을 사용할 때에는 반드시 뒷문장에 과거형이 와야만 한다.

窓を開けたら、海が見えました。
(처음 가 본 호텔에서) 창문을 열었더니, 바다가 보였습니다.

朝起きたら、雪が積もっていました。
아침에 일어났더니, 눈이 쌓여 있었습니다.

家に帰ったら、両親から手紙が来ていました。
집에 돌아갔더니, 부모님으로부터 편지가 와 있었습니다.

さっきデパートへ行ったら、くつの安売りをしていましたよ。
아까 백화점에 갔더니, 구두 세일을 하고 있었습니다.

제2부 뛰어넘기 편

1 다음 단어들에 たら를 접속해 보세요.

① いう ➡ ＿＿＿＿＿ いわない ➡ ＿＿＿＿＿

② かく ➡ ＿＿＿＿＿ かかない ➡ ＿＿＿＿＿

③ はなす ➡ ＿＿＿＿＿ はなさない ➡ ＿＿＿＿＿

④ まつ ➡ ＿＿＿＿＿ またない ➡ ＿＿＿＿＿

⑤ しぬ ➡ ＿＿＿＿＿ しなない ➡ ＿＿＿＿＿

⑥ よぶ ➡ ＿＿＿＿＿ よばない ➡ ＿＿＿＿＿

⑦ のむ ➡ ＿＿＿＿＿ のまない ➡ ＿＿＿＿＿

⑧ かえる ➡ ＿＿＿＿＿ かえらない ➡ ＿＿＿＿＿

⑨ みる ➡ ＿＿＿＿＿ みない ➡ ＿＿＿＿＿

⑩ ねる ➡ ＿＿＿＿＿ ねない ➡ ＿＿＿＿＿

⑪ おきる ➡ ＿＿＿＿＿ おきない ➡ ＿＿＿＿＿

⑫ たべる ➡ ＿＿＿＿＿ たべない ➡ ＿＿＿＿＿

⑬ する　　➡ ＿＿＿＿＿＿　しない　　➡ ＿＿＿＿＿＿

⑭ くる　　➡ ＿＿＿＿＿＿　こない　　➡ ＿＿＿＿＿＿

⑮ あつい　➡ ＿＿＿＿＿＿　あつくない　➡ ＿＿＿＿＿＿

⑯ おいしい　➡ ＿＿＿＿＿＿　おいしくない　➡ ＿＿＿＿＿＿

⑰ いい　　➡ ＿＿＿＿＿＿　よくない　　➡ ＿＿＿＿＿＿

⑱ たかい　➡ ＿＿＿＿＿＿　たかくない　➡ ＿＿＿＿＿＿

⑲ 学生だ　➡ ＿＿＿＿＿＿　学生でない　➡ ＿＿＿＿＿＿

⑳ 子供だ　➡ ＿＿＿＿＿＿　子供でない　➡ ＿＿＿＿＿＿

㉑ しずかだ　➡ ＿＿＿＿＿＿　しずかでない　➡ ＿＿＿＿＿＿

㉒ きれいだ　➡ ＿＿＿＿＿＿　きれいでない　➡ ＿＿＿＿＿＿

㉓ 上手だ　➡ ＿＿＿＿＿＿　上手でない　➡ ＿＿＿＿＿＿

㉔ 親切だ　➡ ＿＿＿＿＿＿　親切でない　➡ ＿＿＿＿＿＿

- 용법 : X なら、Y → X 한다면 (라면), Y 한다 (Y이다) (전제조건)

  なら의 가장 기본적인 용법은, 확정된, 혹은 확정되어 있는 (알고 있는, 정해져 있는) 전제조건 X에 근거하여, 자신의 행위나 생각 Y를 말할 경우에 사용한다. 아직 성립되지 않았지만 미래의 일 X가 성립된다는 조건이라면, X에 앞서 Y를 행하겠다는 의미이다.

由美子 유미코
土曜日 토요일
行く 가다

田中: 由美子さんは土曜日のパーティーに行きますか。

유미코 씨는 토요일 파티에 갈겁니까?

由美子: いいえ、行きません。田中さんはどうしますか。

아니요, 안 갑니다. 다나카 씨는 어떻게 할겁니까?

田中: 由美子さんが行かないなら、私も行きません。　확정된 전제조건

유미코 씨가 안 간다면, 저도 안갈 겁니다.

아마도 이 친구 유미코에게 마음이 있는 것 같다. 그런데 그 흠모하는 유미코가 파티에 안 가겠다고 한다. 그렇다면, 이 친구 입장에서는 굳이 파티에 가야 할 목적이 사라진 것이다. 좋아하는 사람 얼굴 보려고 가려고 했는데, 가지 않겠다고 하면 어쩌겠는가? 나 같아도 가지 않게 될 것 같다.

분명히 유미코는 토요일 파티에 가지 않겠다고 하였다 (확정). 즉 파티에 갈지 안 갈지 불확실한 상태가 아니라, 안 가겠다고 확정을 해놓은 상태이며, 파티에 안 간다는 확정된 이 전제조건을 보고 다나카도 파티에 가지 않겠다고 결정을 내린 것이다.

즉 이미 확정이 된 어떤 사항을 보고, 그 사항을 전제로 하여 다음 행동을 취하겠다는 말이다. 이것이 바로 なら의 가장 기본 용법이자 특징인 전제조건이란 것이다.

い형용사에 접속할 때는 い형용사의 보통체에 접속한다.

현재긍정	いⒶいなら	いⒶ하다면
현재부정	いⒶくないなら	いⒶ하지 않다면
과거긍정	いⒶかったなら	いⒶ했다면
과거부정	いⒶくなかったなら	いⒶ하지 않았다면

暑い 덥다
いい(よい) 좋다

あついなら   덥다면
あつくないなら   덥지 않다면
あつかったなら   더웠다면
あつくなかったなら   덥지 않았다면

いいなら   좋다면
よくないなら   좋지 않다면
よかったなら   좋았다면
よくなかったなら   좋지 않았다면

동사도 보통체에 접속한다. 동사 종류는 상관없다.

현재긍정	Ⓥ るなら	Ⓥ 한다면
현재부정	Ⓥ ないなら	Ⓥ 안 한다면
과거긍정	Ⓥ たなら	Ⓥ 했다면
과거부정	Ⓥ なかったなら	Ⓥ 안 했다면

行く 가다
帰る 돌아오다(가다)

行くなら   간다면
行かないなら   안 간다면
行ったなら   갔다면
行かなかったなら   안 갔다면

帰るなら   돌아간다면
帰らないなら   안 돌아간다면
帰ったなら   돌아갔다면
帰らなかったなら   안 돌아갔다면

명사도 보통체로 만들어 なら를 접속한다. 한 가지 조심할 점은 현재긍정형에 な
ら를 접속할 때 반드시 だ를 빼줘야 한다는 것이다. 즉 명사의 현재긍정형은 Ⓝだ
이지만 なら와 접속할 때는 반드시 だ를 빼고 접속한다.

현재긍정	Ⓝなら(だ 필요 없다)	Ⓝ라면
현재부정	Ⓝでは(じゃ)ないなら	Ⓝ가(이) 아니라면
과거긍정	Ⓝだったなら	Ⓝ였다면
과거부정	Ⓝでは(じゃ)なかったなら	Ⓝ가(이) 아니었다면

おとこ
男　남자

男なら	남자라면
男ではないなら	남자가 아니라면
男だったなら	남자였다면
男ではなかったなら	남자가 아니었다면
テレビなら	텔레비전이라면
テレビではないなら	텔레비전이 아니라면
テレビだったなら	텔레비전이었다면
テレビではなかったなら	텔레비전이 아니었다면

な형용사 역시 보통체에 なら를 접속한다. 한 가지 조심할 점은 현재긍정형에 なら를 접속할 때 반드시 어미 だ를 빼줘야 한다는 것이다. 즉 な형용사 현재긍정형은 なⒶだ이지만 なら와 접속할 때는 반드시 어미 だ를 빼고 접속한다.

현재긍정	なⒶなら(어미 だ는 필요없다)	なⒶ하다면
현재부정	なⒶでは(じゃ)ないなら	なⒶ하지 않다면
과거긍정	なⒶだったなら	なⒶ하였다면
과거부정	なⒶでは(じゃ)なかったなら	なⒶ하지 않았다면

しずかなら　　　　　　　　　조용하다면
しずかではないなら　　　　　조용하지 않다면
しずかだったなら　　　　　　조용했다면
しずかではなかったなら　　　조용하지 않았다면

きれいなら　　　　　　　　　예쁘다면
きれいではないなら　　　　　예쁘지 않다면
きれいだったなら　　　　　　예뻤다면
きれいではなかったなら　　　예쁘지 않았다면

パソコンを買うなら、あの店がいいですよ。
컴퓨터를 살 거라면, 저 가게가 좋습니다.

みんなで飲みに行くなら、電話ください。 다 같이 마시러 갈 거라면, 전화주세요.

日本へ行くなら、ぜひ京都にも寄ってください。
일본에 갈 거라면, 꼭 교토에도 들러주세요.

買う 사다
店 가게
飲む 마시다
行く 가다
電話 전화
日本 일본
京都 교토
寄る 들르다

冷蔵庫 냉장고
中 안, 속
明日 내일
映画に行く 영화보러 가다
タバコを吸う 담배를 피우다
外 밖, 바깥
駅 역
便利だ 편리하다
日本料理 일본요리
好きだ 좋아하다
量 양
減らす 줄이다
今週 이번 주
来週 다음 주
思う 생각하다

ビールなら、冷蔵庫の中ですよ。
맥주라면, 냉장고 안에 있습니다.

明日ひまなら、映画に行きましょう。
내일 한가하다면, 영화 보러 갑시다.

タバコを吸うなら、外に出てください。
담배를 피울 거면, 밖에 나가주세요.

駅に行くなら、バスが便利ですよ。
역에 갈 거면, 버스가 편리합니다.

日本料理なら、てんぷらが好きです。
일본요리라면, 튀김을 좋아합니다.

やせたいなら、まず食べる量を減らしてください。
살을 빼고 싶다면, 우선 먹는 양을 줄여주세요.

今週はだめですが来週なら、行けると思います。
이번 주는 안 되지만, 다음 주라면 갈 수 있습니다.

たら와 なら는 시간의 전후 관계가 반대이다. 즉 たら는 성립이 되면 그 다음 동작을 하겠다는 말이고, なら는 아직 성립이 안 되었어도, 앞으로 그렇게 된다는 전제라면 다음 동작을 하겠다는 말이다. 아래 예문으로 비교해보자.

由美子 유미코
来る 오다
帰る 돌아오다(가다)

　① 由美子が来たら、私は帰ります。
　② 由美子が来るなら、私は帰ります。

우리말로 해 보면 두 문장 모두 '유미코가 오면, 나는 돌아가겠습니다'로 해석된다. 만약 그렇다면 지금까지 우리는 헛수고를 한 셈이다. 분명히 たら와 なら는 다른 용법이다. 그런데 우리말 해석이 똑같다면 우리가 지금 이렇게 골치 아프게 たら와 なら를 공부할 이유가 없는 것이다. 그냥 우리말로 하면 똑같으니 아무거나 맘에 드는 거 쓰라고 하면 모든 게 끝나는 것이다. 하지만 그럴 리가 있겠는가? 엄연히 たら와 なら는 일본어에서 다른 용법으로 존재하는 녀석들이다. 그런데 그 의미가 똑같다니, 있을 수 없는 일이다. 즉, 우리말 해석은 같은 것 같아도 실제 그 용법은 전혀 다르다.

앞의 두 문장에 대해 해설을 해보겠다.

① **由美子が来たら、私は帰ります。**

유미코가 오면, (아직 도착하진 않았지만, 도착하는 게 성립되면 그때)

나는 돌아가겠습니다. (나는 유미코를 만난다)

아직 유미코는 오지 않았다. 하지만 나중에 유미코가 오면, 즉 유미코가 도착하는 행위가 성립되면 그때 나는 돌아가겠다는 말이다. 이 사람은 유미코에게 그렇게 나쁜 감정을 가지고 있는 것 같지는 않다. 나쁜 감정이 아니라 오히려 유미코를 좋아하고 만나고 싶어하는 것 같다. 친구들과 술자리에서 술을 마시다가 친구들보다 먼저 가보려고 했는데 누군가 이랬다. '야, 지금 유미코가 오고 있대' 아마 평소에 보고 싶었고 좋아하는 유미코라면 어떻게 하겠는가? 그냥 가긴 좀 아쉽지 않을까? 먼저 집에 가려다 다시 자리에 앉아 유미코가 오기를 기다리고 있는 것이다. 이해하시겠나? 즉 유미코가 오면, 도착하면 (그 성립을 보고나서) 나는 돌아가겠다는 말이다. 따라서 나는 유미코 얼굴을 볼 수 있다.

행위성립순서 :

① 유미코 도착 →

② 나 귀가 (유미코 도착을 보고, 유미코 얼굴도 보고난 후에)

② **由美子が来るなら、私は帰ります。**

유미코가 온다면, (아직 오진 않았지만, 유미코가 이곳에 온다는 전제라면)

나는 돌아가겠습니다. (나는 유미코를 만나지 않는다)

역시 유미코는 오지 않았다. 하지만 나중에 유미코가 오는 것이 정해져 있고 그런 전제조건이라면 나는 돌아가겠다는 말이다. 꼭 그런 것은 아니지만, 아마도 이 사람 유미코를 별로 좋아하지 않는 사람인 것 같다. 개인적으로 유미코에게 좋지 않은 감정을 가지고 있는터에 내가 그 싫어하고 재수 없어하는 유미코가 온다는 소리를 들었다. 대부분의 사람들은 이럴 때 이러지 않을까? '모야? 유미코가 온단 말이야? 나 집에 갈래' 즉 유미코가 도착하는 것이 성립되지 않았어도 그런 전제라면, 유미코가 이곳에 온다는 전제라면 (아직 성립되지는 않았지만 미래에 성립된다는 조건이라면) 나는 돌아가겠다는 말이다. 따라서 나는 유미코를 볼 수 없다.

행위성립순서 :

① 나 귀가 (유미코가 온다는 소리에 이곳을 떠나감) →

② 유미코 도착 (나는 이미 이곳을 떠난 후)

다음 문장은 일본에서 연말이 되면 흔히 들을 수 있는 말이다.

③ **飲んだら乗るな。乗るなら飲むな。**

마셨으면 타지마. 탈 거면 마시지 마. (동사의 현재형에 な가 붙으면 '하지마' 란 금지표현이 된다)

연말이 되면 우리나라에서도 송년회다 뭐다 해서 모임이 무지 많아지고 이것은 일본도 거의 같다고 봐도 좋다. 일본도 우리처럼 죽기 아니면 까무러치기로 술 푸는 인간들이 있고 그러다 보니 연말이 되면 여기저기서 내가 뭐 먹었나 궁금증을 못 이겨 꼭 다 꺼내놓고 확인하는 인간들도 눈에 자주 보인다. 흠… 더럽다고? 뭐 우리도 뭐 먹었는지 궁금한건 마찬가지 아닌가? 열심히 확인하기 바란다. 하지만 아깝다고 도로 넣을 생각은 마시길…

방금 본 ①, ②번 문장을 이해하신 분들이라면 이 문장의 시제관계를 아마 쉽게 이해할 수 있을 것이다. 뭐 표어까지는 아니지만 ③번 문장은 일본인들에게는 아주 친숙한 음주운전 예방을 위한 말이다. 연말이 되면 흔히 볼 수 있고, NHK에서도 가끔 들을 수 있는 문장이다.

飲んだら 마셨으면　　*즉 음주행위가 성립되었다면　　乗るな 타지마

乗るなら 탈 거면　　*즉 앞으로 차를 운전한다는 전제조건이라면　　飲むな 마시지마

어떠신가? 좀 이해가 되시는가? 물론 이 3문장으로 모든 것을 다 이해했다고 하기엔 좀 무리가 있을 것이다. 하지만 조금은 도움이 될듯하다. 잘 읽어보기 바란다. 하나만 더 생각해보고 넘어가도록 하자. 다음 문장을 보자.

① 家を買うと、結婚します。
② 家を買ったら、結婚します。
③ 家を買うなら、結婚します。

위 3문장을 앞에서 배운 내용을 생각해보면서 해석해보자. 아마 이 세 문장을 우리말로 해석하면 모두 '집을 사면 결혼하겠습니다'로 해석될 것이다. 그런데 문제는 이것을 어디까지나 우리말이지 일본어에서는 이 세 문장이 다 쓰이는 것은 아니다. 앞서 배웠던 내용을 떠올리면 문장을 살펴보자.

우선 ① 家を買うと、結婚します。

결론부터 말하자면 이 문장을 쓸 수 없는 문장이다. と의 용법을 기본 용법은 X 하면 (예외 없이, 반드시) Y가 일어날 때였다. 이 뜻이 と의 가장 기본용법이라고 했다. 즉 이 말은 한 사람은 '집을 살 때마다 (예외 없이, 반드시) 결혼하겠다'는 말이 된다. 집을 살 때마다 결혼을 하라고? 말도 안 되는 소리다.

다음은 ② 家を買ったら、結婚します。

이 문장은 사용 가능한 내용이다. 그런데 한 번 생각해보자. 집 사는 게 먼저일까 결혼이 먼저일까? 위에서 배운 내용을 생각해보면 쉽게 답은 나온다. たら의 용법을 생각해보자.

X 하면 (성립되면), Y 한다

아직 성립되지 않은 미래의 일 X가 성립되었다고 가정하고, Y를 행한다는 의미였다. 바꿔 말하면 X가 성립되지 않으면 Y도 없다는 말이 되는 것이다. 즉 이 문장은 우선 집을 사야 한다는 말이고, 집을 사면 (그 행위가 성립되면) 그때 가서 결혼하겠다는 소리이다.

이 남자는 어서 집을 사서 집장만부터 하고 청혼해야 한다. 그런 조건이다.

마지막으로 ③ 家を買う**なら**、結婚します。

이 문장 역시 사용 가능한 내용이다. 그럼 생각해보자. 집 사는 게 먼저일까 ?결혼이 먼저일까? 배운 내용을 생각해보면 쉽게 답은 나온다. なら의 용법을 생각해보자.

X 한다면 (라면), Y 한다 (Y이다) (전제조건)

아직 성립되지 않았지만 미래의 일 X가 성립된다는 조건이라면, X에 앞서 Y를 행한다는 의미였다. 따라서 집을 아직 산 건 아니지만, 나중에라도 집을 산다는 전제조건이라면, 집을 나중에라도 사겠다는 약속이라면, 결혼을 먼저 하겠다는 그런 의미이다.

여자 : 나와 결혼하고 싶으면 우선 집부터 사요!! 그럼 그때 가서 결혼할 테니!!

남자 : 그럼 내가 집 사면 나와 결혼할 거야?

여자 : 예, 그럴게요.

남자 : 근데 당장은 안 돼. 사업도 벌려놓은 상태고 돈 들어갈 데가 많아.

여자 : 그럼 저 결혼 못해요.

남자 : 올해 하자. 내 나이도 있잖아. 대신에 나랑 우선 결혼하면 3년 안에 집 살게.

여자 : 정말이죠? 정말 지금은 못 사도 나중에 꼭 살 거죠?

남자 : 그래 3년 안에 꼭 살게, 오빠 못 믿나?

여자 : 좋아요, 그럼 **家を買うなら、結婚します。**

이 남자는 당장에 집 살 필요는 없다. 하지만 약속한 대로 결혼하고 나서 반드시 3년 안에 집을 사야 한다. 분명히 여자는 집을 산다는 전제하에 결혼을 먼저 하게 되는 것이다. 그럼 만약 기껏 결혼했더니 나 몰라라하고 집을 안 산다면? 약속위반이라고 거품 물겠다. 틀림없이 나중에라도 집을 산다는 전제하에 이 여성은 결혼을 한 것이다.

조금이라도 이해를 돕고자 주저리주저리 써보았는데, 좀 도움이 되었는지 모르겠다. 여러 번 읽어 보고 숙지해 두시기 바란다.

1 다음 단어들에 なら를 접속해 보세요.

① いう　➡ __________　　いわない　➡ __________

② かく　➡ __________　　かかない　➡ __________

③ はなす　➡ __________　　はなさない　➡ __________

④ まつ　➡ __________　　またない　➡ __________

⑤ しぬ　➡ __________　　しなない　➡ __________

⑥ よぶ　➡ __________　　よばない　➡ __________

⑦ のむ　➡ __________　　のまない　➡ __________

⑧ かえる　➡ __________　　かえらない　➡ __________

⑨ みる　➡ __________　　みない　➡ __________

⑩ ねる　➡ __________　　ねない　➡ __________

⑪ おきる　➡ __________　　おきない　➡ __________

⑫ たべる　➡ __________　　たべない　➡ __________

⑬ する　　➡ ＿＿＿＿＿＿＿＿＿　　しない　　➡ ＿＿＿＿＿＿＿＿＿

⑭ くる　　➡ ＿＿＿＿＿＿＿＿＿　　こない　　➡ ＿＿＿＿＿＿＿＿＿

⑮ あつい　　➡ ＿＿＿＿＿＿＿＿＿　　あつくない　　➡ ＿＿＿＿＿＿＿＿＿

⑯ おいしい　　➡ ＿＿＿＿＿＿＿＿＿　　おいしくない　　➡ ＿＿＿＿＿＿＿＿＿

⑰ いい　　➡ ＿＿＿＿＿＿＿＿＿　　よくない　　➡ ＿＿＿＿＿＿＿＿＿

⑱ たかい　　➡ ＿＿＿＿＿＿＿＿＿　　たかくない　　➡ ＿＿＿＿＿＿＿＿＿

⑲ 学生だ　　➡ ＿＿＿＿＿＿＿＿＿　　学生でない　　➡ ＿＿＿＿＿＿＿＿＿

⑳ 子供だ　　➡ ＿＿＿＿＿＿＿＿＿　　子供でない　　➡ ＿＿＿＿＿＿＿＿＿

㉑ しずかだ　　➡ ＿＿＿＿＿＿＿＿＿　　しずかでない　　➡ ＿＿＿＿＿＿＿＿＿

㉒ きれいだ　　➡ ＿＿＿＿＿＿＿＿＿　　きれいでない　　➡ ＿＿＿＿＿＿＿＿＿

㉓ 上手だ　　➡ ＿＿＿＿＿＿＿＿＿　　上手でない　　➡ ＿＿＿＿＿＿＿＿＿

㉔ 親切だ　　➡ ＿＿＿＿＿＿＿＿＿　　親切でない　　➡ ＿＿＿＿＿＿＿＿＿

16장 경어 표현

경어 족보 열람

우리 한국인들은 자신보다 손윗사람과 말할 때에는 존경어를 사용하고 있다. 다른 외국어에서는 흔히 볼 수 없는 언어표현이다. 그럼 우리가 지금 공부하고 있는 일본어는 어떨까? 일본어도 우리말 못지않게 존경표현이 잘 발달되어 있는데, 특히 우리 한국어에서는 거의 사라진 겸손어(대부분의 문법책에서는 겸양어라는 말을 쓰지만, 겸양어는 잘 쓰는 것 같지도 않고 해서, 우리에게 좀 더 친숙한 겸손어라는 말을 사용하겠다)까지 잘 사용된다.

겸손어가 뭐냐고? 간단하다. 자신이 하는 행위를 상대방에게 낮추어서 말하는 것이다. 자동적으로 상대방은 위로 올라가는 것이다. 이 겸손어가 우리말에서는 거의 사라졌다고 했는데, 굳이 알고 싶다면 텔레비전의 사극 드라마를 보시기 바란다.

사극을 보면 머슴이 나와 마님에게 '마님, 쉰네가…' 또는 양반을 향해 '아뢰옵기 황공하옵니다만…' 등등 바로 이런 표현이다. '쉰네'는 자기 자신을 상대방에게 낮추어서 사용되던 말이지만, 요즘 이런 말 쓰는 사람 보신적이 있는가?

아들 : 어머니, 아뢰옵기 황공하옵니다만, 쉰네 용돈이 떨어졌사오니 어서 지갑을 여시지요.

엄마들의 반응은 어떠실까?

엄마 : 이놈이 이젠 미쳤나? 애미를 놀려먹어? 퍽 퍽 퍽……

아들 : 흐어어어어… 살려주세요… 마마 고정하옵소서….

엄마 : 이놈이 그래도? 퍽 퍽 퍽……

문장에 나온 '애미'라는 단어도 엄밀히 따지면 겸손어에 해당한다. 이렇듯 아직도 사용은 되고 있지만 우리말에서 그렇게 흔하게 쓰인다고 하기는 힘들 것이다.

일본어의 경어표현은 별거 없다. 무조건 외우는 길밖에 없다. 그냥 기본이 되는 일반단어(표현이 맞을지는 모르겠지만 흔히 우리가 쓰는 일본어단어)와 그 단어의 존경어, 그리고 겸손어 이렇게 외우면 된다.

듣고 보니 참 간단한데… 그럼 이 말은 단어 하나마다 존경어 하나, 겸손어 하나가 따라와 결국 무조건 단어를 3개씩 외워야 한다는 소리네? 그럼 내가 만약 동사 500개를 외우면 존경어 500개와 겸손어 500개, 합쳐서 1,500개를 외우라는 소리네? 헉…?! 나 포기할래! 진정!! 미리 겁먹지 마시라. 실제로는 그렇지 않다.

일본어를 공부하는 사람들끼리는 족보라고 하는데, 이 족보에 나오는 단어들 하나마다 존경어 하나, 겸손어 하나가 따라온다. 즉, 족보에 없는 나머지 단어들은 단어 하나마다 존경어 하나, 겸손어 하나가 따라오지 않으니 안심하시길.

족보에 등장하는 단어들은 그렇게 많지는 않다. 고급과정으로 올라가면 몇 가지가 더 추가되겠지만, 지금 공부하고 있는 초급수준의 문법이라면 대략 15개 안팎이다. 일반단어가 15개 정도라면 여기에 존경어 15개와 겸손어 15개, 그래서 다 합쳐도 50개가 채 안 된다. 그리고 이 족보에 없는 단어들은 대신 존경공식, 겸손공식이라는 공식이 있어, 이 공식만 잘 외우면 얼마든지 존경, 겸손표현을 만들 수 있다. 이번 장에서 공부할 경어표현도 크게 족보와 공식(존경 · 겸손)으로 나누어 진행하겠다. 우선 족보부터 살펴보자.

우선 다음 표를 무조건 암기해야 한다.

존 경 어(상대의 행동)	일반 동사	겸 손 어(나의 행동)
なさる 하시다	する 하다	いたす 하다
いらっしゃる 가시다	行く 가다	まいる 가다
おいでになる	訪(たず)ねる 방문하다	うかがう 찾아뵙다
いらっしゃる		
おいでになる 오시다	来(く)る 오다	まいる 오다
みえる		
いらっしゃる 계시다	いる 있다	おる 있다
めしあがる	食(た)べる 먹다	いただく 먹다, 마시다
드시다, 잡수시다	飲(の)む 마시다	
おっしゃる 말씀하시다	言(い)う 말하다	申(もう)す 말씀드리다, 여쭙다
		申(もう)し上(あ)げる
ご覧(らん)になる 보시다	見(み)る 보다	拝見(はいけん)する 보다
お会(あ)いになる 만나시다	会(あ)う 만나다	お目(め)にかかる 만나뵙다
お休(やす)みにる 주무시다	寝(ね)る 자다	×
お聞(き)きになる	聞(き)く 묻다, 듣다	うかがう 여쭙다
물으시다, 들으시다		
ご存知(ぞんじ)だ 아시다	知(し)る 알다	存(ぞん)じる 알다
お召(め)しになる	着(き)る 입다	×
입으시다		

표를 보면 존경어는 대부분 우리말로도 해석이 되지만 겸손어는 그렇지 않은 경우가 많은걸 알 수 있다. 즉 가운데 있는 일반동사와 큰 차이가 나지 않는다. 이건 어쩔수 없을 듯 하다. 앞서 말했듯이 우리말에서는 겸손어가 거의 쓰이지 않게 되어 버린 것이다. 하지만 중요한 건 해석이 아니다. 그 단어가 어떤 기능을 가지고 있고 또 어떤 뜻인지를 아는 게 중요하다. 다시 말하지만 위에 나온 표가 일본어 경어의 시작이다. 존경어는 상대방의 행동에만 써야 하고, 겸손어는 나의 행동일 때 사용한다.

또 단어에 따라서는 뜻이 하나만 있는 게 아니라 두 가지 이상인 것도 있다. 표를 보면 같은 いらっしゃる는 뜻이 무려 세 가지나 된다. 잘 기억해두기 바란다. 이 경어 표현은 물론 초급에서도 중요하지만 각종 일본어 관련 시험에 자주 출제된다. 시험도 시험이지만, 유창하게 고급 일본어회화를 하고 싶다면 이 경어를 반드시 숙지해 놓으셔야 한다. 빈칸은 없는 표현이니 무시하셔도 좋다. 이제 이 족보와 1대 1로 맞짱을 떠보자. 하나하나 설명할테니 잘 외워두기 바란다.

깍두기

일본어 동사 중에 조금 특이하게 쓰이는 단어가 몇 가지 있다. 이 단어들은 뒤에 ます가 왔을 때 여러분이 그 동안 배웠던 규칙과는 다르게 변화를 한다.

くださる	なさる	いらっしゃる	おっしゃる
くださ**い**ます	なさ**い**ます	いらっしゃ**い**ます	おっしゃ**い**ます

즉 배운 대로 하면 ます가 왔을 때 당연히 어미 る가 り로 바뀌어야 하지만, 이 녀석들은 예외적으로 い로 바뀌어 이렇게 된다.

그리고 족보에 나온 단어들로 몇 가지 예문을 만들어 보겠다. 예문을 볼 때, '존'은 존경어, '일'은 일반동사, '겸'은 겸손어를 뜻한다. 그리고 예문 순서는 가운데 일반동사, 위는 존경어, 아래는 겸손어의 순서이다.

①

존 경 어	일반 동사	겸 손 어
なさる 하시다	する 하다	いたす 하다

何を 무엇을
お先に 먼저
失礼 실례

존 : 先生はこれから何をなさいますか。　선생님은 이제부터 무엇을 하실겁니까?

일 : お先に失礼します。　먼저 실례하겠습니다.

겸 : お先に失礼いたします。　먼저 실례하겠습니다.

②

존 경 어	일반 동사	겸 손 어
いらっしゃる 가시다	行(い)く 가다	まいる 가다
おいでになる	訪ねる(たずねる) 방문하다	うかがう 찾아뵙다

本屋に行く
서점에 가다
お宅を訪ねる
댁을 방문하다
明日 내일

존 : 先生、どちらへいらっしゃいますか。　선생님, 어디에 가십니까?

존 : 先生、どちらへおいでになりますか。　선생님, 어디에 가십니까?

일 : 私は本屋に行きます。　저는 서점에 갑니다.

일 : 昨日は先生のお宅を訪ねました。　어제는 선생님 댁을 방문했습니다.

겸 : 私はこれから本屋にまいります。　저는 이제부터 서점에 갑니다.

겸 : では、明日うかがいます。　그럼 내일 찾아뵙겠습니다.

③

존 경 어	일반 동사	겸 손 어
いらっしゃる		
おいでになる 오시다	来(く)る 오다	まいる 오다
みえる		

会長 회장

존 : 会長がいらっしゃいました。　회장님이 오셨습니다.

존 : 会長がおいでになりました。　회장님이 오셨습니다.

존 : 会長がみえました。　　　　　　　　　회장님이 오셨습니다.

일 : 私は昨日日本へ来ました。　　　　　저는 어제 일본에 왔습니다.

겸 : 私は昨日日本へまいりました。　　저는 어제 일본에 왔습니다.

④

존 경 어	일반 동사	겸 손 어
いらっしゃる 계시다 おいでになる	いる 있다	おる 있다

존 : 先生はどちらにいらっしゃいますか。　　　선생님은 어디에 계십니까?

존 : 先生はどちらにおいでになりますか。　　선생님은 어디에 계십니까?

존 : 先生はどちらに住んでいらっしゃいますか。　선생님은 어디에 살고 계십니까?

주의 : Ⓥておいでになる는 쓰이지 않는다

일 : 私は今事務室にいます。　　　　　　　저는 지금 사무실에 있습니다.

일 : 私はソウルに住んでいます。　　　　저는 서울에 살고 있습니다.

겸 : 私は今事務室におります。　　　　　저는 지금 사무실에 있습니다.

겸 : 私はソウルに住んでおります。　　저는 서울에 살고 있습니다.

⑤

존 경 어	일반 동사	겸 손 어
めしあがる 　　드시다, 잡수시다	食(た)べる 먹다 飲(の)む 마시다	いただく 먹다, 마시다

존 : 先生は何をめしあがりますか。　　　선생님은 무엇을 드시겠습니까?

일 : 私はすしを食べます。　　　　　　　저는 초밥을 먹겠습니다.

겸 : 私はすしをいただきます。　　　　　저는 초밥을 먹겠습니다.

⑥

존 경 어	일반 동사	겸 손 어
おっしゃる 말씀하시다	言(い)う 말하다	申(もう)す 말씀드리다, 여쭙다 申(もう)し上(あ)げる

先生 せんせい 선생님
言う い 말하다

존 : **先生は何とおっしゃいましたか。**   선생님은 뭐라고 말씀하셨습니까?

일 : **私は田中と言います。**   저는 다나카라고 합니다.

겸 : **私は田中と申します。**   저는 다나카라고 여쭙습니다.

 같은 겸손이지만, 자기소개는 오로지 申す만 사용한다. 절대로 申し上げる를 쓸 수 없다. 그리고 田中대신에 여러분 이름을 넣으면 자기 이름 정도는 소개할 수 있다.

겸 : **そのことなら、もう先生に申しました / 申し上げました。**
그 일이라면, 벌써 선생님께 말씀 드렸습니다.

 우리말 해석은 같지만 일본인들에게는 申し上げる쪽이 약간 더 겸손하게 들린다고 한다.

⑦

존 경 어	일반 동사	겸 손 어
ご覧(らん)になる 보시다	見(み)る 보다	拝見(はいけん)する 보다

先生 せんせい 선생님
夕べ ゆう 어젯밤
テレビを見る み 텔레비전을 보다
社長 しゃちょう 사장
奥様 おくさま 부인
写真 しゃしん 사진

존 : **先生は夕べ、テレビをご覧になりましたか。**
선생님은 어젯밤, 텔레비전을 보셨습니까?

일 : **私は夕べ、テレビを見ました。**   저는 어젯밤, 텔레비전을 보았습니다.

겸 : **私は社長の奥様の写真を拝見しました。**   저는 사장님의 부인사진을 보았습니다.

⑧

존 경 어	일반 동사	겸 손 어
お会(あ)いになる 만나시다	会(あ)う 만나다	お目(め)にかかる 만나뵙다

社長 사장
昨日 어제
高校時代 고교시절
友達に会う 친구를 만나다
明日 내일

존 : 木村さん、うちの社長にお会いになりましたか。
기무라 씨, 우리 사장님을 만나셨습니까?

일 : 昨日、高校時代の友達に会いました。　어제 고교시절의 친구를 만났습니다.

겸 : 先生、それでは明日またお目にかかります。
선생님, 그럼 내일 또 뵙겠습니다.

⑨

존 경 어	일반 동사	겸 손 어
お休(やす)みになる 주무시다	寝(ね)る 자다	없음

休む 쉬다
疲れる 피곤하다
お風呂に入る 목욕하다
寝る 자다

존 : 先生はもうお休みになりました。　선생님은 벌써 주무십니다.

일 : 昨日は疲れていて、お風呂に入ってからすぐ寝ました。
어제는 피곤해서, 목욕하고 바로 잤습니다.

겸 : 없다.

⑩

존 경 어	일반 동사	겸 손 어
お聞(き)きになる 물으시다, 들으시다	聞(き)く 묻다, 듣다	うかがう 여쭙다

先生 쉬다
聞く 듣다, 묻다

존 : 先生は田中君のことをお聞きになりましたか。
선생님은 다나카 군 소식을 들으셨습니까?

일 : わからないところはいつでも聞いてください。
모르는 부분은 언제든지 물어보세요.

겸 : ちょっとうかがいたいことがありますが……。
잠시 여쭙고 싶은 것이 있습니다만…….

⑪

존 경 어	일반 동사	겸 손 어
ご存知(ぞんじ)だ 아시다	知(し)る 알다	存(ぞん)じる 알다

존 : **先生は田中君のことをご存知ですか**。　선생님은 다나카 군을 알고 계십니까?

일 : **それはもう知っています**。　그 일은 이미 알고 있습니다.

겸 : **いいえ、私は何も存じていません**。　아니요, 저는 아무것도 모릅니다.

⑫

존 경 어	일반 동사	겸 손 어
お召(め)しになる 입으시다	着(き)る 입다	없음

一度 한번
着る 입다

존 : **一度お召しになりますか**。　한번 입어보시겠습니까?
(옷가게에서 점원이 손님에게)

일 : 손님 : **一度着てみてもいいですか**。　한번 입어봐도 될까요?

　　 점원 : **ええ、どうぞ**。　네, 그러세요.

겸 : 없다.

대략 일본어 경어의 족보를 정리해 보았다. 그런데 이게 다가 아니다. 사실은 몇 가지가 더 있다. 하지만 빈도가 별로 높지 않거나, 상당히 어려운 경어 족보는 생략하였다. 우선 이 족보를 완벽히 암기해 주기 바란다. 그리고 공부할 때는 그냥 표만 외우지 말고 반드시 예문도 함께 외워주기 바란다. 그럼 훨씬 효과적으로 공부할 수 있다.

위에서 족보에 있는 단어는 몇 개 안 된다고 말했다. 이 족보에 없는 단어들은 어떻게 해야 하나? 이 족보에 없는 단어들은 이제부터 나오는 경어 만들기 공식을 사용해서 만들어 주는 수 밖에 없다. 다음 장에서는 이 경어 만드는 공식을 배워보자.

1 다음 동사를 경어족보에 존경어와 겸손어를 채워 완성하세요.

존 경 어	일반 동사	겸 손 어
___________ 하시다	**する** 하다	___________ 하다
① ___________ ___________ 가시다 ② ___________	**行く** 가다 **訪ねる** 방문하다	① ___________ 가다 ② ___________ 찾아뵙다
① ___________ ② ___________ 오시다 ③ ___________	**来る** 오다	___________ 오다
___________ 계시다	**いる** 있다	___________ 있다
___________ 드시다, 잡수시다	**食べる** 먹다 **飲む** 마시다	___________ 먹다, 마시다
___________ 말씀하시다	**言う** 말하다	① ___________ ② ___________ 말씀드리다, 여쭙다
___________ 보시다	**見る** 보다	___________ 보다
___________ 만나시다	**会う** 만나다	___________ 만나뵙다
___________ 주무시다	**寝る** 자다	×
___________ 물으시다, 들으시다	**聞く** 묻다, 듣다	___________ 여쭙다
___________ 아시다	**知る** 알다	___________ 알다
___________ 입으시다	**着る** 입다	×

02 경어 만들기 공식

먼저 존경어 만드는 법부터 시작해보자. 일본어 존경어 만드는 공식은 몇 가지가 있는데 이 책에서는 가장 많이 쓰이는 4가지 용법을 정리해보았다. 그리고, 존경어 공식이니까 당연히 내가 하는 행위가 아닌 상대방 행위에만 써야 한다. 우리말도 마찬가지지만 스스로에게 존경어를 쓰는 사람은 없지 않겠는가?

お Ⓥ ます형 ＋ になる

• 접속 : 아주 간단하다. 우선 お를 맨 앞에 두고, 그 뒤에 동사를 ます형으로 바꾸고, 여기에 になる를 접속하면 간단히 완성된다.

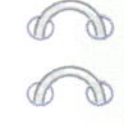
お Ⓥ ます형 ＋ になる　Ⓥ하시다

あう 만나다	→	お**あい**になる	만나시다
かく 쓰다	→	お**かき**になる	쓰시다
のる 타다	→	お**のり**になる	타시다

会う 만나다
書く 쓰다
乗る 타다
先生 선생님
車 자동차(차)
韓国 한국
帰る 돌아오다(가다)
使う 사용하다
社長 사장

先生が車に**お乗りになります**。　선생님이 차를 타십니다.

韓国からいつ**お帰りになりましたか**。　한국에서 언제 돌아오셨습니까?

よろしかったら、私のを**お使いになりますか**。
괜찮으시다면, 제 것을 사용하시겠습니까?

うちの社長に**お会いになりましたか**。　저희 사장님을 만나셨습니까?

これは先生がお書きになった本です。 이것은 선생님이 쓰신 책입니다.

修士課程にご進学になったのはいつですか。 석사과정에 진학한 것은 언제입니까?

마지막 예문은 お가 아니라 ご를 써놓았다. 그리고 뒤에도 동사가 아니라 進学이란 명사가 와 있다. 반드시 그런 건 아니지만 대개 한자 명사가 올 경우에는 お 대신 ご를 주로 사용한다.

앞서 우리는 일본어의 '수동태'를 배웠다. 그때 등장했던 조동사가 바로 れる・られる였다. 그런데 지금 배우고 있는 존경어에서도 이 れる・られる가 다시 등장한다. 조금 지난 얘기가 되지만 일본어 가능동사에서도 이 녀석을 본 적이 있었다. 간단히 말하자면 이 れる・られる에는 4가지 용법이 있다. 가장 먼저 배운 가능동사, 수동태 지금 보고 있는 존경어, 그리고 자발이란 용법까지 해서 4가지의 용법이 있다. 자발이란 용법은 그렇게 많이 쓰이지도 않고, 초급단계에서는 별 의미가 없다. 자발을 제외한 나머지 수동태, 가능동사 그리고 지금 나온 존경어는 잘 기억해 두기 바란다. 여기서는 존경어 만드는 용법만을 다룰테니 다른 생각은 하지 마시라. 그리고 접속도 이미 배운 수동태와 똑같다. 그러니 접속은 쉽게 볼 수 있을 것이다.

5단Ⓥない형 れる			
いく	가다	→ いかれる	가시다
すう	피우다	→ すわれる	피우시다

1단Ⓥない형 られる			
おきる	일어나다	→ おきられる	일어나시다

불규칙 동사			
する	하다	→ される	하시다
くる	오다	→ こられる	오시다

앞에서 말한 대로 수동태 만드는 요령과 똑같다.

韓国には一人で行かれますか。	한국에는 혼자서 가십니까?
何時に起きられましたか。	몇 시에 일어나셨습니까?
先生、お宅まで歩いて帰られますか。	선생님, 댁까지 걸어서 귀가하실 겁니까?
タバコは吸われますか。	담배는 피우십니까?
先生、明日は何をされますか。	선생님, 내일은 무엇을 하십니까?
日本にはいつ来られますか。	일본에는 언제 오실 겁니까?

그동안 우리말의 '~할 겁니까?'나 '~하고 있습니까?'라는 표현은 주로 Ⓥますか 또는 Ⓥていますか를 사용해 만들어 왔다. 그런데 이 Ⓥますか, Ⓥていますか 에는 존경의 의미는 없다. 하지만 おⓋます형ですか를 사용하면 간단히 '~하실 겁 니까?' 또는 '~하고 계십니까?'라는 존경표현을 만들 수 있다.

おⓋます형 ＋ ですか   Ⓥ하십니까?

- 접속 : 아주 간단하다. 우선 お를 맨 앞에 두고, 그 뒤에 동사를 ます형으로 바꾸고, 여기에 ですか를 접속하면 간단히 완성된다.

もつ	가지다 →	おもちですか	가지고 계십니까?
でかける	외출하다 →	おでかけですか	외출하십니까?
かえる	돌아가다 →	おかえりですか	귀가하십니까?

部長、昨日の会議の書類をお持ちですか。
부장님, 어제 회의 서류를 가지고 계십니까?

どこかにお出かけですか。　　　어디 외출하십니까?

先生、今お帰りですか。　　　선생님, 지금 귀가하시는 겁니까?

誰かを**お待ちでしょうか**。　　　　누군가를 기다리고 계십니까?

초급 때 동사의 て형을 배운 적이 있다. 그리고 이 て형에다 ください를 접속하여 Ⓥてください를 만들어 'Ⓥ해 주세요'라고 배웠다. 그런데, 이 Ⓥてください 에는 'Ⓥ해 주세요'란 뜻으로 상대에게 무언가를 의뢰하는 기능은 있지만, 존경의 뜻은 없다. 한 가지 주의할 점은 너무 우리말을 의식하지 말라는 것이다. 즉 우리말로 하면 '~해 주세요'를 전혀 하자 없이 쓸 수 있지 않냐는 말을 간혹 듣는다. 물론 이 말에 하자가 있다는 말을 하는 게 아니다. 다만 우리 한국어에서는 충분히 의뢰와 함께 존경의 의미도 있다고 보지만 일본어에서는 사정이 다르다.

일본어에서는 Ⓥてください라는 표현에는 의뢰의 뜻은 들어있지만, 여기에 상대에 대한 존경의 뜻까지 들어있지는 않다. 그리고 이 표현은 경우와 상대에 따라서는 좀 건방지게 들릴 수 있는 위험도 있다. 특히 호텔 같은 서비스 업종에서 일하는 분들은 더욱 조심해야 한다. 일본인 손님에게 Ⓥてください를 함부로 사용하면 자칫하면 불쾌해 하는 경우도 있을 수 있다. 서비스 업종에서 일하는 분들이나, 예의를 갖춰야 할 상황에서 상대에게 의뢰를 하고 싶으면 지금부터 나오는 おⓋ ます형ください를 사용해 주기 바란다.

お Ⓥ ます형 ＋ ください　　Ⓥ해 주세요

- 접속 : 우선 お를 맨 앞에 두고, 그 뒤에 동사를 ます형으로 바꾸고, 여기에 く ださい를 접속하면 간단히 완성된다.

まつ 기다리다	→	お**まち**ください	기다려 주세요
すわる 앉다	→	お**すわり**ください	앉아 주세요
かえる 돌아가다	→	お**かえり**ください	돌아가 주세요

名前（なまえ）　이름
住所（じゅうしょ）　주소
書く（か）　쓰다
少々（しょうしょう）　잠시, 조금
待つ（ま）　기다리다
集まる（あつ）　모이다
自由（じゆう）　자유
後で（あと）　나중에
件（けん）　건
説明（せつめい）　설명

お名前とご住所を**お書きください**。　　　이름과 주소를 적어 주세요.

すみません。ここで少々**お待ちください**。

죄송합니다. 이곳에서 잠시 기다려 주세요.

10時までに 시사영어사의 前に**お集まりください**。

10시까지 시사영어사 앞에 모여 주세요.

どうぞ**おかけください**。　　　자, 앉으세요.

ご自由に**おとりください**。　　　마음대로 가져가세요. (전단지나 광고지 등)

後でこの件について**ご説明ください**。　나중에 이 건에 대해서 설명해 주세요.

위에서 한 말 한번 더. 마지막 예문은 お가 아니라 ご가 나와 있다. 그리고 뒤에도 동사ます형이 아니라 説明이란 한자명사가 와있다. 대개 한자명사가 올 경우에는 お 대신 ご를 사용한다.

1 다음 동사를 お⒱ます형 になる를 사용하여 존경어로 바꿔 보세요.

① 車に乗る　➡ ________________________________

차를 타십니다.

② 日本へ帰る　➡ ________________________________

일본에 돌아가십니다.

③ パソコンを使う　➡ ________________________________

컴퓨터를 사용하시겠습니까?

④ 先生に会う　➡ ________________________________

선생님을 만나셨습니까?

⑤ 名前を書く　➡ ________________________________

이름을 적어 주세요.

2 다음 동사를 れる・られる를 사용하여 존경어로 바꿔 보세요.

① 韓国へ一人で行く　➡ ________________________________

한국에 혼자서 가십니까?

② 毎朝何時に起きる　➡ ________________________________

매일아침 몇시에 일어나십니까?

③ お酒を飲む　➡ ________________________________

술을 드시겠습니까?

④ タバコを吸う　➡ ________________________________

담배를 피우십니까?

⑤ 日本にはいつ来る　➡ ________________________________

일본에는 언제 오실겁니까?

감 살리기

3 다음 동사를 お Ⓥ ます형 ですか 를 사용하여 존경어로 바꿔 보세요.

① 書類を持っている　➡ ______________________________

서류를 가지고 계십니까?

② 出かける　➡ ______________________________

외출하십니까?

③ 先生、今帰る　➡ ______________________________

선생님, 지금 귀가하시는겁니까?

④ 誰かを待っている　➡ ______________________________

누군가를 기다리고 계십니까?

⑤ 私を呼ぶ　➡ ______________________________

저를 부르셨습니까?

4 다음 동사를 お Ⓥ ます형 ください 를 사용하여 존경어로 바꿔 보세요.

① 名前を書く　➡ ______________________________

이름을 적어주세요.

② ちょっと待つ　➡ ______________________________

잠시 기다려주세요.

③ 10時までに集まる　➡ ______________________________

10시까지 모여주세요.

④ どうぞかける　➡ ______________________________

앉으세요.

⑤ ご自由にとる　➡ ______________________________

마음대로 가져 가세요.

03 겸손어 만들기 공식

잘 쓰이는 일본어 겸손어 공식은 대략 2가지가 있다. 겸손어니까 당연히 내가 하는 행위에 사용한다. 상대의 행위에 써서는 안 된다.

お Ⓥ ます형 する(いたす)

경어 시작할 때 우리 한국어도 존경어는 잘 발달되어 있고 잘 쓰이고 있지만, 겸손어는 그렇지 않다고 말한 적이 있다. 그러다 보니 일본어 겸손 표현을 해석하기가 난감할 때도 있다. 하지만 중요한 것은 우리말 해석이 아니다. 이 겸손 표현을 사용하는 사람의 기분을 이해하면 된다. 상대가 그만큼 나에 대해 정중하고 겸손하게 나오고 있다는 사실만 느끼면 된다. 반대로 여러분도 이 표현을 잘 쓰면 얼마든지 정중하고 겸손한 일본어를 구사할 수 있다. 대개 연세가 지긋하신 어르신들은 예의 바른 젊은 사람을 좋아하신다. 좀 건방지게 보이거나 그런 젊은이 보다 훨씬 더 많은 점수를 딸 수 있을 것이다.

일본은 어떨까? 우리 한국도 그렇지만 일본도 좀 비슷한 면이 있는 것 같더라. 물론 내가 만나고 알고 있는 일본사람들이 모든 일본인의 기준이 될 수는 없을 것이다. 하지만 일본의 어르신들도 예의 바른 젊은이들을 좋아하시는 것 같았다. 심지어는 '요즘 일본 젊은것들은 일본어도 제대로 모른다'고 하는 분도 만나 뵌 적이 있다. 특히 이 경어 표현에 있어서는 더욱 심각한 것 같다. 일본인임에도 불구하고 제대로 된 일본어 경어를 못쓰는 젊은이들이 있다며 탄식하는 일본인 어르신들도 만난 적이 있다.

혹시 이 책으로 공부하신 분들 중 일본에 유학을 계획하고 있는 분도 계실 것이다. 만약 유학 가서 지도를 받게 된 교수님이 연세가 좀 있으신 분이라면 지금 배워두는 경어표현을 아주 요긴하게 써 먹을 수 있을 것이다. 그리고 회사일 관계 등으로 만나게 된 바이어가 연세가 지긋하신 분이라면 역시 요긴하게 쓸 수 있을 것이다. 예의 바른 한국의 젊은이라는 인상을 심어주면 공부든 사업이든 좀더 플러스가 될 것은 틀림없을 것이다.

• 접속 : 역시 간단하다. 우선 お를 맨 앞에 두고, 그 뒤에 동사를 ます형으로 바꾸고, 여기에 する를 접속하면 간단히 완성된다.

する 대신에 いたす를 쓸 수도 있다. 앞의 족보에서도 배웠지만 いたす는 する의 겸손어이다. 따라서 いたす를 사용하는 편이 する보다 더 겸손한 표현이 된다.

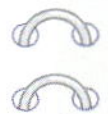

お ＋ Ⓥます형 ＋ する (いたす)　Ⓥ하다

まつ 기다리다 →	おまちします・おまちいたします	기다리겠습니다.
あう 만나다 →	おあいします・おあいいたします	만나겠습니다.
もつ 들다 →	おもちします・おもちいたします	들겠습니다.

*する 대신에 いたす를 쓰면 완전겸손 표현

216_03.mp3

待つ 기다리다
持つ 들다, 가지다
昨日 어제
先生 선생님
会う 만나다
由紀子 유키코
お宅 댁
送る 보내다
知らせる 알리다
本 책
借りる 빌리다
案内 안내

私はここでお待ちいたします。　　저는 이곳에서 기다리고 있겠습니다.

かばんは私がお持ちします。　　가방은 제가 들겠습니다.

昨日、先生にお会いしました。　　어제, 선생님을 만났습니다.

由紀子さんは私がお宅までお送りします。
유키코 씨는 제가 댁까지 바래다 드리겠습니다.

それはあとでお知らせします。　　그 일은 나중에 알려드리겠습니다.

この本、お借りしてもいいですか。　　이 책, 빌려도 될까요?

私がご案内いたします。　　제가 안내해 드리겠습니다.

마지막 예문은 お가 아니라 ご가 와 있다. 그리고 뒤에도 동사가 아니라 案内란 명사가 와있다. 대개 한자명사가 올 경우에는 お대신 ご를 주로 사용한다.

• 접속 : お를 맨 앞에 두고, 그 뒤에 동사를 ます형으로 바꾸고, 여기에 しまし
ょうか를 접속하면 간단히 완성된다. 이 표현 역시 する 대신에 いた
す를 쓸 수도 있다. 다시 말하지만 いたす는 する의 겸손어이다. 따라
서 いたす를 사용하는 편이 する보다 겸손한 표현이 된다.

이 표현은 상대를 위해 뭔가를 해줄 때 사용한다. 형태에서 보면 알수 있듯 앞에
서 배운 표현에서 파생되어 나온 표현이다. お Ⓥ ます형する (いたす)를 그대로 쓰
되 뒷부분만 ましょう로 바꿔 주면 된다.

<table>
<tr><td>

手伝う 도와주다
重い 무겁다
持つ 들다, 가지다
貸す 빌려주다
お宅 댁
送る 보내다
暑い 덥다
窓 창
開ける 열다
部屋 방
暗い 어둡다
電気 전기
案内 안내

</td><td>

先生、何かお手伝いしましょうか。　　선생님, 뭐 좀 도와드릴까요?

かばん、重そうですね。お持ちしましょうか。
가방, 무거워 보이네요. 들어 드릴까요?

かさがないなら、お貸ししましょうか。　　우산이 없으면, 빌려 드릴까요?

由紀子さん、お宅までお送りしましょうか。
유키코 씨, 댁까지 바래다 드릴까요?

先生、暑そうですね。窓をお開けしましょうか。
선생님, 더운 것 같네요. 창문을 열어 드릴까요?

この部屋暗いですね。電気をおつけしましょうか。
이 방 어둡네요. 전기를 켜드릴까요?

私がご案内いたしましょうか。　　제가 안내해 드릴까요?

</td></tr>
</table>

1 다음 동사를 お Ⓥます형 する (いたす)를 사용하여 겸손어로 바꿔 보세요.

① 私が待つ ➡ __________________________
제가 기다리겠습니다.

② 私が持つ ➡ __________________________
제가 들겠습니다.

③ 先生に会う ➡ __________________________
선생님을 만나뵙니다.

④ お宅まで送る ➡ __________________________
댁까지 바래다 드리겠습니다.

⑤ あとで知らせる ➡ __________________________
나중에 알려드리겠습니다.

⑥ この本、借りたい ➡ __________________________
이 책, 빌리고 싶습니다.

2 다음 동사를 お Ⓥます형 しましょうか (いたいましょうか)를 사용하여 겸손어로 바꿔 보세요.

① 先生、手伝う ➡ __________________________
선생님, 도와드릴까요?

② かばんを持つ ➡ __________________________
가방을 들어드릴까요?

③ ペンを貸す ➡ __________________________
펜을 빌려드릴까요?

④ お宅まで送る ➡ __________________________
댁까지 바래다 드릴까요?

⑤ 窓を開ける ➡ __________________________
창문을 열어드릴까요?

⑥ 電気をつける ➡ __________________________
전기를 켜드릴까요?

04 경어 기타

일본어의 경어 만드는 방법을 족보와 공식으로 나누어서 정리해 보았다. 그런데 보면 알 수 있듯 동사가 대부분이다. 그렇다면 명사나 형용사는 경어가 없을까? 동사에 비해서는 훨씬 간단하지만 있기는 있다. 그 내용을 정리해 보았다.

216_04.mp3

명사의 경어

아주 간단하다. 주어진 명사에 お 또는 ご를 접속하면 간단히 해결된다.

しつれい 失礼 실례	
な まえ 名前 이름	
じゅうしょ 住所 주소	
か 書く 쓰다	
ふう ふ 夫婦 부부	
い けん 意見 의견	
しょく じ 食事 식사	
でん わ 電話 전화	
れんらく 連絡 연락	

失礼ですが、お名前は…　　　　　실례지만, 성함이…

ここにご住所とお名前をお書きください。
여기에 주소와 성함을 써 주십시오.

ご夫婦ですか。　　　　　　　　　부부이십니까?

先生のご意見はいかがでしょうか。　선생님의 의견은 어떠십니까?

お食事はもうなさいましたか。　　식사는 벌써 하셨습니까?

あとでお電話ください。　　　　　나중에 전화 주세요.

何かあったら、ご連絡ください。　무슨 일 있으면, 연락 주세요.

주어진 な형용사에 お를 접속하면 간단히 해결된다. な형용사의 경어에서 ご는
쓸 일이 없다고 봐도 좋다.

ほんとう 本当　정말	
に ほん ご 日本語　일본어	
じょう ず 上手だ 잘하다, 능숙하다	
き むら 木村　기무라	
おく 奥さん　부인	
す ず き 鈴木　스즈키	
えい ご 英語　영어	
とく い 得意だ　자신있다	
しんせつ 親切だ　친절하다	

お元気ですか。　　　　　　　　　　　　잘 지내시죠?

本当に日本語がお上手ですね。　　　　정말 일본어를 잘하시는군요.

木村さんの奥さんはおきれいですね。　기무라 씨의 부인은 미인이시군요.

鈴木さんは英語がお得意ですか。　　　스즈키 씨는 영어를 잘하십니까?

ご親切に…　　　　　　　　　　　　　친절하시게도…

最近 ^{さいきん} 최근

忙しい ^{いそが} 바쁘다

お母さん ^{かあ} 어머니

若い ^{わか} 젊다

見る ^み 보다

奥さん ^{おく} 부인

美しい ^{うつく} 아름답다

名前 ^{な まえ} 이름

意見 ^{い けん} 의견

親切だ ^{しんせつ} 친절하다

連絡 ^{れんらく} 연락

夫婦 ^{ふう ふ} 부부

電話 ^{でん わ} 전화

食事 ^{しょく じ} 식사

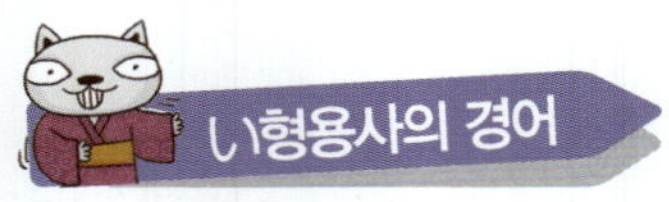

주어진 い형용사에 お를 접속하면 간단히 해결된다. 형용사의 경어에서도 ご는 쓸 일이 없다고 봐도 좋다.

最近お忙しいですか。　　　　　　요즘 바쁘십니까?

田中さんのお母さん、お若く見えますね。　　다나카 씨의 어머니, 젊어 보이시군요.

木村さんの奥さんはお美しいですね。　　기무라 씨의 부인 아름다우시군요.

깍두기 — お・ご의 구별법

원칙적으로 お는 순수 일본어 또는 일본식 한자에 붙이고, ご는 중국식 한자에 붙이게 되어 있다. 그러나 예외가 많아 딱 잘라 기준을 세우기란 불가능하다. 가장 좋은 방법은 책에 나오는 예문을 그대로 외우는게 제일이다.

お・ご를 원칙대로 쓴 예

お名前は…　　　　　　　　성함이… (名前는 일본식한자)

お忙しいですか。　　　　　　바쁘십니까?

ご意見はいかがでしょうか。　　의견은 어떠십니까?

ご親切に…　　　　　　　　친절하게도…

何かあったら、ご連絡ください。　　무슨 일 있으면, 연락주세요.

ここにお書きください。　　　　여기에 써 주십시오.

ご夫婦ですか。　　　　　　부부이십니까?

お・ご를 원칙대로 쓰지 않은 예

お元気ですか。　　　　　　잘 지내시죠?

あとでお電話ください。　　　　나중에 전화주세요.

お食事はもうなさいましたか。　　식사는 벌써 하셨습니까?

どうぞごゆっくり。　　　　　푹 쉬십시오, 좋은 시간 되십시오.

(주로 식당, 호텔 등에서 종업원이 손님에게 쓰는 말)

일본사람들과의 대화 중이나, 드라마 속에서 ございます란 말을 들어보았을 것이다. 이 ございます의 원형이 바로 이 ござる인데, ござる는 ある의 정중어이다. 따라서 ござる를 배우기에 앞서 ある의 용법을 먼저 알아야 한다.

여러분은 대개 ある를 '있다'라는 뜻으로 생각하고 있을 것이다. 여기에 한 가지 용법이 더 있다. 'Ⓝ이다'라는 용법도 있다.

 **ある의 의미**

■ **있다**

^{くるま}
車 자동차

つくえがあります。	책상이 있습니다.
テレビがあります。	텔레비전이 있습니다.
ビデオはありません。	비디오는 없습니다.
車はありません。	자동차는 없습니다.

단순한 문장들이다. 이처럼 ある에는 '있다'라는 뜻이 있는데, 이 ある 대신에 ござる를 사용하면 여러분은 훨씬 더 정중한 일본어를 구사할 수가 있게 된다.

보통	정중	우리말
つくえがあります	つくえがございます	책상이 있습니다
テレビがあります	テレビがございます	텔레비전이 있습니다
ビデオはありません	ビデオはございません	비디오는 없습니다
車はありません	車はございません	자동차는 없습니다

여러분이 이렇게 ある 대신에 ござる를 쓴다면 여러분과 대화하는 일본인은 여러분으로부터 훨씬 더 정중함을 느끼게 될 것이다. 이것이 ある의 첫 번째 용법이다.

■ Ⓝ이다

'Ⓝ이다'를 일본어로는 Ⓝだ라고 한다. だ를 명사 뒤에 붙이기만 하면 간단히 'Ⓝ이다'란 의미의 문장을 만들 수 있다. 그럼 마찬가지 요령으로 ある를 명사 뒤에 붙여 Ⓝある를 만들어 주면 'Ⓝ이다'라는 뜻이 될까? 이러면 참 좋겠지만 반드시 ある 앞에 で가 와야만 한다. 즉 반드시 Ⓝである가 돼야만 ある가 'Ⓝ이다'라는 의미를 가질 수 있는 것이다.

그럼 언제 Ⓝだ를 쓰고 언제 Ⓝである를 사용할까? 쉽게 말해 일반 생활 속에서는 Ⓝだ를 쓰고, 문장체 또는 격식 차린 말투로 좀 점잖은 자리라고 할까… 예를 들어 국회연설이라든가 공적인 장소 등에서는 Ⓝである를 사용한다. 비록 해석은 우리말로 똑같을지 몰라도 일본어에서는 정중도에서 차이가 나는 것이다.

우리말	보통	정중	완전정중
Ⓝ이다 (반말)	Ⓝだ	Ⓝである	

다시 말하지만 ある가 'N이다'란 뜻을 가지기 위해선 반드시 で가 필요하다.
바꿔 말해 で가 없다면 ある는 'N이다'가 아니라 'N가 있다'란 뜻이 된다.

보통	정중	우리말
私は韓国人だ	私は韓国人である	나는 한국인이다
彼は政治家だ	彼は政治家である	그는 정치가이다
この国の首相は70歳だ	この国の首相は70歳である	이 나라의 수상은 70세이다
これは輸入品ではない	これは輸入品ではない	이것은 수입품이 아니다

*부정문은 형태가 같음

그렇게 어렵지는 않다. 그런데 가만 보니 모두 반말이다. 상대가 처음 보는 사람이라면 좀 기분 나빠할 수도 있겠다. 그럼 'N입니다'는 어떻게 표현할까?

우리말	보통	정중	완전정중
N이다 (반말)	Nだ	Nである	
N입니다	Nです	Nであります	

보통	정중	우리말
私は韓国人です	私は韓国人であります	저는 한국인입니다
彼は政治家です	彼は政治家であります	그는 정치가입니다
この国の首相は70歳です	この国の首相は70歳であります	이 나라의 수상은 70세입니다
これは輸入品ではありません	これは輸入品ではありません	이것은 수입품이 아닙니다

*부정문은 형태가 같음

우리말 해석은 똑같이 'Ⓝ입니다'로 해석할 수밖에 없다. 하지만 일본인 귀에는 Ⓝです보다 Ⓝであります가 정중하게 들린다. 위에서 ある 대신에 ござる를 써 주면 더 정중해 진다고 했었다. 이 'Ⓝ입니다'에서도 ある 대신 ござる를 쓸 수 있다.

우리말	보통	정중	완전정중
Ⓝ이다 (반말)	Ⓝだ	Ⓝである	Ⓝでござる
Ⓝ입니다	Ⓝです	Ⓝであります	Ⓝでございます

이제까지 ある가 'Ⓝ이다'라는 의미로 사용하는 용법을 보았다. 그럼 이 ある의 정중어인 ござる를 사용해서 문장을 만들어보자. ある가 들어갈 자리에 그대로 ござる 만 넣어주면 간단히 완성된다.

韓国人(かんこくじん) 한국인
彼(かれ) 그
政治家(せいじか) 정치가
国(くに) 나라, 국가
首相(しゅしょう) 수상
輸入品(ゆにゅうひん) 수입품

정중	완전정중	우리말
私は韓国人であります	私は韓国人でございます	저는 한국인입니다
彼は政治家であります	彼は政治家でございます	그는 정치가입니다
この国の首相は70歳であります	この国の首相は70歳でございます	이 나라의 수상은 70세입니다
これは輸入品ではありません	これは輸入品ではございません	이것은 수입품이 아닙니다

* 부정문은 형태가 같음

우리말로는 해석이 똑같아서 좀 혼동될 수도 있겠지만, 우리말 해석에서 어떤 차이를 찾으려고 하지 말고, 일본어의 용법으로 그 차이를 찾기 바란다. 즉 ござる를 사용할 때의 그 기분, 상대방에게 정중함을 나타낸다는 그 느낌만은 기억해 두고 잊지 말기 바란다. 우리말로는 같은 'Ⓝ입니다'이지만 일본인들 귀에는 다른 어감으로 들린다.

우리말	보통	정중	완전정중
Ⓝ이다	Ⓝだ	Ⓝである	Ⓝでござる
Ⓝ입니다	Ⓝです	Ⓝであります	Ⓝでございます

ある이든 ござる이든 で가 반드시 있어야 한다. 그래야만 'Ⓝ이다'란 뜻이 된다.
반드시 で가 있어야 한다.

감 살리기 18쪽

1
① 韓国人です。
② 韓国人ではありません。
③ 韓国人でした。
④ 韓国人ではありませんでした。
⑤ 学生です。
⑥ 学生ではありません。
⑦ 学生でした。
⑧ 学生ではありませんでした 。

감 살리기 21쪽

1
① 田中さんは日本人で、大学生です。
② おにぎりは100円で、牛乳は200円です。
③ これは自転車で、あれは自動車です。
④ テレビでもラジオでもありません。
⑤ 彼はアメリカ人でもイギリス人でもありません。
⑥ これはボールペンでもえんぴつでもありません。

감 살리기 27쪽

1
① きれいです。
② きれいではありません。
③ きれいでした。
④ きれいではありませんでした。
⑤ しずかです。
⑥ しずかではありません。
⑦ しずかでした。
⑧ しずかではありませんでした。
⑨ にぎやかです。
⑩ にぎやかではありません。
⑪ にぎやかでした。
⑫ にぎやかではありませんでした。

감 살리기 30, 31쪽

1
① しずかなまち。
② きれいな部屋。
③ すきな食べ物。
④ にぎやかな종로。
⑤ 便利な電車。
⑥ しずかになる。
⑦ きれいになる。
⑧ 好きになる。
⑨ にぎやかになる。
⑩ 便利になる。
⑪ 便利でしずかだ。
⑫ 親切できれいだ。
⑬ しずかできれいだ。
⑭ 上手で好きなスポーツ。
⑮ きれいで便利な電車。

감 살리기 39쪽

1
① ひろいです。
② ひろくありません・ひろくないです。
③ ひろかったです。
④ ひろくありませんでした・ひろくなかったです。
⑤ いいです・よいです。
⑥ よくありません・よくないです。
⑦ よかったです。

⑧ よくありませんでした・よくなかったです。

⑨ あついです。

⑩ あつくありません・あつくないです。

⑪ あつかったです。

⑫ あつくありませんでした・あつくなかったです。

① ① おいしいキムチ。

② ひろい部屋。

③ おもしろい日本語。

④ 高い本。

⑤ いい車。

⑥ あつくなる。

⑦ はやくなる。

⑧ おもしろくなる。

⑨ ひろくなる。

⑩ やさしくする。

⑪ やさしくておもしろい。

⑫ やすくていい。

⑬ おいしくてやすい。

⑭ たかくてひろい部屋。

⑮ はやくて便利だ。

①

현재긍정	현재부정	과거긍정	과거부정
います	いません	いました	いませんでした
かいます	かいません	かいました	かいませんでした
はなします	はなしません	はなしました	はなしませんでした
かきます	かきません	かきました	かきませんでした
おきます	おきません	おきました	おきませんでした
もちます	もちません	もちました	もちませんでした
します	しません	しました	しませんでした
はいります	はいりません	はいりました	はいりませんでした
およぎます	およぎません	およぎました	およぎませんでした
たべます	たべません	たべました	たべませんでした
かえります	かえりません	かえりました	かえりませんでした
きます	きません	きました	きませんでした
よみます	よみません	よみました	よみませんでした

① ① して

② もって

③ きて

④ うって

⑤ たべて

⑥ かえって

⑦ おきて

⑧ はいって

⑨ ねて

⑩ しんで

⑪ かいて

⑫ とんで

⑬ きいて

⑭ よんで

⑮ さわいで

⑯ のんで

⑰ およいで

⑱ よんで
⑲ あって
⑳ わかして
㉑ かって
㉒ はなして
㉓ まって
㉔ 行って

1
① した。
② もった。
③ きた。
④ うった。
⑤ たべた。
⑥ あった。
⑦ みた。
⑧ かえった。
⑨ おきた。
⑩ はいった。
⑪ ねた。
⑫ しんだ。
⑬ かいた。
⑭ とんだ。
⑮ きいた。
⑯ よんだ。
⑰ さわいだ。
⑱ のんだ。
⑲ およいだ。
⑳ よんだ。
㉑ あった。
㉒ わかした。
㉓ かった。
㉔ まった。
㉕ 行った。
㉖ はなした。

1

현재긍정	て형	た형	ない형	なかった형
あう (会う)	あって	あった	あわない	あわなかった
かける	かけて	かけた	かけない	かけなかった
おきる (起きる)	おきて	おきた	おきない	おきなかった
きく (聞く)	きいて	きいた	きかない	きかなかった
はなす (話す)	はなして	はなした	はなさない	はなさなかった
つくる (作る)	つくって	つくった	つくらない	つくらなかった
たべる (食べる)	たべて	たべた	たべない	たべなかった
すう (吸う)	すって	すった	すわない	すわなかった
いう (言う)	いって	いった	いわない	いわなかった
のむ (飲む)	のんで	のんだ	のまない	のまなかった
ならぶ (並ぶ)	ならんで	ならんだ	ならばない	ならばなかった
うたう (歌う)	うたって	うたった	うたわない	うたわなかった
みがく (磨く)	みがいて	みがいた	みがかない	みがかなかった
たつ (立つ)	たって	たった	たたない	たたなかった
する	して	した	しない	しなかった
いそぐ (急ぐ)	いそいで	いそいだ	いそがない	いそがなかった
いく (行く)	いって	いった	いかない	いかなかった
しぬ (死ぬ)	しんで	しんだ	しなない	しななかった
かう (買う)	かって	かった	かわない	かわなかった
わかす (沸かす)	わかして	わかした	わかさない	わかさなかった
くる (来る)	きて	きた	こない	こなかった
あそぶ (遊ぶ)	あそんで	あそんだ	あそばない	あそばなかった
*きる (切る)	きって	きった	きらない	きらなかった
*はしる (走る)	はしって	はしった	はしらない	はしらなかった
*はいる (入る)	はいって	はいった	はいらない	はいらなかった
*すべる (滑る)	すべって	すべった	すべらない	すべらなかった
*かえる (帰る)	かえって	かえった	かえらない	かえらなかった
きる (着る)	きて	きた	きない	きなかった
ねる (寝る)	ねて	ねた	ねない	ねなかった
もつ (持つ)	もって	もった	もたない	もたなかった
かぶる	かぶって	かぶった	かぶらない	かぶらなかった
およぐ (泳ぐ)	およいで	およいだ	およがない	およがなかった
のる (乗る)	のって	のった	のらない	のらなかった
はく	はいて	はいた	はかない	はかなかった
まつ (待つ)	まって	まった	またない	またなかった
あげる (上げる)	あげて	あげた	あげない	あげなかった

おりる (降りる)	おりて	おりた	おりない	おりなかった
かす (貸す)	かして	かした	かさない	かさなかった
かりる (借りる)	かりて	かりた	かりない	かりなかった
かえす (返す)	かえして	かえした	かえさない	かえさなかった
よぶ (呼ぶ)	よんで	よんだ	よばない	よばなかった
いじめる	いじめて	いじめた	いじめない	いじめなかった

감 살리기　101쪽

1
① 泳ぎに行きます。
② 遊びに来ました。
③ お酒を飲みに行きましょう。
④ 読みやすいです。
⑤ 食べやすいです。
⑥ 使いやすいです。
⑦ わかりにくいです。
⑧ 食べにくいです。
⑨ 言いにくいです。
⑩ 食べすぎました。
⑪ 飲みすぎました。
⑫ 歩きすぎる。
⑬ 使い方。
⑭ 作り方。
⑮ 帰りなさい。
⑯ 起きなさい。
⑰ 読んでみなさい。
⑱ ご飯を食べながら、新聞を読みます。
⑲ 音楽を聞きながら、勉強をします。
⑳ 寝ながら、本を読みます。

감 살리기　106쪽

1
① お風呂に入ってから、ご飯を食べます。
② 食事をしてから、仕事をはじめましょう。
③ 仕事が終わってから、飲みに行きましょう。
④ 雨が降っても
⑤ 何度読んでも
⑥ どんなに食べても
⑦ 行ってみました。
⑧ 食べてみてください。
⑨ 聞いてみます。
⑩ 覚えておきます。
⑪ 窓を閉めておく。
⑫ 置いておいてください。
⑬ 本を全部読んでしまいました。
⑭ ご飯を全部食べてしまいました。
⑮ 風邪をひいてしまいました。
⑯ 飲みすぎてしまいました。

감 살리기　111,112쪽

1
① お風呂に入ったあとで、ご飯を食べます。
② 友達と映画を見たあとで、食事に行きました。
③ ご飯を食べたあとで、勉強します。
④ ロシアへ行ったことがあります。
⑤ 飛行機に乗ったことがあります。
⑥ 富士山にはまだ登ったことがありません。
⑦ 芸能人に会ったことがあります。
⑧ ビデオを見たり音楽を聞いたりします。
⑨ ご飯を食べたり食べなかったりします。
⑩ 土曜日には友達に会ったりします。
⑪ 電気をつけたり消したりしないでください。
⑫ 仕事が終わったら、遊びに行きましょう。
⑬ 田中さんに会ったら、この本を渡してください。
⑭ お酒を飲んだら運転しないでください。

1
① ご飯を食べないで、学校へ行きました。
② 本を見ないで、言ってください。
③ タバコを吸わないでください。
④ お酒を飲まないでください。
⑤ ご飯を食べなくて、おなかがぺこぺこですよ。
⑥ 昨日は水が出なくて、本当にこまりました。
⑦ 歯を磨かなくて、虫歯ができました。
⑧ お金がなくて、困っています。

1
子供でもいいです。
日本語が下手でもいいです。
小さくてもいいです。
家へ帰ってもいいです。

子供でもかまいません。
英語が下手でもかまいません。
狭くてもかまいません。
写真を撮ってもかまいません。

子供ではいけません。
にぎやかではいけません。
小さくてはいけません。
タバコを吸ってはいけません。

飛行機でなければなりません。
静かでなければなりません。
おいしくなければなりません。
薬を飲まなければなりません。

飛行機でなくてもいいです。
静かでなくてもいいです。
おいしくなくてもいいです。
薬を飲まなくてもいいです。

1
① ご飯を食べています。
② 音楽を聞いています。
③ 窓を開けています。
④ 名前を書いています。
⑤ キムチを作っています。
⑥ 車を止めています。
⑦ ドアを閉めています。
⑧ 花を飾っています。

1
① ドアが開いています。
② 窓が閉まっています。
③ 電気がついています。
④ 電気が消えています。
⑤ つくえが並んでいます。
⑥ 車が止まっています。

2
① ドアが開けてあります。
② 窓が閉めてあります。
③ 電気がつけてあります。
④ 電気が消してあります。
⑤ つくえが並べてあります。
⑥ 車が止めてあります。

1
① たくさん歩いた方がいいです。
② 薬を飲んだ方がいいです。
③ 休んだ方がいいです。
④ お酒はやめた方がいいです。
⑤ はやく病院へ行った方がいいです。
⑥ 運動した方がいいです。
⑦ タバコは吸わない方がいいです。

⑧ 行かない方がいいです。
⑨ 頼まない方がいいです。
⑩ 食べない方がいいです。
⑪ お酒は飲まない方がいいです。
⑫ テレビは見ない方がいいです。

1 ① 早く行こう。
② 家へ帰ろう。
③ 勉強しよう。
④ 朝7時に起きよう。
⑤ 友達と遊ぼう。
⑥ 映画を見よう。
⑦ 今日ははやく寝よう。
⑧ 先生に話そう。
⑨ 明日は早く来よう。
⑩ 肉を焼こう。
⑪ 来年、結婚しようと思っています。
⑫ ご飯を食べようと思っています。
⑬ 私は医者になろうと思っています。
⑭ 7時ごろ帰ろうと思っています。
⑮ 来年も日本へ来ようと思っています。
⑯ 友達に会おうとしました。
⑰ 駅を出ようとしました。
⑱ お風呂に入ろうとしました。
⑲ ふるさとへ帰ろうとしました。
⑳ 田中さんの家に寄ろうとしました。

1 ① 私は休みたいです。
② 私は京都へ行きたいです。
③ あなたは何が飲みたいですか。
④ 私は山には登りたくありません。
⑤ 私は肉は食べたくありません。

⑥ 私は休みたかったです。
⑦ 私は海へ行きたかったです。
⑧ 私は誰にも会いたくありませんでした。
⑨ 私はどこへも行きたくありませんでした。
⑩ 田中さんは休みたがっています。
⑪ 彼は肉を食べたがっています。
⑫ 兄はビールを飲みたがっていました。
⑬ 彼女は誰にも会いたがっていません。
⑭ 吉田さんは魚を食べたがっていません。
⑮ 彼女は東京へ行きたがっていました。
⑯ 彼はふるさとへ帰りたがっていました。
⑰ 彼女は何も食べたがっていませんでした。
⑱ 彼はどこへも行きたがっていませんでした。

1 ① 私は車がほしいです。
② 私はお金がほしいです。
③ あなたは何がほしいですか。
④ 私は何もほしくありません。
⑤ 私はお金はほしくありません。
⑥ 私は服がほしかったです。
⑦ 私は車がほしかったです。
⑧ 私は何もほしくありませんでした。
⑨ 私はお金はほしくありませんでした。
⑩ 田中さんは車をほしがっています。
⑪ 彼女はおかしをほしがっています。
⑫ 兄はパソコンをほしがっています。
⑬ 彼は何もほしがっていません。
⑭ 吉田さんはお金をほしがっていません。
⑮ 彼は車をほしがっていました。
⑯ 彼女は服をほしがっていました。
⑰ 兄は何もほしがっていませんでした。
⑱ 野村さんはお金はほしがっていませんでした。

1
① 彼は学生だそうです。
② 彼は学生ではないそうです。
③ 彼は学生だったそうです。
④ 彼は学生ではなかったそうです。
⑤ 静かだそうです。
⑥ 静かではないそうです。
⑦ 静かだったそうです。
⑧ 静かではなかったそうです。
⑨ いいそうです。
⑩ よくないそうです。
⑪ よかったそうです。
⑫ よくなかったそうです。
⑬ 行くそうです。
⑭ 行かないそうです。
⑮ 行ったそうです。
⑯ 行かなかったそうです。

1
① 静かそうです。
② 静かではなさそうです。
③ まじめそうです。
④ まじめではなさそうです。
⑤ おいしそうです。
⑥ おいしくなさそうです。
⑦ きれいそうです。
⑧ きれいではなさそうです。
⑨ 天気がよさそうです。
⑩ 天気がよくなさそうです。
⑪ 雨がふりそうです。
⑫ 雨がふりそうに(そうも)ありません。
⑬ 木が倒れそうです。
⑭ 木が倒れそうに(そうも)ありません。

1
① 明日行く。
② 私も明日行けます。
③ お酒を飲む。
④ 息子はまだお酒が飲めません。
⑤ 泳ぐ。
⑥ 毎日練習して、泳げるようになった。
⑦ キムチを作る。
⑧ 彼女はキムチが作れます。
⑨ 手紙を書く。
⑩ 英語で手紙が書けますか。
⑪ 走る。
⑫ 足が痛くて走れません。

1
① 明日行くことができます。
② うるさくて、寝ることができません。
③ 一人で持つことができます。
④ ももは食べることができません。
⑤ お酒を飲むことができます。
⑥ 足が痛くて走ることができません。
⑦ 一人で来ることができますか。
⑧ 泳ぐことができますか。
⑨ 足が痛くて、山に登ることができません。
⑩ 朝5時に起きることができます。
⑪ キムチを作ることができます。
⑫ 英語で手紙を書くことができます。
⑬ まだ運転することができません。
⑭ うちの子は一人で服を着ることができます。
⑮ 英語を話すことができます。

1
① 家へ帰れ
② ご飯、食べろ
③ 勉強しろ
④ ちょっと待て
⑤ はやく来い
⑥ 起きろ
⑦ がんばれ
⑧ はやく寝ろ
⑨ 部屋から出ろ
⑩ 早く行け
⑪ お酒を飲め
⑫ はやく着ろ
⑬ ドアを開けろ
⑭ 本を読め
⑮ はやく言え

1
① 寒いから窓を閉めてください。
② 友達が待っているからはやく行こう。
③ 友達のお誕生日だからプレゼントをあげよう。
④ 約束の時間におくれたから、急いでください。
⑤ それは私の本だから、返してください。
⑥ ふとるからもう食べないでください。
⑦ みんな友達だから、けんかしないでください。
⑧ ここは静かだから、ここで勉強しよう。
⑨ 風邪をひいたから、今日は家で休もう。
⑩ この店はおいしいから、また食べに来よう。
⑪ 先に行くから、待たないでください。
⑫ もう12時だから、もう寝なさい。

1
① 寒いので街に人がいません。
② ここは交通が便利なので、住みやすいです。
③ 朝早く起きたのでねむいです。
④ 彼女は親切なので、人気があります。
⑤ 今日は日曜日なので遅く起きました。
⑥ この店はおいしいので、お客さんがたくさん来ます。
⑦ ご飯を食べなかったので、おなかすきました。
⑧ まだ学生なので、お金がありません。
⑨ 電車の事故があったので、遅れました。
⑩ この店はおいしいので、人気があります。
⑪ 昨日は風邪をひいたので家で休みました。
⑫ まだ子供なので、何もわかりません。

1
① 昨日は疲れて早く寝ました。
② 風で木が倒れました。
③ 重くて一人では持てません。
④ 英語が上手で大企業に就職できました。
⑤ 声が小さくて聞こえません。
⑥ 風邪で、家で休みました。
⑦ 母のキムチはおいしくて、いつも食べたいです。
⑧ この道は狭くて、バスは通れません。
⑨ この部屋は静かで、勉強するにはちょうどいいです。
⑩ 足が痛くて、もう歩けません。
⑪ 雨で、道が汚いです。
⑫ 電車が事故で遅く来ました。

1
① 私は田中さんにパンをあげました。
② 田中さんは鈴木さんにパンをあげました。
③ 私は先生にパンをさしあげました。
④ 私は田中さんにパンをもらいました。
⑤ 鈴木さんは田中さんにパンをもらいました。
⑥ 私は先生にパンをいただきました。
⑦ 田中さんは私にパンをくれました。
⑧ 田中さんは私の息子にパンをくれました。
⑨ 先生は私にパンをくださいました。

1
① 私は田中さんにキムチを作ってあげました。
② 田中さんは金さんにキムチを作ってもらいました。
③ 田中さんは私にすきやきを作ってくれました。
④ 金さんは田中さんにキムチを作ってあげました。
⑤ 田中さんは私の息子に日本語を教えてくれました。
⑥ 私は田中さんに韓国語を教えてあげました
⑦ 私は中村先生に日本語を教えていただきました。
⑧ 中村先生は私に日本語を教えてくださいました。
⑨ 田中さんは金さんに韓国語を教えてもらいました。
⑩ 中村先生は私にすきやきを作ってくださいました。

1
① 男らしいです。
② あのレストランはおいしいらしいです。
③ 英語が上手らしいです。
④ みんな疲れたらしいです。
⑤ 北海道は寒いらしいです。
⑥ 体の調子がよくないらしいです。
⑦ 雨が降るらしいです。
⑧ 彼はまじめらしいです。
⑨ 忙しくて夜遅くまで働くらしいです。
⑩ すしがきらいな日本人もいるらしいですよ。
⑪ こんなミスをするのは、彼女らしくない。
⑫ あの人はつりがとても好きらしいですよ。

1
① あの人は学生のようです。
② あのレストランはおいしいようです。
③ 英語が下手なようです。
④ 彼はねむいようです。
⑤ みんなひまなようです。
⑥ 電車の中はこんでいるようです。
⑦ 彼女は肉がきらいなようです。
⑧ 人が多いようです。
⑨ 忙しくて、パーティーに行けないようです。
⑩ 田中さんはもう家へ帰ったようですね。
⑪ 家で休んでいるようです。
⑫ この本はおもしろいようですね。

1

① いわれる	② ころされる
③ しかられる	④ けられる
⑤ こわされる	⑥ ふまれる
⑦ すられる	⑧ ぬすまれる
⑨ よまれる	⑩ のまれる
⑪ なぐられる	⑫ かまれる
⑬ つかまえられる	⑭ みられる
⑮ いじめられる	⑯ ほめられる
⑰ される	⑱ こられる

2
① 部長は社長に呼ばれました。
② 私は先生にほめられました。
③ 金さんは田中さんに日本語を教えられました。
④ 私はすりに(私の)財布をすられました。
⑤ 私は兄に(私の)カードを使われました。
⑥ 私はとなりの人に(私の)足を踏まれました。
⑦ 私は姉に日記を読まれました。

①

① かわせる	② あわせる
③ かかせる	④ きかせる
⑤ はなさせる	⑥ もたせる
⑦ またせる	⑧ よませる
⑨ のませる	⑩ かえらせる
⑪ みさせる	⑫ おきさせる
⑬ ねさせる	⑭ たべさせる
⑮ させる	⑯ こさせる

②
① 先生は太郎君を休ませました。
② 先生は太郎君を家へ帰らせました。
③ 父は兄を病院へ行かせました。
④ 先生は太郎君を立たせました。
⑤ お母さんはあかちゃんを寝させました。

① 先生は太郎君にべんとうを持ってこさせました。
② 先生は太郎君にレポートを出させました。
③ 先輩は後輩にお酒を飲ませました。
④ 父は弟にドアを開けさせました。
⑤ 先生は太郎君に問いに答えさせました。

①
① かわされる・かわせられる
② あわされる・あわせられる
③ かかされる・かかせられる
④ きかされる・きかせられる
⑤ はなさせられる
⑥ わかさせられる
⑦ もたされる・もたせられる
⑧ またされる・またせられる
⑨ よまされる・よませられる
⑩ のまされる・のませられる
⑪ かえらされる・かえらせられる
⑫ はいらされる・はいらせられる

⑬ みさせられる
⑭ おきさせられる
⑮ ねさせられる
⑯ たべさせられる
⑰ させられる
⑱ こさせられる

②
① 本を買わされました。
② 歌を聞かされました。
③ まだ若いのに、引退させられてしまいました。
④ 会社を辞めさせられてしまいました。
⑤ 友達が来なくて、1時間も待たされました。
⑥ 新しい単語を150個も覚えさせられました。
⑦ まずい料理を食べさせられました。

①

① かえば	かわなければ
② かけば	かかなければ
③ およげば	およがなければ
④ はなせば	はなさなければ
⑤ まてば	またなければ
⑥ しねば	しななければ
⑦ よべば	よばなければ
⑧ のめば	のまなければ
⑨ かえれば	かえらなければ
⑩ みれば	みなければ
⑪ ねれば	ねなければ
⑫ たべれば	たべなければ
⑬ すれば	しなければ
⑭ くれば	こなければ
⑮ あつければ	あつくなければ
⑯ おいしければ	おいしくなければ
⑰ たかければ	たかくなければ
⑱ さむければ	さむくなければ
⑲ よければ	よくなければ
⑳ ひろければ	ひろくなければ

1

① いうと　　　いわないと
② かくと　　　かかないと
③ はなすと　　はなさないと
④ まつと　　　またないと
⑤ しぬと　　　しなないと
⑥ よぶと　　　よばないと
⑦ のむと　　　のまないと
⑧ かえると　　かえらないと
⑨ みると　　　みないと
⑩ ねると　　　ねないと
⑪ おきると　　おきないと
⑫ たべると　　たべないと
⑬ すると　　　しないと
⑭ くると　　　こないと
⑮ あついと　　あつくないと
⑯ おいしいと　おいしくないと
⑰ いいと　　　よくないと
⑱ たかいと　　たかくないと
⑲ 学生だと　　学生でないと
⑳ 子供だと　　子供でないと
㉑ しずかだと　しずかでないと
㉒ きれいだと　きれいでないと
㉓ 上手だと　　上手でないと
㉔ 親切だと　　親切でないと

1

① いったら　　いわなかったら
② かいたら　　かかなかったら
③ はなしたら　はなさなかったら
④ まったら　　またなかったら
⑤ しんだら　　しななかったら
⑥ よんだら　　よばなかったら
⑦ のんだら　　のまなかったら
⑧ かえったら　かえらなかったら

⑨ みたら　　　みなかったら
⑩ ねたら　　　ねなかったら
⑪ おきたら　　おきなかったら
⑫ たべたら　　たべなかったら
⑬ したら　　　しなかったら
⑭ きたら　　　こなかったら
⑮ あつかったら　　あつくなかったら
⑯ おいしかったら　おいしくなかったら
⑰ よかったら　　よくなかったら
⑱ たかかったら　たかくなかったら
⑲ 学生だったら　学生でなかったら
⑳ 子供だったら　子供でなかったら
㉑ しずかだったら　しずかでなかったら
㉒ きれいだったら　きれいでなかったら
㉓ 上手だったら　上手でなかったら
㉔ 親切だったら　親切でなかったら

1

① いうなら　　いわないなら
② かくなら　　かかないなら
③ はなすなら　はなさないなら
④ まつなら　　またないなら
⑤ しぬなら　　しなないなら
⑥ よぶなら　　よばないなら
⑦ のむなら　　のまないなら
⑧ かえるなら　かえらないなら
⑨ みるなら　　みないなら
⑩ ねるなら　　ねないなら
⑪ おきるなら　おきないなら
⑫ たべるなら　たべないなら
⑬ するなら　　しないなら
⑭ くるなら　　こないなら
⑮ あついなら　あつくないなら
⑯ おいしいなら　おいしくないなら
⑰ いいなら　　よくないなら

⑱ たかいなら　　　　たかくないなら
⑲ 学生なら　　　　　学生でないなら
⑳ 子供なら　　　　　子供でないなら
㉑ しずかなら　　　　しずかでないなら
㉒ きれいなら　　　　きれいでないなら
㉓ 上手なら　　　　　上手でないなら
㉔ 親切なら　　　　　親切でないなら

감 살리기 384쪽

❶

존 경 어	일반 동사	겸 손 어
なさる	する	いたす
①いらっしゃる ②おいでになる	行く 訪ねる	①まいる ②うかがう
①いらっしゃる ②おいでになる ③みえる	来る	まいる
いらっしゃる	いる	おる
めしあがる	食べる 飲む	いただく
おっしゃる	言う	①申す ②申し上げる
ご覧になる	見る	拝見する
お会いになる	会う	お目にかかる
お休みになる	寝る	×
お聞きになる	聞く	うかがう
ご存知だ	知る	存じる
お召しになる	着る	×

감 살리기 390, 391쪽

❶
① 車にお乗りになります。
② 日本へお帰りになります。
③ パソコンをお使いになりますか。
④ 先生にお会いになりましたか。
⑤ 名前をお書きになってください。

❷
① 韓国へ一人で行かれますか。
② 毎朝何時に起きられますか。
③ お酒を飲まれますか。
④ タバコを吸われますか。
⑤ 日本にはいつ来られますか。

❸
① 書類をお持ちですか。
② お出かけですか。
③ 先生、今お帰りですか。
④ 誰かをお待ちですか。
⑤ 私をお呼びですか。

❹
① 名前をお書きください。
② 少々お待ください。
③ 10時までにお集まりください。
④ どうぞおかけください。
⑤ ご自由におとりください。

감 살리기 395쪽

❶
① 私がお待ちします・お待ちいたします。
② 私がお持ちします・お持ちいたします。
③ 先生にお会いします・お会いいたします。
④ お宅までお送りします・お送りいたします。
⑤ あとでお知らせします・お知らせいたします。
⑥ この本、お借りしたいです・お借りいたし
　　たいです。

❷
① 先生、お手伝いしましょうか・お手伝いい
　　たしましょうか。
② かばんをお持ちしましょうか・お持ちいた
　　しましょうか。
③ ペンをお貸ししましょうか・お貸しいたし
　　ましょうか。

④お宅までお送りしましょうか・お送りいた
　しましょうか。
⑤窓をお開けしましょうか・お開けいたしま
　しょうか。
⑥電気をおつけしましょうか・おつけいたし
　ましょうか。

동양북스 채널에서 더 많은 도서
더 많은 이야기를 만나보세요!

외국어 출판 45년의 신뢰
외국어 전문 출판 그룹
동양북스가 만드는 책은 다릅니다.

45년의 쉼 없는 노력과 도전으로 책 만들기에 최선을 다해온
동양북스는 오늘도 미래의 가치에 투자하고 있습니다.
대한민국의 내일을 생각하는 도전 정신과 믿음으로 최선을 다하겠습니다.

동양북스